春晖行动
弘扬中华文明 · 反哺故土亲人
ChunhuiAction

核心价值与大众行为

——春晖行动答卷

CORE VALUE AND PUBLIC BEHAVIOR

徐 静 等◎著

社会科学文献出版社
SOCIAL SCIENCES ACADEMIC PRESS (CHINA)

本成果系国家社科基金特别委托项目。

项目名称为"社会主义核心价值体系建设的大众行为化模式研究——基于贵州'春晖行动'的实践探索"

（项目批准号 10@ZH023）

课题组织

（一）领导小组

组　长：谌贻琴　中共贵州省委常委、省人民政府常务副省长
　　　　　　　　（省委宣传部原部长）

副组长：李建国　中共贵州省委宣传部常务副部长

　　　　徐　静　中共贵州省委党史研究室主任、研究员

　　　　陈昌旭　中共毕节市委副书记、市人民政府市长
　　　　　　　　（共青团贵州省委原书记）

　　　　马宁宇　共青团贵州省委书记

成　员：肖明龙　共青团贵州省委副书记

　　　　蒙　忠　贵州理工学院纪委书记
　　　　　　　　（贵州省春晖行动发展中心原主任）

　　　　蔡中孚　贵州省社科规划办主任

　　　　吕亚洲　贵州省春晖行动发展中心主任

　　　　宋庆萍　贵州省春晖行动发展中心副主任

（二）咨询专家组

　　　　王天玺　《求是》杂志原总编辑

　　　　周溯源　《中国社会科学报》副总编辑、编审

　　　　葛洪泽　《求是》杂志编委

　　　　温铁军　中国人民大学教授

　　　　刘建军　中国人民大学教授

　　　　熊宗仁　贵州省社会科学院研究员

（三）课题组

组　长：徐　静　中共贵州省委党史研究室主任、研究员
成　员：丁凤鸣　贵州红色文化发展研究中心副秘书长
　　　　杨　达　中国人民大学政治学博士
　　　　庄　勇　贵州大学人文学院院长、教授
　　　　徐　梅　贵州财经大学商务学院党委副书记
　　　　王小梅　《贵州日报》首席记者
　　　　余福仁　中共贵州省委党史研究室决策咨询处处长
　　　　李　林　中共贵州省委党史研究室研究一处副处长
　　　　杨　晶　贵州大学社会学博士
　　　　王姣姣　中共贵州省委党史研究室主任科员
　　　　田茂乾　中共贵州省委党史研究室主任科员
　　　　陈莹莹　中共贵州省委党史研究室主任科员
　　　　姚媛媛　中共贵州省委党史研究室副主任科员
　　　　刘　丽　中共贵州省委党史研究室副主任科员
　　　　刘毓麟　中共贵州省委党史研究室副主任科员

序

努力展示中华文化的独特魅力

中共贵州省委副书记　李军

习近平总书记在中央政治局第十二次集体学习时强调，提高国家文化软实力，关系"两个一百年"奋斗目标和中华民族伟大复兴中国梦的实现……提高国家文化软实力，要努力展示中华文化独特魅力。总书记的重要讲话无疑给我们揭示出一个清晰而深刻的理论逻辑，那便是中华民族伟大复兴中国梦的实现呼唤文化软实力的提高，而文化软实力的提高又离不开中华优秀传统文化的深层滋养。

千百年来，中华文化中积淀了许多优秀而独特的思想精华，融入中华民族的文化血脉之中，为一代又一代中华儿女所敬仰、认知、学习、传承。比如，"天行健，君子以自强不息"的奋发精神，"地势坤，君子以厚德载物"的仁爱情怀，"为天地立心，为生民立命，为往圣继绝学，为万世开太平"的道义担当，"富贵不能淫，贫贱不能移，威武不能屈"的凛然正气，"仁义礼智信"的为人操守，等等，无不体现出中华民族奋发向上、崇德向善的优秀品质，推动着中华民族在一次又一次的磨难中浴火重生，创造了生生不息、辉煌灿烂的中华文明。历史的发展充分证明，中华优秀传统文化是中华民族的突出优势，是我们最深厚的文化软实力。对此，我们要引以为豪、倍加珍惜、始终秉持。

当前，市场经济竞争激烈，社会结构转型加剧，改革深水区的矛盾错综复杂，伴随着利益格局调整带来的思想文化领域的交锋更加明显、碰撞更加激烈。而一些领域存在的诚信缺失、道德失范、行为失序，已经成为当今社会的突出问题。弘扬传统美德，引导人们讲道德、遵道德、守道德，实现道德重塑，无疑是当前培育和践行社会主义核心价值观最基本的内容。尤其是，在今天中国特色社会主义伟大事业所承载的中国梦呈现出近代以

1

来最清晰的民族复兴愿景的关键时刻，更需要我们在面对纷繁复杂的挑战中，大力弘扬时代新风，振奋民族精神，凝聚起13亿人的强大力量；更需要我们大力挖掘和弘扬中华优秀传统文化，通过适当的方式、载体和途径，使中华民族最基本的文化基因与当代文化相适应、与现代社会相协调，以人们喜闻乐见、具有广泛参与性的方式推广开来，把跨越时空、超越国度、富有永恒魅力、具有当代价值的文化精神弘扬起来，切实让中华优秀传统文化释放出推动中国梦实现的巨大正能量。

由共青团贵州省委创意发起的大型社会公益行动"春晖行动"就在这方面进行了可贵的探索。该行动借唐代诗人孟郊《游子吟》的感人意境，以"尽孝、感恩、反哺、回报"为基本理念，汇聚离乡在外的成功人士和社会贤达之力，投入到贵州故乡或第二故乡的建设中，被誉为"伟大但人人可为"的善举。"春晖行动"生动诠释了中华民族优秀传统文化的精神资源，凝聚了推动社会文明进步的强大动力；同时，也为实现中华传统美德的创造性转化、创新性发展，提供了可贵的实践范式。

"春晖行动"的典型价值，被我省一批有社会责任感的学者敏锐地捕捉到，并于2010年组成课题组成功申报国家社科基金特别委托项目"社会主义核心价值体系大众行为化模式研究——基于贵州'春晖行动'的实践探索"。现在，成果以《核心价值与大众行为——春晖行动答卷》为书名出版。该书全面深入系统地叙述了"春晖行动"的发生、发展历程和实践成效，分析了它如何植根优秀的传统美德、回应群众关心的现实问题、扣准地域发展的特殊需求，揭示了它如何通过现代公益理念、组织形式、市场手段的运用，最终实现传统美德的当代升华和时代转化。该书的出版，彰显出我省学者对本土文化实践的理论自觉和理论自信，对当前培育和践行社会主义核心价值观，推动形成奋发向上、崇德向善的强大力量有着积极意义。

我对本书的出版表示祝贺，是为序！

2014年1月16日

目　录

上　篇

下　篇

附　录

引　言

今天，我们正处于一个经济大发展、社会大变革、生活大变化、文化大交融的时代，不同社会群体在经济地位、社会角色、职能分工等方面的差异日益明显，在思想、观念层面的碰撞、交流日益活跃，这一切使得当代中国社会的价值观经历着："从一元价值观向一元价值观与多元价值观互动的变化，从整体价值观向整体价值观与个体价值观融合的变化，从理想价值观向理想价值观与世俗价值观共存的变化，从精神价值观向精神价值观与物质价值观并重的变化。"① "如果诸多的价值元素不能很好地融合为有机的社会价值系统，就有可能出现价值要素的纷乱和价值体系的空缺"，② 进而带来行为失范，从而阻滞当代中国的现实发展。反之，如果诸多的价值元素能够被一种核心的价值观统摄，凝聚成强大的精神力量，必然会为推动中华民族伟大复兴这一"中国梦"的实现注入强大精神动力。因此，当代中国的自主发展迫切需要当代中国精神的建构，以增强国家的凝聚力、社会的向心力、文化的引领力。我们不仅要积累中国财富，而且要重塑中国精神，二者是一个问题的两个方面。正如中共中央总书记、国家主席习近平同志所说的，"实现中国梦必须弘扬中国精神"。③

中国精神是一个动态的、历史的概念。当代中国精神不是对历史上汉、唐、宋、元、明、清时期的民族精神的简单复制，而是中华民族在近代经历 100 多年磨难之后，在中国特色社会主义道路上的精神再生和精神创造。这种精神，被习近平同志表述为"以爱国主义为核心的民族精神，以改革

---

① 廖小平、成海鹰：《改革开放以来中国社会的价值观变迁》，《湖南师范大学社会科学学报》2005 年第 6 期。

② 欧阳康：《中国价值观与中华民族伟大复兴》，《光明日报》2013 年 1 月 19 日。

③ 习近平：《在第十二届全国人民代表大会第一次会议上的讲话》，《人民日报》2013 年 3 月 18 日。

创新为核心的时代精神"。① 这种精神，正是我们当前大力推进的社会主义核心价值体系建设的重要内容。因此，我们可以认为，推进社会主义核心价值体系建设的过程就是当代中国精神建构的过程。再进一步，我们甚至可以认为，社会主义核心价值体系是当代中国精神建构的灵魂。因为，当代中国道路是中国共产党带领全体人民开创的中国特色社会主义道路，而这条道路在价值观层面的表现就是社会主义核心价值体系。党的十六届六中全会审议通过的《中共中央关于构建社会主义和谐社会若干重大问题的决定》明确提出："马克思主义指导思想，中国特色社会主义共同理想，以爱国主义为核心的民族精神和以改革创新为核心的时代精神，社会主义荣辱观，构成社会主义核心价值体系的基本内容。"上述四个方面的内容集中反映了当代中国发展的指导思想、共同理想、民族精神和时代精神、道德规范，这些内容对于今天引领当代中国精神的建构，有着重要的现实意义。其中，"马克思主义指导思想是构筑发展当代中国精神的理论基础，中国特色社会主义共同理想是构筑发展当代中国精神的宏伟蓝图，以爱国主义为核心的民族精神和以改革创新为核心的时代精神是构筑发展当代中国精神的强大力量，社会主义荣辱观是构筑发展当代中国精神的道德保障。"② 因此，要建构当代中国精神，就必须深入推进社会主义核心价值体系建设。

党的十六届六中全会审议通过的《中共中央关于构建社会主义和谐社会若干重大问题的决定》首次阐述了社会主义核心价值体系的基本内容，并强调建设社会主义核心价值体系的目的，是要形成全民族奋发向上的精神力量和团结和睦的精神纽带，形成全社会共同的理想信念和道德规范，打牢全党全国各族人民团结奋斗的思想道德基础。此后，党的十七大、十七届六中全会，尤其党的十八大就社会主义核心价值体系建设的一系列重大问题作了进一步的阐述。随着我们党对社会主义核心价值体系在理论认识上的不断深化，让其真正落地，内化为大众认知、外化为大众行动的需求也变得日益迫切。

从社会行动理论的视角来看，社会主义核心价值体系外化于行的过程，是一个伟大、艰难、长期的社会行动过程。既然是一个社会行动，就必须

---

① 习近平：《在第十二届全国人民代表大会第一次会议上的讲话》，《人民日报》2013年3月18日。
② 李忠军：《试论社会主义核心价值体系与当代中国精神》，《社会科学战线》2012年10期。

遵循社会行动的基本逻辑，而这个逻辑的外在表现就是行为模式。中国地域之广、文化差异之大、社会阶层之复杂，决定了国内不同群体行为模式必然存在诸多差异，进而决定了社会主义核心价值体系大众行为化不可能遵循统一的、标准的行为模式，但这并不意味着对社会主义核心价值体系大众行为化的模式研究没有价值。相反，对一些有代表性的行动模式的剖析，探寻其背后的深层逻辑，无疑会为我们探索社会主义核心价值体系大众行为化的多样模式提供有价值的实践启示。而创意发起于中国西部贵州省的"春晖行动"，则以其"伟大但人人可为"的运作模式，成为今天值得我们深入剖析的、有代表性的行动模式。

2004 年初，共青团贵州省委在针对该省农业厅高级农艺师郑传楼持续16 年反哺故土、报效桑梓、振兴家乡，并被家乡聘为"名誉村长"的事迹进行调研的基础上，结合省内众多类似案例的总结、思考，借唐代诗人孟郊《游子吟》的感人意境，以"春晖行动"为名，创造性地发起了一项通过"亲情、乡情、友情"的纽带作用和"血缘、地缘、业缘"的社会网络功能，以"志愿、公益、互动"为原则，以"尽孝、感恩、反哺、回报"为理念，凝聚离乡在外的成功人士和社会贤达之力，投入到其故乡或第二故乡的经济社会发展中的社会化公益行动。该行动于 2004 年 2 月开始创意策划，同年 10 月 18 日正式启动后，陆续推出一系列大型公益活动，如"温暖万名贫困母亲"、"感恩父母、关爱老人、共建和谐贵州"、"春晖助学"、"春晖家园计划"、"春晖行动——我与家乡共发展"、"春晖亲缘招商"、"春晖映晚晴"、"春晖扶贫互助社"等，产生了显著的社会资源聚合效应，"春晖行动"实践者从最初为数有限的模范者发展到今天拥有 32000 多人的队伍，且这一不断庞大的群体，从省内延伸到省外甚至国外，活动遍及贵州省 9 个市（州）、88 个县（市、区、特区）、1500 多个乡镇和全国 10 多个省（区、市），为促进贵州经济发展、社会和谐、文化进步，做出了积极的贡献。

2010 年 1 月 28 日，中宣部新闻局在《新闻阅评》中指出："春晖行动"之所以能够成功，就在于它是一个"伟大但人人可为"的活动。这带给我省若干"春晖行动"探索者的进一步思考是，其之所以伟大又人人可为、人人愿为，是由于其动力基础是植根于传统文化浸润下对故土亲人的深厚情感。由此引发更深层的思考回应是："春晖行动"的意义，不仅在于其结果实现了对贫困地区输入大量反贫困资源的初衷，而且还在于其过程强化了广大社会公众对"心忧天下"、"扶贫济困"、"反哺故土"、"回报桑梓"等优秀中华传统价值观的发掘和认同，进而增强了大众对国家、对民族、对社会的向心力和归属感。这样的思考回应，无疑对当前我国社会主义核心价值体系建设中迫切需要探索的大众精神的塑造和大众行为的固化带来深刻的启示。尤其是2011年5月10日，习近平同志在贵州考察指导工作时，在全省领导干部座谈会上这样评价了"春晖行动"："团省委发起倡导开展以'亲情、乡情、友情'为纽带、动员组织广大在外游子参加家乡扶贫开发的'春晖行动'，这些有特色有实效的做法要继续坚持和推广。"习近平同志的评价，更加坚定了课题组对此进行研究的决心。

课题组之所以认定"春晖行动"是一个具有代表性的行动模式，理由有三：一则，从行动的理念来看，"春晖行动"承载着特定的价值理念，这些理念与社会主义核心价值体系的某些元素有相同、相通之处，而"春晖行动"把这些理念真正变成了行动。二则，从行动的过程来看，倡议并推进社会主义核心价值体系大众化的核心组织中国共产党，是典型的政治性组织。而贵州的"春晖行动"是由共青团贵州省委创意、发起和推动的产物，共青团组织是中国共产党的助手和后备军，具有很强的政治属性。两者的组织属性和行动逻辑有太多相似、相通之处。三则，从行动的结果来看，社会主义核心价值体系建设的一个目标就是要转化为大众认知和大众行动。而"春晖行动"以其"伟大但人人可为"的运作模式，又契合了社会主义核心价值体系建设所追求的大众化目标。因此，课题组认为"春晖行动"是一种具有代表性的行动模式，深入剖析"春晖行动"，有利于我们在推进社会主义核心价值体系大众行为化实践中的模式探索和创新。

循着这样的基本认知，课题组展开深入研究，全面剖析了"春晖行动"的发展历程与内在机理，深刻揭示了其在价值观层面和行动层面上对社会主义核心价值体系建设的生动回应，进而探讨了其对社会主义核心价值体系大众行为化的实践启示。所取得的具有基本逻辑递进性的成果主要有以下三个方面：

其一，深刻剖析了"春晖行动"的实践轨迹、实践动力、实践成效，揭示了"春晖行动"作为社会主义核心价值体系建设的一个大众行为模式的内在形成逻辑。发端于贵州的"春晖行动"经共青团贵州省委的组织化运作后，实现了从无序的、自发的个体行为到社会行动，从少数精英意志到大众意愿的嬗变，成为一个在省内外都产生了广泛影响和极具大众效应的公益品牌，形成了"花开贵州、情动全国、香飘海外"的发展局面。"春晖行动"之所以能发展成今天这样一个品牌，其背后的深层动力主要来自三个层面：一是反贫困的需求力，二是传统美德的感召力，三是社会组织的推动力。其动力的多元性也决定了其实践成效的多样性：一是推动了反贫困的持续深化，二是促进了乡土社会的开放发展，三是实现了文化传统的当代升华。

其二，深刻剖析了"春晖行动"与社会主义核心价值体系建设的内在关联，通过对"春晖行动"实践模式的提炼，思考了其对社会主义核心价值体系大众行为化的实践启示。一方面，"春晖行动"的实践承载了社会主义核心价值观的许多元素，开辟了社会主义核心价值体系实践化的现实路径。另一方面，社会主义核心价值体系建设的深入推进，也为"春晖行动"在自身发展的方向、内容、动力方面实现新的发展、新的拓展、新的提升创造了有利的条件和广阔的空间。"春晖行动"成功的运作模式可凝练地表述为"伟大但人人可为"，具体的内涵包括五个方面，即：以传统道德作为基本的动力支撑、以共青团系统作为基本的组织运作保障、以社会化动员作为基本的资源整合方式、以多样化的项目作为基本的行动载体、以服务本土发展作为基本的行动目的。这一模式对实现社会主义核心价值体系建设的大众行为化，有以下五个方面的运作启示：第一，贴近民众的实际需要，实现社会主义核心价值体系内涵的通俗化；第二，贴近地方的发展需要，实现社会主义核心价值体系建设目标的具体化；第三，贴近价值认同的文化基因需要，实现社会主义核心价值体系建设主体动力的内生化；第四，贴近人类精神共性，推动社会主义核心价值体系建设的世界化；第五，贴近价值共识的精神交往需要，实现社会主义核心价值体系建设的社会行动化。通过对"春晖行动"模式的剖析，课题组建议各地、各群体在推进社会主义核心价值体系建设的多元模式的探索中，要切实把握好模式建设的系统性、务实性、操作性和渐进性，实现社会主义核心价值体系建设的大众行为化模式的多样化。

其三，基于"春晖行动"的实践启示，立足于回应现实中突出矛盾和问题的需求，在总报告的基础上，专题性地就某些重点领域推进社会主义核心价值体系建设大众行为化作了深入思考。一是要深度提炼社会主义核心价值观，实现社会主义核心价值体系表述的通俗化，更好地引领多样性的社会思潮走向。二是要牢牢抓住执政党这个核心及党员、团员干部这个关键主体，大力加强党的纯洁性建设和团的基础建设，使社会主义核心价值观通过执政党及其助手和后备军的引领和示范，实现从国家层面到社会层面、再到个体行为层面的自觉转化。三是要贴近地域文化基因，深入挖掘与社会主义核心价值体系相契合的地域精神资源，并切实用社会主义核心价值体系提炼、提升和引领地域精神的品牌构建。四是要贴近地方发展需要，充分认识并重视红色资源所具备的物质与精神价值二重属性，科学开发红色资源，在促进地方经济社会发展的同时，推进社会主义核心价值体系建设大众行为化。五是要贴近价值共识的精神交往需要，通过不同文化载体让社会主义核心价值体系形象化、生动化、现实化，既要努力打造学术精品、文艺精品，又要在学校、企业、机关、社区打造相应的文化载体，更要让社会主义核心价值体系建设浸透在大文化建设格局中，使当代中国工业化、城镇化的品质因社会主义核心价值体系的注入而得到提升，同时让工业化、城镇化在品质提升的过程中更多地、更深地承载社会主义的核心价值观，使我们真正在输出中国产品的同时输出中国价值。最终，通过社会主义核心价值体系建设重塑中国精神，为实现"中国梦"注入强大精神动力。

课题从 2010 年 12 月立项以来，历时两年多，在国家、省社科规划办的大力支持下，在各相关参与单位和个人的积极努力下，经过问卷、访谈、座谈、专家咨询等一系列调研，先后完成了"文化跨越发展与社会主义核心价值体系建设"、"树立宣传典型，引导党员干部模范践行社会主义核心价值体系"等阶段性调研成果，在《求是》、《中国社会科学报》等刊物发表了《从"春晖行动"看"公益中国"建设》、《贵州"春晖行动"：调动美德的力量》等论文，最后形成了一个总报告、六个分报告以及访谈实录、问卷分析报告等附件资料，共计 22 万字的系列报告成果。上述内容分别在本书的上篇、下篇和附录中渐次呈现给读者。

上 篇

　　社会主义核心价值体系外化于行的过程，是一个伟大、艰难、长期的社会行动过程。对一些有代表性的社会行动的模式进行剖析，探寻其背后的深层逻辑，无疑会为我们探索社会主义核心价值体系大众行为化提供有价值的实践启示。而兴起于中国西部贵州省的"春晖行动"，则以其"伟大但人人可为"的运作模式，成为今天值得我们深入剖析的、有代表性的行动模式。基于此，本部分从对"春晖行动"的个案剖析出发，全面阐述了"春晖行动"的产生背景与发展历程及其内在机理，深刻揭示了其在价值观层面和行动层面上对社会主义核心价值体系建设的生动回应，进而探讨了其对社会主义核心价值体系大众行为化的实践启示。

一　从个体行为到社会行动：
"春晖行动"的实践轨迹

共青团贵州省委立足于本省经济社会发展实际，于2004年创意发起的大型公益活动"春晖行动"，以其特有的文化孕育特色、大众凝聚效应和时代回应特征，为当前进行社会主义核心价值体系的大众化实践探索提供了可贵的范式。如果说社会主义核心价值体系四个层面内容的提出完成了该体系本身理论化的成功建构，那么"春晖行动"的产生和发展无疑为该体系社会化的良性运作提供了一种可能的实践模式。这个最初散状分布于贵州各地无序的、自发的个体行为，经共青团贵州省委提炼升华并发挥团组织强大的动员力量聚合为广泛的社会行动之后，正以蓬勃之势，遍布贵州省9个市（州）、88个县（市、区、特区）、1500多个乡镇，在全国10余个省份不同程度地开展。除此之外，"春晖行动"还相继在美国底特律、加拿大温哥华、中国台湾、北京、湖北、广东、江苏、上海、云南、中国香港等地设立了"春晖行动"联络处，在省内外高校大学生中建立了54个春晖社团，形成了"花开贵州、情动全国、香飘海外"的发展局面。

（一）产生背景

"春晖行动"为什么会产生？又为何产生在贵州这个特定的地域空间？这是我们首先要思考和回应的一个问题。

背景之一：优秀传统文化的内在动力驱使

中华民族优秀传统文化及特有的农耕文明是先辈们流传下来的丰厚遗产，其中蕴含的价值观念及行为准则，虽历经时代变迁，仍具有恒久的传承性。这些观念和准则几千年来一直活在一代又一代中国人的心中，并潜移默化地影响着人们的思想和行为。而在包罗万象的传统文化及农耕文明中，最具生命力和感召力的优秀元素，当属对道德的合理诠释与极力推崇。

"春晖行动"的产生，最初就源于一种简单的道德现象。即一群具有

"心忧天下"、"扶贫济困"、"回报桑梓"、"反哺故土"等道德认知的成功人士、社会贤达及普通百姓，选择对中华民族优秀传统文化及特有的农耕文明进行自觉传承，并在现代化的历史进程中建立起文化母体与现实当下间的密切联系，使之能够历久弥新，进而成为开创新文化的历史依据。

"春晖行动"践行者之一郑传楼，当被媒体记者问及20余年来无怨无悔、无欲无求地帮助和支持家乡建设的动机时，他总会不由自主地回忆起40多年前的一段往事："父亲即将到贵州师范大学任教，全家就要搬迁到贵阳了。学校派车来接我们的当天，全村的乡亲们都自发地来送行，并帮着搬运一堆堆不值钱的家当。乡亲们背扛着东西送行了好几里，路上一直一言不发。就快到汽车停靠的大路边时，儿时的伙伴们拖着我的手，舍不得我走，泪如雨下。家乡给我一方土，我定还家乡一份情。"这是在中国特有的农耕文明下才会产生的人与人之间的特殊情谊，因为自然的力量不可抗拒，所以人类之间的互帮互助成为了必需。久而久之，这种互相帮助的美德便内化成为农村社会人与人之间交往的行为规范和准则。也正是因为农民们世世代代对特有的农耕文明进行传承和创新，才在不自觉中播散下善种，收获善果。

"从当今国内与国际社会的道德建设理论与实践来看，一个明显的趋势就是，强调道德与民族文化总体的内在联系，拒绝将道德从文化母体中孤立出来……离开文化母体，道德现象将难以获得准确的解释，道德生存难以维持长久的生命力"。[①] 基于情感维系的纽带作用及道德感召的教化力量，一些品格高尚、胸怀大爱的贵州籍或曾经在贵州工作及生活过的成功人士、社会贤达及普通百姓，在谋求自身的发展并获得一定成就后，往往会有"达则兼济天下"的情操自律。中华民族优秀传统文化中强调的"投之以桃，报之以李"、"滴水之恩，当涌泉相报"、"穷则独善其身，达则兼济天下"等道德范本，都是指引春晖使者们反哺故土、回报桑梓的价值支撑。

背景之二：贫困现实缓解的需求拉动

1986年，贵州开始有计划、有组织、成规模的扶贫工作。特别是在1994年国家制定《八七扶贫攻坚计划》以来，各级财政向扶贫开发投入大量人力、物力、财力，贵州贫困人口数量大幅度降低，扶贫工作取得显著成效。但贵州贫困面大、贫困程度深的问题一直未得到根本解决。为适应

---

① 魏则胜：《道德建设的文化机制研究》，广东人民出版社，2005，第12页。

我国扶贫开发转入新阶段的形势，2011年11月，中央又决定将农民人均纯收入2300元（2010年不变价）作为新的国家扶贫标准，这个标准比2009年1196元的标准提高了92%，对应的扶贫对象规模截至2011年底约为1.28亿人，占农村户籍人口比例约为13.4%。"按照2300元人民币的国家新贫困线标准，贵州还有贫困人口1521万，占农村户籍人口比例的45.1%。"① 尽管近年来作为全国扶贫攻坚主战场的贵州向绝对贫困发起了全面总攻，也争取到国家层面以国发〔2012〕2号文件②的颁布实施，但"冰冻三尺非一日之寒"，贵州扶贫攻坚任务重，抑制返贫难度大，要想仅仅依靠政府的有限力量实现"减贫摘帽"堪比移山倒海。何况"贫困"还是相对于"富裕"而言的，这就意味着一日未消除两极分化，反贫困问题就始终存在。

由于贵州扶贫攻坚任务重、抑制返贫难度大的客观实际，政府主导的扶贫顾及不到的地方还比较多，迫切需要整合社会力量参与扶贫。关于这一点，胡锦涛同志在2005年视察贵州时就曾指出："贵州要强化政府在扶贫开发中的主导作用的同时，动员和组织社会力量积极参与扶贫开发，形成扶贫工作的强大合力。"③ 这无疑释放了社会力量参与扶贫开发的巨大空间，为大众以个人行为参与扶贫提供了合理依据。与此同时，参与扶贫与接受扶贫二者间存在的供需关系得到了进一步明晰：一方面，供给方有"回报桑梓"、"反哺故土"、"扶贫济困"的强烈精神意愿；另一方面，需求方有"改变现状"、"脱贫致富"、"实现小康"的合理诉求。而当这些成功人士、社会贤达及普通百姓坚定做慈善的信念并开始搜罗自己播散爱心的对象时，自己熟悉的身边人、身边事更能牵动他们那根一心向善的心弦。因此，可以这样来理解，"春晖行动"从精英行为向大众行动的实践轨迹，是贫困地区精英能人带领并感化广大群众齐心协力向贫困发起的一场绝地反击。

背景之三：城乡差距的势能平衡使然

1984年，随着城市改革拉开序幕，城乡居民收入差距逐步呈现拉大之

---

① 《贵州未来5年农村贫困人口将减少到500万之内》，中国新闻网，2012年4月15日。
② 2012年1月，国务院颁布了国发〔2012〕2号文件，即《国务院关于进一步促进贵州经济社会又好又快发展的若干意见》。《意见》指出，贫穷和落后是贵州的主要矛盾，加快发展是贵州的主要任务。贵州省尽快实现富裕，是西部和欠发达地区与全国缩小差距的一个重要象征，是国家兴旺发达的一个重要标志。
③ 2005年2月11日，胡锦涛同志视察贵州结束时的讲话。

势。尤其在确立社会主义市场经济体制以后，这种差距更表现为成倍数的增长。相关资料显示："我国城乡居民收入比（以农民人均纯收入为1）1984年为1.84∶1，1994年扩大为2.86∶1，2004年进一步扩大为3.21∶1。1984—2004年的20年间，平均每10年城乡居民收入差距就扩大近40%，绝对差额扩大了近21倍，平均城镇居民人均收入每增加22元，农民人均收入只增加1元。"①

意识到城乡差距逐步拉大将会造成的负面效应，2006年以来，国家全面取消农业税，终结了2000多年来农民种地缴纳"皇粮国税"的历史；国务院制定出台烟叶税条例，彻底取消了农业特产税，使得农民负担进一步减轻（与改革前的1999年相比，农民减负总额达到1250亿元，人均减负约140元）；此外，国家还计划用30~50年时间，进行社会主义新农村建设。但是，尽管采取了多种惠农措施，城乡收入比例也仅仅维持在3.21∶1，如果将城市居民收入中一些非货币因素如住房、教育、医疗、社会保障等各种社会福利考虑在内，则城乡居民的收入差距就更高。若是这种差距持续拉大，将不可避免地带来政治、社会等诸多方面的矛盾。2004年，中央提出了工业反哺农业，城市支持农村的政策，为"春晖行动"反哺机制的建立和行动方案的制订提供了机遇。

最初践行"春晖行动"的第一批精英能人，大都出生于贫穷的贵州农村，到城市就业或是创业后，时常往返于城乡之间，对城市和农村间的巨大差距体会深刻。面对城乡发展失衡日趋严重的现实，目睹父老乡亲日复一日、年复一年地过着与城里人相比差距甚大的艰苦日子，他们的灵魂被深深地震撼了。不禁会萌生尽己绵薄之力，修弥城乡之间发展失衡造成的巨大鸿沟，让父老乡亲过上好日子的朴实念头。如第一批春晖使者中的曹以杰，回乡创业的最初动机就是让他所生活过的贵阳市开阳县禾丰乡马头村的村民们有个地方干活。春晖使者们积极参与家乡扶贫开发，不仅给贫困的家乡带来了技术、资金和人才，还传播了先进的扶贫理念和扶贫思路，是对政府主导型扶贫的一种有益补充。尽管他们所做的这些点滴之事在一两年内对弥合城乡发展失衡、提高农民收入不能起到立竿见影的效果，但从长期看，他们的善行善举对于缩小城乡教育差距、城乡医疗差距、城乡就业差距和城乡政府公共投入差距绝对能起到积跬步至千里、积小流成江

---

① 方立：《构建社会主义和谐社会新探》，人民出版社，2006，第128页。

海的作用。

(二) 实践演进

贵州省农业厅高级农艺师郑传楼作为生活在贵阳市的"城里人",20 多年来不间断地利用节假日多次往返于贵阳市与家乡遵义市正安县安场镇自强村之间,帮助乡亲们脱贫致富,硬是把一个"穷窝窝"改造成了"金窝窝"。

2004 年初,共青团贵州省委在贵州选择 29 个富有代表性的县(市、区)开展调研后,发现郑传楼式的反哺家乡的人物在贵州还有许多。受此启发,同年 10 月,共青团贵州省委对此类事迹进行提炼,并根据《游子吟》的感人意境,创意发起了以"志愿、公益、互动"为原则的大型社会公益活动——"春晖行动"。旨在以"亲情、乡情、友情"为纽带,以"饮水思源"、"尽孝感恩"、"反哺故土"、"回报桑梓"等传统美德为理念,凝聚离乡在外的成功人士和社会贤达参与新阶段扶贫开发和新农村建设,为促进农村经济社会发展提供智力、财力、物力支持。自此,个人零散的反哺行为才逐渐转变为组织化的社会行动——"春晖行动"。

在共青团贵州省委的组织策划下,"春晖行动"按照宣传发动、试点先行、全面开展、规范运作四个步骤实施。此后通过建立"中心+基金会"的模式,进一步解决了运作的制度化、规范化和持续化问题。2007 年以来,共青团贵州省委在实践中探索了"中心+基金会"的模式,实现了"春晖行动"的制度化。2007 年 4 月,贵州省春晖行动发展中心成立,解决了有人办事的问题。2009 年 3 月,贵州省春晖行动发展基金会成立,解决了有钱办事的问题。此后,共青团贵州省委进一步确立了"中心+基金会""两块牌子一套人马"的运作体制,并不断完备组织化保障体系和社会化运作体系,实现了"春晖行动"运作的制度化、规范化、持续化。

1. 个体行为阶段

"春晖行动"可溯源于零散的个人反哺行为。这些个人的反哺行为动机虽各有不同,但都具有一些共同优势,如:了解农民基本需求、掌握农民心理特征、把握农民的基本需求以及熟悉行动策略。当然,我们也看到这种个人行为存在的重大局限:即面对庞大需求时个人能力的有限性和输血式扶贫的弊端。共青团贵州省委正是在秉承个人反哺行为的基本价值理念,进一步完善个人反哺行为模式的基础上,才发起了"春晖行动"。

（1）基于不同反哺动机分析的个体行为归纳

"春晖行动"实践的雏形源于春晖人物的个体反哺行动，不同的动机激发了不同个体的反哺行动。

第一类春晖人物的反哺动机是受到生命中重要他人的影响。"重要他人"（significant others）是心理学、社会学以及社会心理学共同关注的一个概念，即对一个人的生活、人格和社会化等过程有重要影响的人物。重要他人的价值观和行为模式都潜移默化地影响着一个人的一言一行。一部分春晖人物的反哺动机正是被生命中重要他人所激发。这些重要他人可能是春晖人物的亲人、熟人或是陌生人。他们在这些春晖人物社会化的过程中直接为其树立了角色模板，并将反哺的社会责任感传递给这些春晖人物。除了身体力行之外，这些重要他人也在春晖人物成长的过程中谆谆教导，自小就影响他们内化反哺的责任。

郑传楼便是受生命中重要他人——老奶奶影响的一个例子：

> 奶奶陈月香，乐善好施，扶贫济弱，与人为善。即便家境贫寒还收养了两个流浪的无家可归的孩子并抚养成人，自学推拿法为乡亲们免费服务。当郑传楼一家人离开村子前往贵阳的时候，全村的人都默默送行，帮他们扛家具到主干道上。大家都一言不发，只有奶奶摸着他的头说："乖孙，到了省城要好好读书，长大为人民多办事，不要忘记这里的父老乡亲。"（春晖人物　郑传楼）

除了亲人之外，恩人也是组成生命中重要他人的一部分。那些救人于危难的恩人，也对春晖人物回馈社会的动机颇有影响。因为曾经在困境中受恩于人，一些春晖人物将从这些恩人身上所习得的急人之困的优良品质秉持并回馈给社会中有需要的人物。春晖人物李光伦、张义恩便是典型的例子：

> 李光伦一直铭记他生命中的几个恩人："文革"期间目睹他偷割棕树皮交学费却放他一马，让他免受批斗，继续就学的李正生；在他饥饿难耐的时候和他分享食物的同学王富贵和周友良；以及在他打工的阶段关照他的建筑队工程师李光辉。李光伦认为是这些恩人造就了今天的他，因为这些恩人一些已不在人世，一些条件也很丰裕不需要再

锦上添花,所以李光伦决定将这份感恩的情怀回馈到社会。

回到插队落户的难忘岁月,张义恩依然深深地感受着乡亲们的淳朴、善良和热情。他依然记得风雨中乡亲给他披衣;饥饿时,乡亲们拉他上桌;下地劳动,乡亲们也不忘拉他一把……(春晖人物 李光伦、张义恩)

第二类春晖人物的反哺动机是对摆脱家乡贫穷的迫切情感。费孝通先生在《乡土中国》一书中比较了中西方文化个人位置的不同。他认为西方社会是团体格局,"好像我们在田里捆柴,几根稻草束成一把,几把束成一扎……他们常常由若干人组成一个个团体。"而中国社会则是差序格局,"好像是把一块石头丢在水面上所发生的一圈圈推出去的波纹。每个人都是他社会影响所推出去的圈子的中心。"而亲缘、血缘和地缘就是这种丢石头形成的同心圆波纹的性质。因此,曾经经历过极端贫困的春晖人物,并非一个孤立的社会个体,他们是镶嵌在差序格局同心圆中与自己的家乡血脉相连的存在。他们承担着改变自己差序格局关系中人们贫穷状态的责任,当他们力所能及的时候便会付诸行动。

春晖人物任丽萍、曹以杰和高海翔类似的经历都证明了他们和家乡的血脉联系:

任丽萍家境贫寒,父母需要供养三个孩子念书。她曾经因为不能上学哭得天昏地暗,不吃不喝还发高烧,脑子里全是上学的念头。姐姐曾为了保障弟弟妹妹能够念书,放弃了读大学的机会,和爸妈一起下地种田。正在贵州大学读大二的任丽萍看到刊登在《中国青年报》上《只要能上学》的一篇报道和图片激活了她童年的记忆,她毅然决然地申请休学一年到报道中提到的学校去支教,希望为落后的农村教育尽自己的绵薄之力。(春晖人物 任丽萍)

曹以杰,在初三的时候最大的理想就是——做一个穿鞋的男人。因为贫穷,乡下人很少穿鞋,而鞋子在1978年的那个年份,竟成为区分城里人和乡下人的标志。起初曹以杰拼命想要离开贫穷的家乡,可是记忆中那些跋涉在泥泞中的赤脚,让他认识到,他不应该离开家乡,不应该离开贫穷的乡亲,如果离开他们,忘记他们,抛弃他们,只求自我的幸福,是自私和渺小之举。而自己和家乡是血脉相连的。(春晖

人物　曹以杰）

让高海翔记忆犹新的是孩提时代目睹的血腥一幕：

因为全村人的饮水仅靠一口井，两个农妇为了争水厮打起来，衣服扯破了，头发大把大把地被扯掉，血肉模糊的两个人连哭带嚎地在地上翻滚……高海翔和弟弟被吓得跑回家。贫穷的记忆深深地刺痛了高海翔，印刻在他童年的记忆里。（春晖人物　高海翔）

第三类春晖人物的反哺动机是对缩小家乡与城市差距的强烈愿望。我国长期的城乡二元分割造成了城市与农村在经济发展、文化和观念以及生活方式等各个方面的差异。当农村人进入城市谋生时，这些差异便日益凸现出来，目睹和亲身体验城乡差异、东西部的差异，更激发了他们反思和分析自己家乡贫穷落后的原因，下决心改变家乡的落后面貌。

杨洪走出大山打工的一路遭受了不少冷遇、白眼和羞辱，这使他的自尊心受到极大的伤害。他在锦绣中华民族园的笑容都是装出来给别人看的，其实自己内心很受伤。1992年杨洪第一次坐飞机回家，在深圳这样的繁华都市生活时间长了，走在贵阳的街上，就觉得家乡太脏太乱，为什么地区的发展如此不平衡呢。回到家乡拜访父老乡亲，更是让他觉得久久不能平静：衣衫褴褛的孩子流着鼻涕在寒风中发抖；病重的老人在过年的时候吃不上肉……杨洪认为在党的政策鼓励和支持下，深圳能创造奇迹，自己的家乡也能够有所改变。之所以家乡和外面差距大，除了客观因素外，最重要的还是思想观念差距大，需要有人带头。于是，他毅然放弃了在深圳的富足生活，带上自己的积蓄回到家乡。（春晖人物　杨洪）

龙勇出生在织金县一个贫困山村，多年打拼后在贵阳创办了农民工学校，担任校长。他深深地感受到城乡发展的差距，村子里的老人连电影是什么都不知道。他下决心改变家乡面貌，曾两次实施了春晖家园计划项目，改造了家乡的基础设施，还把学校改名为春晖学校，成了铁杆春晖使者。今后，他打算把自己的事业与家乡的旅游开发结合起来，促进家乡的发展。（春晖人物　龙勇）

张春生小的时候，和其他穷孩子一样，连笔都买不起，一年四季就穿一套衣服。他牢记着这些艰难的日子。经历入伍、退役、务农、经商，直至成为一个年上缴利税1500万的明星企业老总，他始终牢记是家乡的贫瘠的土地哺育了他。张春生年少时就有一个梦想，以后要是富裕了，要让父老乡亲都换个活法。于是他开始投资发展大棚蔬菜，带领乡亲们脱贫致富。（春晖人物 张春生）

（2）个体反哺行为的优势分析

不同个体的反哺行为，无论出于什么动机，他们都植根于自己的家乡，熟悉自己的家乡；同时他们都能够跳出自己的家乡，站在更高的层面、更宽阔的视野来看待家乡的发展。这种身份和能力的独特性使他们在反哺自己的家乡的过程中具有一些其他的人和组织所不具备的优势。

第一，他们能洞悉农村发展问题症结所在，并在此基础上对症下药。他们来自农村，和农村的乡亲有朝夕相处的经历，对农村的问题有亲身的体会，对农民的基本需求有根本的把握。例如在沿海城市打拼十年的高海翔认识到家乡的贫穷落后，是因为计划经济残留的痕迹，村民思想上的麻木、保守以及懒惰造成了一切困难都依靠政府来处理和解决的模式。而要改变家乡的状况，就必须改变村民落后的思想观念，唤起他们的主体意识，实现自强、自立和自助。

第二，他们在农村的成长、生活经历使其更了解农民的心理特征，而这对于下一步如何采取行动至关重要。例如，郑传楼面对部分村民的冷嘲热讽没有动声色。他太熟悉农民了，对他们来说，"耳听为虚，眼见为实"。所以郑传楼从引水入手，踏踏实实地为村民做看得见的实事。从引水到建立卫生所，从修路到发展教育，郑传楼最终得到农民的认可。许多春晖人物在发动村民时，村民几乎都经历了一个从不信任到观望到最终参与的过程。这些春晖人物都非常有韧性，经得起心理的考验，不会因为暂时的困难而轻易放弃，他们清楚地知道如何行动才能获取农民的最终信任和鼓励农民的参与。在农村开展项目，把握农民的心理特征对行动的成败极为重要，只有了解农民的心理特征，加以引导和正确行动，才能最终实现让农民参与、成为行动主体的目的。

第三，他们能够把握农民的基本需求。从小生活在农村的经历，使得他们更加了解农民最基本的需求是什么。从修路解决交通问题到完善基础教育，从解决根本的饮水问题到改善农村医疗设施，从培养村民的卫生意识到保存农村特有的民族文化，他们更清楚资源应该如何合理投放而不至于白白浪费。因此，他们所关注和发展的项目不仅能够在村民中深得人心，同时也使最少的投入产生"四两拨千斤"的效果。这对目前一些盲目的慈善行为是一种修正，让有限的资源投放得恰到好处，既能满足村民的真正需求，又能使得资源发挥最大化的效用。例如，春晖使者耿贵刚，利用自己的专业特长为家乡设计路桥；从自己的工资中挤出钱来资助家乡的贫困学生；每年春节慰问村里 60 岁以上的老人并为他们添置棉被、衣服等；并动员父亲将行医多年的 200 万积蓄投入家乡的旅游开发，解决了当地富余劳动力就业问题并增加了村民的收入。

第四，他们熟悉行动的策略，知道如何激发农民的主体意识，参与到行动中来。农民做事需要领头人，春晖人物必须有胆量做领头羊，组织和带领大家行动，并要敢于承担责任。例如，背篼杨文学过年回家和老人们谈起修路的事情，老人们举杯叹息道："就是缺个牵头的人啊……"通过 8 年攒下 13 万存款的杨文学毫不犹豫地承担了这个领头羊的角色，让全村人修路的梦想一步步迈向现实。农民也需要看到敢作敢为的人先树立角色模板，看到行动的好处，才会主动参与到行动中去。杨洪所演绎的现代愚公移山的故事便是一个典型的例子。他劝说村民放弃百年老屋，搬到山下脱贫致富。杨洪自己先搬到山下的新房，然后请县文化馆挂上幕布放电影，并在播放电影前上台给大家宣传下山的好处，建设社会主义新农村的美好前景等等，于是村民开始陆陆续续搬下了山。事实上，在行动的过程中，农民中已经有一批潜在的有组织能力、有领导能力并敢作敢为的农村发展领头人涌现出来，这些人将成为新农村建设的一股新生力量。

（3）个体反哺行为的局限性分析

尽管以个体行为为主的反哺行为在了解农村问题，掌握农民心理特征，把握农民基本需求以及熟悉行动策略上颇有优势，但也在实践过程中呈现出局限性。

第一，个体行为阶段涌现出的一些人物，其善行基本上依靠单一个人的力量，但面对数量庞大的弱势群体以及他们方方面面的需求，个人的力量显得极为有限。更有甚者，让自己也陷入困境。

例如申智，倾其所有帮助家乡建设，但后因妻子左下肢感染被截肢，夫妻双方都无力照顾两个女儿，只能轮流将她们寄养在兄弟姐妹家中。同样，以下三个例子也说明了个人力量的局限性，同时也证明了"春晖行动"由个体行为转向社会行动是一个必然的发展趋势。社会支持和社会资源对于满足农村居民的基本需求，提高农民的生活质量是不可忽视的一股力量。

以往回老家，只能凭着个人的单薄力量，收集一些旧衣物日用品什么的，给困难老乡做一点雪中送炭的事情，多年忙下来，奔波劳累不说，自己花了不少钱，但是老家江山依旧，贫困依旧，看不出多大的变化。（春晖人物　郑传楼）

背篼杨文学将自己13万元的积蓄全部用于修路，但是仅在开工后的一个半月就因经费不足停工了。后来20多个乡亲和他一起到城里当起背篼，也希望为修路筹钱，但是仅仅一个月的时间，大家就发现这个行动难以持续下去。除了生活、房租和寄给家里的钱，他们几乎所剩无几。核桃寨的路一直处于停工状态。在杨文学修路失败后的几个月，共青团贵州省委发起的公益项目"春晖行动"的工作人员在当地晚报上发现了这条新闻。"春晖行动"发展基金会计划拨款10万元作为对杨文学修路的支持，随后，贵州省公路局决定拨付专款15万元用于核桃寨修路。核桃寨的路才有了希望。（春晖人物　杨文学）

话说虽然知道这儿最需要老师，但老师们都不想在这里干了，干长了，你会非常失望，长时间陷在抑郁和自闭的情绪里不能自拔，你会对自己的工作究竟有没有价值和意义产生怀疑，会觉得一切付出和辛苦都是白费力，因为你无力改变一切……（春晖人物　任丽萍）

第二，以个人力量为主的反哺往往又容易采取简单的输血式扶贫。输血式扶贫一方面是有限的社会资源的无限投入而改观甚微，另一方面无形中养成了受助对象"等、靠、要"的懒惰思想，出现一些地方多年扶贫仍无任何改观的现状。

一桩桩一件件，老人家做得很多也很累……无论老父亲和他做了多少义举，寨子里还是衰微破败的样子，乡亲们仍然是缺吃少穿。儿子耿贵刚认为父亲的这种输血式的方法帮助乡亲不是解决问题的根本办法。穷乡亲太多，单靠一个人的力量就是一辈子也都不过来。于是耿富泽拿出一生200多万元的积蓄成立了一个旅游公司，把乡亲们都动

员起来，用商业化的方式运作，带领全村的人走致富之路。（春晖人物 耿富泽父子）

高海翔发现自己家乡的父老乡亲在计划经济的体制下变得麻木不仁，养成了"等、靠、要"的懒惰思想，而要想改变这一切，必须从"输血式"扶贫转向"造血式"扶贫。他希望引入市场机制和经营理念，让乡亲们在改革开放的实践中提升自己的"造血"功能。（春晖人物 高海翔）

以上几个例子说明了扶贫模式转变的重要性。但从输血式向造血式扶贫的转变，需要动员社会力量，整合社会资源，最终形成反贫困工作的大格局。

2. 社会行动阶段

个体反哺行为所具有的天然局限，迫切需要强大的社会行动来弥补。因为，只有从个体行为转向社会行动，才能够有效地调动广泛的社会资源参与到反贫困事业中来，也才能使个体反哺行为中所蕴含的价值光辉得以更好地传承和弘扬。而准确把握这个问题，并作出正确回应的就是共青团贵州省委。正是共青团贵州省委在充分调研的基础上，以强有力组织运作的介入，才把这种个体的反哺行为转型为宏大的社会行动——"春晖行动"。

2004年10月，共青团贵州省委在广泛调研的基础上，创意发起了以"志愿、公益、互动"为原则的大型社会公益活动——"春晖行动"，开启了"春晖行动"从个人零散行动向组织化社会行动的转变。

初期，在共青团贵州省委的组织策划下，"春晖行动"按照宣传发动、试点先行、全面开展、规范运作四个步骤实施：第一，在宣传发动阶段，统一制作了"春晖行动"电视公益宣传片及相关宣传海报、宣传画册、活动主题歌曲，聘请了活动形象大使。同时，建成"春晖行动"网站，为贵州省9个市（州）、88个县（市、区、特区）、1500余个乡镇建立了网页。第二，在充分调研论证的基础上，贵州省9个市（州）形成具体实施方案，并选择若干个县作为试点。各试点县组织部门还将"春晖行动"的实施与干部工作、人才工作、农村党建与扶贫工作和组织建设、制度建设、经济建设等工作结合起来，整体推进。第三，试点取得初步成功后，在本地区逐渐全面铺开，共青团贵州省委和有关市（州）团委提供必要指导，对各地试点工作进行阶段性总结，推广成熟的做法和经验。第四，在全面推开后，即进入规范运作阶段，在各级党政的领导下，进一步完善工作机制。

此后，"春晖行动"通过内造机制、外塑品牌，从组织架构的搭建和完善，到基金会提供社会大众参与春晖活动的平台，实现了从个人行为到社会行动的实践深化，即从零散自发的行为到有意识有组织的社会行动，从孤立的个体行为到全社会均可参与的公益活动，从单纯的反哺动机到传统文化的升华，从隐性的个人行为到显性的大众行动。

（1）组织体系建设

2007年以来，共青团贵州省委在实践中探索了"中心＋基金会"的模式，进一步实现了"春晖行动"的制度化。

2007年4月，贵州省春晖行动发展中心成立，根据《贵州省编制委员会办公室关于成立贵州省春晖行动发展中心的通知》（编办发〔2007〕51号）文件规定，其机构性质为共青团贵州省委所属正县级自收自支事业单位，由共青团贵州省委直接管理，职工工资由省人事厅核算制定。当年，中心面向贵州省公开选调了10多名优秀青年干部，专门负责"春晖行动"的相关工作。

2009年3月，贵州省春晖行动发展基金会成立，该基金是由共青团贵州省委主管，经贵州省民政厅登记注册，具有法人资格的地方性公募基金会。其宗旨在于弘扬"饮水思源、尽孝感恩、反哺故土、回报社会"的理念，充分发挥"亲情、乡情、友情"的情感纽带作用，以"亲缘、地缘、业缘"为社会网络，组织广大在外乡友游子关注、参与家乡建设，为"春晖行动"的开展提供财力、物力和智力支持。基金会作为民间机构，由民政厅定期核查善款动向，确保资金用于公益事业。基金会的成立不仅使得"春晖行动"有了资金保障，更重要的是它提供了社会大众参与"春晖行动"的平台。例如，"春晖行动"的网站提供在线捐赠的方式，倡导每人每月最低捐赠1元钱，捐赠以匿名的方式进行，使该行动真正地践行了"伟大但人人可为"的目标。

此后，"春晖行动"形成了"中心＋基金会"的模式，这一模式采用了"两块牌子一套人马"的运作体制，让春晖行动发展中心主任兼任春晖行动发展基金会理事长。这样做的好处是，既通过中心的组织归属获得共青团的组织保障，又通过基金会的社会化运作整合民间资源。此后，共青团贵州省委在"中心＋基金会"的基础上，不断完备组织化保障体系和社会化运作体系：

在完善组织化保障体系方面，层层建立以党政领导为组长、相关部门为成员的"春晖行动"领导小组，对贵州省88个县（市、区、特区）"春晖行动"工作领导小组办公室选配办公室兼职副主任,建立健全各级组织协调领导机构,为推进工作提供组织保障;建立党委、政府领导,团组织协调,有关部门配合,乡镇和村主办,社会各方支持,群众广泛参与的科学合理的运行机制。逐渐形成并坚持了"县指导、乡负责、村为主、户落实、群众参与"的组织模式。

在完善社会化运作体系方面,建立了以春晖使者为桥梁,实行"春晖行动"发展基金会、春晖使者、社会各界人士、地方党政相关部门、受益群众"五位一体"联动机制,把资源的供给与资源的需求进行透明连接,张榜公布春晖使者帮扶情况、社会捐赠情况和父老乡亲的投工投劳情况,接受社会监督。这样高度透明的项目运作,使得"春晖行动"的资源整合力得益于其公信力的增强而不断提升。

最终,这一组织化保障和社会化运作相结合的路子,使得基金会运作资源的工作与中心协调组织的工作牢牢结合后产生了 $1+1>2$ 的放大效应,共青团组织化的保障使得基金会社会化运作的蛋糕越做越大。"春晖行动"在这个过程中实现了制度化、规范化、持续化。

(2)人力资源建设

共青团贵州省委还建立了人才库,以村落为中心,通过亲缘、地缘、业缘延伸人力资源的脉络,让"春晖行动"拥有一个强有力的人力资源网。近九年来共感召32000多名在外游子情牵故土、反哺家乡,在贵州省9个市(州)88个县(市、区、特区)、1500多个乡镇和全国10多个省(区、市)、美国、加拿大、中国台湾、中国香港等地开展活动。

在具体操作层面上,"春晖行动"对村的外出人员、插队知青等在外游子进行统计造册,以电话、倡议书、慰问信、座谈会等形式,加强联系,挖掘和发现人才,储备农村发展的人力资源。

在"春晖行动"的九项工作中,有八项是打造丰富的人力资源库,其中有六项工作是直接储备的人力资源库,包括聘请春晖使者,组织外出务工青年回乡创业,组织知青回访第二故乡活动,组织离退休老干部、老同志为故土献余热,组织企业家参与家乡的扶贫开发以及组织海外华侨回乡投资建设。而剩余两项工作,建立"春晖助学金"和开展"春晖行动——我与家乡共发展"大学生社会实践活动则可视为间接储备"春晖行动"的后备人才。"春晖行动"的人才库在数量上并不仅仅拘泥于人才库所储存的人才,而是这些人才所拥有的所有社会网络。2013年还把春晖使者数据库与春晖云战略平台搭建起来，建立春晖人才大数据、大资源、大平台、大跨界、大整合。因此，从这个意义上来说，"春晖行动"的人才库具有取之不尽、用之不竭的资源特征。

"春晖助学金"主要资助成绩优秀但家境贫困的学生得以顺利完成学业，在其有能力的时候回报桑梓。这些受助的贫困学生在受助的过程中接受了感恩教育的熏陶，成为"春晖行动"日后一批强有力的后备军。"春晖行动——我与家乡共发展"大学生社会实践活动则组织大学生利用假期回乡的时间力所能及地为家乡的乡亲提供服务，培养大学生的社会责任感。面对大部分农村出来的大学生毕业后选择留在城市的情况，这一活动的重要社会意义在于，保持从农村走出来的大学生和农村的血脉联系，激发他们的反哺动机和改变家乡的社会责任感。这两项工作本质上是以"春晖行动"为平台，培养潜在的"春晖行动"人力资源库，丰富行动的人力资源储备。有了广袤的人力资源网络，"春晖行动"才能得以长期持续发展和运作，才有更多的人参与、推动和发展"春晖行动"。

（3）项目体系建设

"春晖行动"开展以来，陆续实施了"春晖感恩教育"、"春晖行动——我与家乡共发展"、"春晖助学计划"等系列主题活动，开展了"春晖家园计划"、"春晖助学计划"等项目，形成了一个比较完备的项目体系。

一是实施"春晖家园计划"项目。"春晖家园计划"秉承"春晖行动"所倡导的"饮水思源、感恩桑梓、回报社会"理念，以组织化动员和社会化动员相结合的运作方式，以"五位一体"联动的公益模式组织实施项目，旨在通过"春晖行动"的理念将农村发展所需要的各种生产要素予以整合，平滑地移动到农村家园建设的各种项目上，最终达到以实施"春晖家园计划"项目撬动社会民间资源参与扶贫开发和社会主义新农村建设的目的。"春晖家园计划"主要有以下几个方面的内容：第一，协助回乡农民进行安居工程建设和就业、创业；第二，支持新农村示范创建活动，协助镇（村）做好小城（集）镇建设发展规划、村庄整治规划、乡村旅游发展规划、村域经济发展规划等规划项目，并启动实施；第三，投入以道路交通、人畜饮水、小山塘治理、小沟渠修复、农田治理、串寨路硬化、节能卫生能源、教育教学设施改善为重点的基础设施建设项目；第四，实施支持村寨古树生态文化小广场、民族文化小广场等公共文化场所建设，挖掘、整理与传承民族民间文化；第五，支持乡村开办农家乐项目，鼓励对乡村自然旅游资源的挖掘、保护与修复，对乡土、民族文化旅游资源进行挖掘；第六，支持农业种植、养殖，农产品加工，农技推广，良种引进、市场进入等农业发展项目。2009—2013 年，完成实施"春晖家园计划"项目 263 个，内容涵盖道路交通建设、人畜饮水工程、文化休闲广场建设等方面，涉及 9 个市（州）75 个县（市、区、特区）1040 个村民组，整合资金 4569 万元，直接受益群众 315320 人，辐射带动人口 775353 人。

二是开展"春晖助学计划"活动。通过"春晖行动"的组织化动员和社会化手臂，整合社会爱心资金帮助解决贫困家庭子女的教育问题。比如实施"春晖行动——致公学生培养计划"，2007—2013 年共整合资金 7650 万元资助贵州省贫困家庭、品学兼优的学生 333 名到北大附属实验学校免费接受 6 年中学学业。2010 年，王振滔慈善基金会出资 85 万元，资助贵州省省属高校 210 名寒门学子，每人 4000 元。北京为明教育集团出资 3200 万元，在北大附中贵阳为明实验学校开展"春晖助学计划"活动，计划用 6 年时间免费资助贵州寒门学子完成初、高中学业，并设立 500 万元奖学金，为升入大学的春晖班学生提供资助完成学业。与北京昌平农家女实用技能培训学校合作，每年组织 30 余名贵州乡镇中学女教师赴京培训。2012 年，又申请了中央财政 30 万元资助贵州省属高校 100 名贫困大学生，每人 3000 元，并签署爱心协议。助学计划得到各地积极响应。普安县成立了党建扶贫春晖教育协会，筹集爱心资金 150 余万元成立了春晖助学基金，用于资助、奖励品学兼优的贫困学子完成学业。瓮安县成立"春晖助学协会"，筹集近千万元，用于资助品学兼优的贫困生完成学业，奖励教学上有突出贡献的老师，并引导受资助学生学有所成后回报桑梓，实现爱心互动。

三是开展"春晖感恩教育"。在贵州省广泛开展了"春晖感恩教育"活动，开设"春晖感恩课堂"、"春晖文化苑"，引导青少年在实践体验中发现"感动"，心存"感激"，学会"感恩"，养成青少年的健康心态，培养他们自强不息的坚强品格，塑造青少年的健全人格，从根本上消除他们的贫困意识，树立自我发展意识。其中，由中国演讲协会副会长、春晖行动发展基金会副理事长蔡顺华主讲的春晖讲堂达数百场，培养骨干老师 15000 多名。该活动开展以后，在社会不同层面掀起感恩教育热潮，引起社会的强烈反响和关注。比如开展"春晖映晚晴"活动，以感恩父母，关爱老人为主题，充分体现中华民族尊老敬老的优秀传统。又比如开展"春晖行动——贵州'信合'温暖万名贫困母亲"活动，资助贵州省 1000 名年龄在

60岁以上的贫困母亲,这一行动嵌入了女性主义的视角,关注到女性的弱势并给予扶助。还比如开展"怀春晖感恩心,共建和谐我能行"春晖感恩教育活动,将春晖的理念延伸到教育领域,以青少年为活动对象,从简单易行的感恩行为出发,培养青少年健康的心态和正确的价值观。

四是开展"春晖行动——我与家乡共发展"活动。利用在外工作人才、外出务工青年和其他各类在外乡友春节、清明、中秋等节假日回家省亲之机,通过召开座谈会,播放春晖行动电视专题片,发放宣传资料等形式,礼聘春晖使者,宣传春晖行动理念,推动家乡经济社会发展,在全社会营造热爱家乡、反哺家乡、建设家乡、回报社会的良好氛围。"春晖行动"感召、动员、组织在外乡友和成千上万的省内外在校大学生参加"春晖行动——我与家乡共发展"系列活动,分别通过利用在外乡友节假日返乡和大学生回乡之机,动员组织在外乡友和青年学生加入到报效家乡的行动中,动员青年学生开展大学生假期社会实践活动,用自己的所学,服务家乡建设。据了解,贵州省在校大学生和部分黔籍学生参与这一活动后,通过回乡开展支教、助学、调研、实施项目等方式,力所能及地支持了家乡建设。比如盘县大学生联合会就有3万多名学子,每年都为自己的家乡宣传旅游、文化。

五是成立"春晖扶贫互助社"。为了有效缓解贫困农户发展资金短缺,完善财政扶贫资金使用管理的新机制、新模式,提高贫困村、贫困农户自我发展、持续发展能力,进一步促进贫困群众脱贫致富,2010年在毕节市纳雍县姑开乡安坪村和黔西县太来乡启动春晖扶贫互助社村、乡两级试点工作。项目运作两年来,成效显著,并逐步在贵州省推广运行。

六是实施"春晖产业带动"。充分发挥"春晖行动"以"亲情、乡情、友情"为纽带的情感作用,感召在外游子反哺家乡、回乡创业,利用回乡创业青年具备一定资金、技术、经验的积累和市场观念的优势,鼓励支持他们立足当地资源优势,把握市场需求,发展特色农业、现代服务业等创新领域,发挥产业带动作用,增加地方经济的造血功能,以产业带动的模式发展地方经济、带领更多的贫困人口脱贫致富。全省建了一批春晖产业示范基地,很好地带动了当地农民致富增收。

七是开展"春晖亲缘招商"工作。"春晖行动"积极宣传感恩、反哺理念,依托"亲情、乡情、友情"的情感纽带,充分发挥美国底特律、加拿大北美贵州总商会、中国台湾、中国香港、广东、上海、江苏等"春晖行动"联络处和广大春晖使者的招商作用,采取以亲缘关系招商的方式招商引资、促进家乡发展。

总之，"春晖行动"通过开展一系列的项目活动，让其所倡导的价值观逐渐深入人心，同时通过这些活动让大众更加深入地了解"春晖行动"及其意义。

（4）品牌打造

"春晖行动"通过开展多样化的宣传，包括关键人物的推动，新闻媒体、网络、书籍出版、新媒体等途径，扩大其社会影响。

比如："春晖行动"网站在"春晖行动"启动仪式当天便正式开通。网站分为"新闻纵览"、"在线捐助"、"春晖使者"、"春晖社区"以及"春晖微博"等板块，全面介绍"春晖行动"的最新发展动态，介绍不断涌现出的春晖人物。利用QQ群搭建交流的平台，宣传贵州、提供就业信息、为乡友提供家乡的信息服务等也成为"春晖行动"宣传的一个有效途径。QQ群将众多的贵州籍务工青年凝聚到团组织的周围，加强他们之间的社会网络联系，增进社会资源的良性流动。近年来，网站得到不断地发展和完善，在宣传"春晖行动"上发挥了举足轻重的作用。2009年至2011年连续三年被评为贵州诚信守法网站，2012年被评为全省知名网站，属于全省唯一一家获此殊荣的公益网站。

又比如：以"春晖行动"为主题创作大量文艺作品，先后制作由形象大使谭晶演唱的"春晖行动"音乐电视《忘不了你啊妈妈》和《游子吟》以及拍摄了专题片《报得三春晖》。著名作家蒋巍的《灵魂的温度》一书收录了14个春晖人物的故事，以生动的笔触将一个个有血有肉的春晖人物的形象展现给读者，该书分"亲情"、"乡情"和"友情"三个部分，讲述了春晖人物感人肺腑的反哺故事。

此外，"春晖行动"还具有自己的LOGO，有一套完整的视觉识别系统，正朝着标准化、品牌化方向发展。创办有属于自己的《春晖》杂志，每期杂志对春晖行动国内外公益动态都有详细的报道，尤其受到很多老同志的赞扬和推崇。

总之，"春晖行动"通过多层次、多渠道、多方位的宣传方式迅速打造自身的品牌形象，使其行动模式容易被大众接受，同时也使其所宣扬的价值观不断深入人心。

从近9年的实践经验看，通过"中心＋基金会"模式以及层级组织的形式为"春晖行动"提供组织保障；主要通过建立人才库和培养后备力量的方式为"春晖行动"提供人力资源保障；通过"春晖家园计划"等为"春晖行动"提供坚实的项目保障；通过多元化、多层次以及多途径的方式进行品牌塑造，增强"春晖行动"的影响力和公信力等，使其迅速被大众所接受。随着"春晖行动"向纵深方向地不断推进，在省内外甚至是国内外产生了强烈反响并得到社会各界的积极支持和参与，彰显出极强的生命力和绚丽的风采。"春晖行动"这种内建机制、外塑品牌的方式，夯实了"春晖行动"的影响力、公信力和知晓率。对此，我们可以从两个方面得到证明：

第一，从问卷调查情况来看，调查对象对"春晖行动"总体上都有一定的了解。对于调查对象对"春晖行动"的了解程度问题的分析，我们采取赋分值的方式，将"根本不了解"、"有一点了解"、"一般了解"、"比较了解"和"很清楚"这五个选项依次赋予1—5的分值。表2.2的分析结果显示，不同经济收入的调查对象对"春晖行动"的了解程度存在着显著的差异。对"春晖行动""根本不知道"的以月收入在1000元以下的人居多，而对"春晖行动""很清楚"的月收入在2000元以上的人占到了一半以上的比例，如问卷分析报告中表2.2所示：

表2.2　月收入＊您对"春晖行动"的了解程度是

		您对"春晖行动"的了解程度是					合计（%）
		根本不知道（%）	有一点了解（%）	一般了解（%）	比较了解（%）	很清楚（%）	
月收入	1000元以下	12.3	49.9	26.7	7.7	3.3	100.0
	1000~2000元	5.9	44.8	34.6	10.0	4.7	100.0
	2000~3000元	5.5	34.5	29.3	22.8	7.9	100.0
	3000元以上	5.8	30.8	30.2	15.7	17.4	100.0
合计		8.9	44.1	29.5	11.7	5.9	100.0

注：$P < 0.001$。

由此可见，经济收入水平越高对"春晖行动"等类似社会公益活动的了解程度呈增高的趋势。但是，经均值分析，调查对象对"春晖行动"的了解程度的均值为2.59，说明总体上，调查对象对"春晖行动"有一定的了解。

问卷分析报告中表2.9、2.10显示：我们还依据受教育程度的不同以及职业的不同，对调查对象对于"春晖行动"的定位选择进行了分析。从总体上来看，无论受教育程度和职业情况如何，有相当一部分调查对象都比较倾向于把"春晖行动"定位为"'伟大但人人可为'的大众平台"，这说明不少社会大众都十分认同"春晖行动"既是一个具有伟大意义的平台，同时又是一个面向所有社会大众的公共参与平台。

表2.9 受教育程度＊您认为"春晖行动"的定位应该是

		您认为"春晖行动"的定位应该是				合计（%）
		政府牵头的官方活动（%）	爱心人士的民间活动（%）	专属社会精英的平台（%）	"伟大但人人可为"的大众平台（%）	
受教育程度	文盲	28.6	32.1	7.1	32.1	100.0
	小学	37.7	28.5	5.3	28.5	100.0
	初中	30.9	29.8	7.7	31.5	100.0
	高中或中专	19.4	29.3	4.8	46.4	100.0
	大学本科	10.5	23.7	4.3	61.5	100.0
	研究生以上	10.2	28.6	10.2	51.0	100.0
合计		19.9	27.1	5.5	47.5	100.0

注：$P < 0.001$。

表2.10 职业（身份）＊您认为"春晖行动"的定位应该是

		您认为"春晖行动"的定位应该是				合计（%）
		政府牵头的官方活动（%）	爱心人士的民间活动（%）	专属社会精英的平台（%）	"伟大但人人可为"的大众平台（%）	
职业（身份）	公务员	11.7	22.7	7.5	58.1	100.0
	教师	17.0	25.0	6.8	51.1	100.0
	大学生	8.8	27.2	2.1	61.9	100.0
	农民	31.2	30.0	7.6	31.2	100.0
	企事业单位人员	12.0	20.0	4.0	64.0	100.0
	个体户	15.2	18.2	6.1	60.6	100.0
	工人	35.6	20.0	2.2	42.2	100.0
	其他	33.1	36.2	2.4	28.3	100.0
合计		19.9	27.2	5.5	47.4	100.0

注：$P < 0.001$。

第二，从外部评价和影响力来看，"春晖行动"得到了社会各界较高程度的认可。

一是得到了各级领导和党委政府的肯定。2004年11月，时任中共贵州省委书记钱运录指出："'春晖行动'活动形式好，关键要抓实。"2005年，时任团中央书记处第一书记周强说："'春晖行动'这个题目选得非常好，切入点抓得非常准，启动仪式非常成功，活动效果非常明显。要有效地组织回乡创业青年、在外游子回乡，为农村多做实事。一定要长期不懈地抓下去。"2006年2月，时任中共贵州省委书记石宗源对共青团中央办公厅（2005年11月25日第79期《全团要讯》）编发的《团贵州省委开展"春晖行动"探索扶贫新路径》一文作了重要批示："团贵州省委开展的'春晖行动'，是在新形势下积极利用团组织的优势发挥共青团作用的有益尝试，应予以充分肯定，并应大力支持。"2008年1月，时任团中央书记处第一书记胡春华同志在北京召开的全国农村共青团工作会议上的讲话中指出："近年来，各级团组织在推动工作资源向农村倾斜上作出了积极努力，开展了希望工程、青年志愿者扶贫接力计划、大学生志愿服务西部计划、大学生'三下乡'社会实践活动、城乡少年手拉手、西部流动图书车、'春晖行动'等许多活动，在农村建设中发挥了积极作用。"并强调："'春晖行动'很实在、很管用、很有效，用'亲情、乡情、友情'的情感纽带，为工业反哺农业、城市支持农村做了有益的探索。"2010年，该活动被中宣部理论局盛赞为"一个伟大但人人可为的公益活动"。在2011年中共贵州省委十届十一次全会上，"春晖行动"正式被写入《中共贵州省委关于新形势下加强和创新社会管理工作的意见》。2012年2月9日，时任中共贵州省委书记栗战书同志在《国内动态清样》（第431期）编发的《重建"精神家园"助推新农村建设——贵州"春晖行动"感召上万游子反哺故土》一文上亲笔批示："成效显著，社会反应很好。望不断总结，继续扎扎实实地搞好。"尤其2011年5月10日，时任中共中央政治局常委、中央书记处书记、国家副主席习近平同志在贵州考察指导工作时，对"春晖行动"给予充分肯定和高度评价，指出："团省委发起倡导开展以'亲情、乡情、友情'为纽带、动员组织广大在外游子参加家乡扶贫开发的'春晖行动'，这些有特色有实效的做法要继续坚持和推广。"习近平同志的高度评价，更是给"春晖行动"的组织者和参与者以极大的鼓舞。

二是赢得了各种荣誉称号。2005年，共青团中央为"春晖行动"颁发了创新奖。2006 年,"春晖行动"荣获全国首届社会公益示范工程"十佳示范项目奖"。此后连续 3 年获得团中央颁发的创新奖、工程奖。2011 年 7 月,"春晖行动"荣获中国公益与慈善领域政府最高奖——中华慈善奖"最具影响力慈善项目"。2012 年 4 月,"春晖行动"被国家行政学院政治学部和人民网评为中国 20 个"社会管理创新优秀案例"。三是得到了国际社会的积极响应。2010 年 3 月,随着"春晖行动"专题片在美国的拍摄,美国密歇根州奥克兰大学终身教授、博士生导师、教育交流中心主任李乐东积极支持建立了"春晖行动"美国联络处,为海外游子提供反哺平台。"春晖行动"海外联络处的成立对于传播中国文化的国际影响有着不可或缺的作用。众多海外游子深受"春晖行动"理念的感召,希望贡献自己的一份力量,回报家乡,回报祖国。

显然,"春晖行动"无论是来自被调查者的评价,还是来自外部世界的评价,总体上都获得了肯定和赞许。但是,这一切并非时来运转,也非一蹴而就,而是依靠特定的产生背景、组织推动及多年来无数"春晖人"不间断地努力所得。

(三)典型个案

前面,我们对"春晖行动"的实践演进从个体行为阶段、社会行动阶段两个层面分别进行了概括和分析。在本部分,我们将通过一系列具体的典型案例把这个过程再次生动形象地展现出来。

1. 个案一:个体反哺的代表

正安县安场镇自强村党支部书记任强说,一提起"名誉村长",村子里的老老小小就会说起郑传楼这个人。50 多岁的郑传楼,是贵州省农业厅机关党委副书记。

1988 年,郑传楼被单位安排到沿河自治县去扶贫。一年的扶贫经历,引发了他很多思考。1988 年,郑传楼自回乡过春节看到仍然贫穷的乡亲们时,他就再也坐不住了。正安县自强村是一个交通闭塞、土地贫瘠、水源奇缺、经济落后的小山村。1989 年,郑传楼出于对家乡的关爱和对"三农"工作强烈的责任感,在父老乡亲的热切期盼下,毅然担当了没有一分钱报酬的自强村"名誉村长"。20 多年来,他利用所有节假日,往返奔波于省城贵阳至自强村数百公里的路上,用一种常人难以想象的执着,反哺故土的养育之恩。

1991 年，他首先帮助自强村修建了 7 公里的村级公路，经全村几百劳动力 3 年多的努力，修起了连接外界高 18 米，跨度 33 米的"虎跳桥"。接着，又动员乡亲们户均集资 60 元，全村老幼一起上山，经半个多月的时间，挖水池埋水管，把自来水引进各家各户。

1994 年，郑传楼又多方奔走，四处求援，在得到航空工业总公司职工捐赠的 13 万元、省教育厅支持的 10 万元以及国家教委、省民委以及社会各界支持的 70 多万元的教学设备后，建成了占地 4000 多平方米的向阳民族希望学校，解决了附近 8 个村的儿童入学问题。

此后，郑传楼带着年轻人，身系麻绳吊下山洞寻找水源，并请工程师通过勘测后，历时 18 个月，开凿出一条 180 米的隧道，引水出山，使上千亩低产田变成了旱涝保收的稳产田。

此外，郑传楼还以自己学到的农业知识，帮助自强村实现了农、渔、林、牧、果的立体化生态农业模式，建成了 200 多口沼气池，封山育林 3000 多亩。生态立村的路子使昔日的贫困村成了享誉贵州省的小康村。

2004 年，受郑传楼"名誉村长"反哺家乡模式的启发，共青团贵州省委在贵州省启动了"春晖行动"，并把像"名誉村长"这类反哺家乡的爱心人士赠予"春晖使者"的荣誉称号。以"名誉村长"的扶贫模式，组织离乡在外的游子关注家乡的扶贫开发及精神文明建设等。郑传楼因此荣获 2006 年度全国"三农"人物十佳提名奖，被共青团贵州省委授予"春晖行动——优秀春晖使者"。

2. 个案二："春晖行动"的起步

2004 年，时任共青团贵州省委副书记的陈昌旭之前在正安工作时，就听闻过郑传楼的事迹，到任共青团贵州省委副书记后，正好分管青农工作。他和他的同事们对郑传楼反哺故土的感人事迹进行了思考，并做了大量调研，发现贵州省各地还有很多类似的帮扶家乡发展的典型事例。于是，共青团贵州省委决定把这一扶贫现象进行总结、提炼，借唐代著名诗人孟郊《游子吟》"谁言寸草心，报得三春晖"的诗句，发起了如今以游子"饮水思源、反哺故土、感恩亲人、回报桑梓"为内涵的大型公益活动——"春晖行动"。

"春晖行动"是一个全新的创意，并没有现成的理论基础，没有过多的实践探索，也没有固定的模式，完全是摸着石头过河一步一步走过来的。这一路走过来很艰难，不像一般的工作按照常规办事，"春晖行动"从理念到机制再到工作的载体都是带有创新性的，对工作的主线把握不了，对形势判断不了，就有可能走偏。

"春晖行动"起步之初只有两三个人，经费上也存在很大的问题，没有资金来源，公益无从谈起，困难重重。恰逢这时，陈昌旭的绥阳老乡王为民在贵阳做企业，当时企业的规模其实很小，一年下来效益好的时候也就几十万的收入。一次老乡聚会，王为民说准备捐助15万元修缮老家村子里的小学。陈昌旭和他谈到想要启动"春晖行动"这项活动，问他在资金上能不能支持一点。王为民非常看重"春晖行动"这个概念，决定把捐给家乡修建学校的15万元钱捐给"春晖行动"。王为民由此成为第一个支持"春晖行动"的人。也正是因为这第一笔资金，"春晖行动"得以启动。

2005年春，贵州省社科联主办构建社会主义和谐社会论坛，陈昌旭借此机会在论坛上把"春晖行动"和社会主义和谐社会的构建融合到一起来做发言，发言的主题和内容引起了省社科联的重视。当时，省社科联正在筹备"中国贵州反贫困论坛"，首讲的题目还没有确定，在听完陈昌旭关于"春晖行动"的发言后，决定把"春晖行动"作为反贫困论坛的首讲，奠定了"春晖行动"最开始的理论基础。

此后，"春晖行动"在理论与实践的双重探索下，逐渐丰富了工作内容和工作载体，形成了"花开贵州、情动全国、香飘海外"的发展局面。

3. 个案三：个体行为与社会行动的聚合

杨文学，一个在贵阳背背篓的农民工，为"2011年度中华儿女年度推荐人物"，2012年第三届"优秀春晖使者"并获得"诚信友爱贵州人最感动事例奖"。8年来，他用当背篓挣的13万元血汗钱为家乡修路，但他却说，这只是做了自己该做的事情。"太意外了，我从没想到，会获得如此高的荣誉。"2012年4月27日下午两点半，背篓杨文学走进中共贵州省委大礼堂，领取中华全国总工会授予的"全国五一劳动奖章"。2013年4月杨文学荣获第八届"中华慈善奖"最具爱心慈善楷模称号，光荣出席在北京人民大会堂举办的表彰大会、报告会，得到国家领导人的亲切接见。

杨文学的老家所在的织金县鸡场乡鸡坡村核桃寨村民组，是一个有500余村民的山村，那里山高路险，自古以来交通不便，村民出行靠徒步，运送生活物资靠人背马驮。核桃寨是距离鸡场乡政府所在地最远的村民组之一，经过1个多小时的盘山公路后，一条小河挡在通往核桃寨公路的尽头，那里就是杨文学修路的起点。他打算在此搭建一座桥墩高度8米、跨度10

米的桥梁，以此连通对面蜿蜒盘旋的一条在建山路。

杨文学修路的初衷特别简单，村里向来有每年背煤的传统，他不想冬天家里的爸爸、妈妈、叔伯还要去背煤。沿着这条毛坯路走过，随处可见大石块和小沙粒，看似这条路修建得并不完整。其实对于一个年人均收入低于2000元的村子，加上本身地理条件的制约，是一件相当急迫又相当困难的事。

由于乡政府财政资金紧缺，修路一直是村民的梦想。"核桃寨与公路只有4公里的距离，却从来没通过路，路修好了，村民们出行方便了，全村去集市都要经过这条路，装修房子只能一家人舒服，而修了路就能让整个村子的人幸福。"杨文学用很朴实的言语说。

自2000年起，杨文学从织金来到贵阳当背篼，几年后手里有点存款时，他花了3万元买了台水泥搅拌机租给工地使用，此后又买了一台，成了工地上的"小老板"。在工地上，他也渐渐承包一些砌堡坎等小工程来做。在工地上没活干的时候，他就重操旧业——当背篼。这十多年来，杨文学就是这样起早贪黑地工作，也挣了不少钱。但2011年3月，当杨文学准备带着13万元回家装修房子时，看到家乡的交通状况，他说服妻子用背背篼攒下的血汗钱为家乡修路。

杨文学并不知道修路的过程是那样艰辛。一开始，杨文学叫上要好的几个村民和他一起干，后来钱不够，杨文学又带着20多个乡亲，到贵阳背背篼挣钱。

一次偶然的机遇改变了修路的窘境。当时，杨文学跟着一个做包工头的老板打工，包工头有一个远房亲戚在贵州王武监狱工作。有一天叫他一块儿吃饭，杨文学就把修路的困难告诉那个警官了。警官提出去村里看看情况，乡里很热情很客气，答应协调土地。回来之后，这个警官的一个亲戚又正好在贵阳黔灵山公园派出所上班，又约上杨文学一起吃饭，当晚《贵阳晚报》的一个主编也在。他听到杨文学的想法后，觉得这件事情很有新闻价值，于是第二天就派了一个记者来到杨文学家采访。第三天，记者就和杨文学去村里看情况。随后，《贵阳晚报》发出了第一篇报道，《贵州都市报》的记者看到后，也派了两个记者去村里采访，写了第二篇报道。这就被贵州省春晖行动发展基金会知道了，立即派相关部门负责人去鸡坡村调研，最后决定为修路拨款10万元。很快，杨文学的行动得到社会各界的响应，省财政厅又专门拨款31.7万元到县里。

就这样，杨文学的修路之举，终于从一个人的行动变成了整个社会的行动。这条路成为一条通向希望的路，不仅让家乡人离公路越来越近，也让爱心再一次接力。他进城背背篼，却把一条传承着爱与希望的路背回了家乡。

成为春晖使者、得到社会各方的支持之后，杨文学有了开办劳务公司的想法。经过几年的规划，杨文学想首先从事搬运等行当开展业务，未来再涉及家政、保安等行业，其中还加入了业务技能培训的构想。如今，这些构想已成为文字摆在了新公司办公桌的案头。

杨文学说，在公司的未来规划中还有一项"民工慈善基金"的项目，他的初步打算是由公司的每一位入职员工按等级定期向公司缴纳基金，并接受公众监督，当基金达到一定数量时，便通过相关组织向贫困山区转赠，用于修路。

4. 个案四：在外游子的春晖情结

胡德芳出生在邛水河畔中游——贵州省三穗县长吉乡烧巴村一个贫苦农民家庭，从小勤奋学习，上大学一直是他的梦想，但因家庭十分贫困，非常懂事的他 1980 年初中毕业时选择了考中专，一向成绩优异的胡德芳以全县中考状元的身份考入了全国重点中专——贵州省凯里无线电学校电子专业学习。在电校的 3 年里，胡德芳学到了过硬的电子技术理论知识，1983 年毕业后，被分配在国家电子工业部深圳爱华公司工作，从事计算机软件开发。1985 年，胡德芳参与了公司承接的某银行个人储蓄通存通兑项目。由于他解决了多项关键技术，在项目进行到一半时公司委托他为项目组组长。1986 年他又主持开发了深圳工行的通存通兑系统，1989 年主持开发了新疆农行的门市业务系统，1995 年开发出第一套集团结算中心系统，并获得国家重点新产品称号。个人曾获"深圳青年科技奖"、"鹏城青年创造勋章"等荣誉。1988 年国家恢复评职称时，年仅 25 岁的他成为深圳市最年轻的一批工程师，1996 年，他又被评定为高级工程师。

从偏僻山村到深圳，从每月三十八块五毛钱的工资，到爱华二级公司副经理、工会主席、党支部副书记。胡德芳的境遇可谓顺风顺水、水涨船高。但这远不能使他满足，有了技术、经验和一定资金基础的他一心想有自己的企业。2000 年底，他做出了在整个爱华公司掀起轩然大波的决定——辞去了优厚报酬的副总经理职务，与几个同事合伙成立了深圳市拜特科技有限公司。

2001 年公司正式营业，两间办公室，不足十人。前两年，曾经遭遇市场瓶颈，客户仅限于广东省内，但拜特资金结算系统已经在华强集团、韶钢集团等企业集团成功使用，每年为这些客户节省上千万的财务费用。随着 2005 年国家对集团资金管理的重视以及拜特公司几年的市场拓展积累，拜特资金管理系统软件顺利走出了广东，进军全国市场。并先后以北京、天津、南京、杭州、武汉、济南、西安、南宁、郑州等为区域销售中心，为公司的软件产品抢占全国市场占得了先机，并取得了不俗的销售业绩。中国移动、中冶、诚通、武钢、苏宁、三一、新希望等成为拜特的客户，每年使用拜特软件结算的资金超过万亿。随着公司规模的不断扩大，客户数量的不断增多，员工人数也不断增多，目前公司正式员工 130 多人，加上聘请的顾问等超过 150 人。近十名顾问中有一半是资深顾问，在业内可谓凤毛麟角。拜特公司成为了中国最早实现跨行资金管理的软件供应商。

拜特公司与"春晖行动"结缘，可追溯到 2005 年。当时拜特公司刚刚脱离生死边缘，胡德芳先生便拿出 50 万元资助家乡考上大学的贫困学生。当时，这 50 万元，几乎是胡德芳全部的流动资金。难能可贵的是，这种公益之举拜特公司能一直坚持下来。2006 年，胡德芳先生捐资 10 万元资助 25 名三穗籍贫困大学生入学。2007 年，胡德芳先生再次捐资 50 万元，设立"圆梦大学基金"，每年拨付 10 万元资助 25 名贫困大学生。2009 年年初，胡德芳先生又将公司 1% 的股份捐赠给共青团三穗县委，指定用于资助贵州省三穗县贫困学生。2010 年 3 月，胡德芳先生联系共青团三穗县委，牵头启动了"春晖家园计划"项目烧巴村新农村建设二期工程。该项目总投资 75 万元，胡德芳个人出资 10 万元。同年 7 月初，工程顺利竣工，烧巴村的乡容乡貌发生巨大变化。2010 年 9 月 10 日，在三穗县"春晖行动"推进会上，胡德芳先生向团三穗县委捐赠 37 万元用于"春晖家园计划"项目建设。2010 年 12 月 3 日，第二届"春晖行动"表彰大会暨捐赠仪式在中共贵州省委大会堂举行，胡德芳先生将"所持深圳拜特科技股份有限公司 21 万股份相等的现金"约合 150 万元捐赠给贵州省"春晖行动"发展基金会。

多年来，胡德芳不仅通过金钱捐助村民和读不起书的孩子，更希望村民通过自身的努力，以实现脱贫致富的梦想。他从自己开始，始终坚持做各项公益事业，更通过各种举措感召他的亲人、同事、客户。甚至当地的水利部门、施工队伍，受他的善举感召，为他的母校解决了饮水工程项目器材和费用。胡德芳除捐资助学外，还帮助家乡发展经济，办起了三穗县长吉乡大头菜厂专业合作社，首次捐资 37 万元。

胡德芳无私奉献、助人为乐的感人事迹先后被《中国青年报》、《中国扶贫》、《当代贵州》、《贵州日报》、《黔东南日报》、新华社、贵州电视台、春晖电视剧组、深圳电视台等多家媒体采访报道和摄制，传为佳话。他的优秀事迹和高尚品德，与他的名字一样吸引着人们。

5. 个案五：扎根本土的春晖使者

在贵州省开阳县禾丰乡马头村，2011 年有 5 户农民收入 10 多万元。这是一个以前"想都不敢想"的数字。这个村现在的人均年收入有 4000 多元，而 5 年前，仅仅 1000 余元，村财政每年只有几百元。尽尝贫困滋味的马头村的发展是从春晖使者曹以杰开始的。

1970 年，曹以杰出生在贵州省开阳县禾丰乡马头村。20 岁那年应征入伍。退伍后，他放弃了优越的工作，独自踏上打工之路，曾到过广东、深圳、浙江等十几个省市，从事过业务员、经理等岗位。在一次回家探亲时，他看到家乡仍处于贫困落后的状况，而家乡丰富的硒资源却没有得到开发利用，这使他萌发了回乡创业的念头。于是，他断然拒绝了多处优越的创业邀请，下决心回到家乡引领老百姓创业致富。后来，通过不懈努力，曹以杰终于在禾丰乡创立起了自己的公司——贵州青蓝紫富硒茶业有限公司，不到 4 年的时间里，公司实现销售收入 586 万元，创税 54.6 万元。曹以杰投入资金 200 万元，在马头村陇土坝建立"云山茶海"，发展茶产业及茶园生态旅游业，带动了周边 500 余户群众就业致富。

致富不忘回报家乡，当曹以杰亲眼目睹老百姓搬运物资全靠人工搬运，孩子们踩着稀泥路背着破书包去上学的情景时，他的心在隐隐作痛！正在这时，2004 年 10 月共青团贵州省委发起的"春晖行动"像春风一样吹到了他回报家乡的心坎上。曹以杰通过争取有关部门的支持和自筹资金 40 万元，组织人力、物力重修百花公路；后来又出资 65 万元修建水利灌溉工程，解决了当地 4 个村民组 350 多户人家的人畜饮水、200 多亩农田灌溉等问题。

在带动一方经济发展致富探索的道路上，曹以杰同样发挥了很好的模范带头作用。"少讲空话，多干实事"是曹以杰自担任马头村支部书记以来一贯的工作准则，并围绕"三农"问题中最基础、最突出的问题来落实工作。通过大力宣传农业先进技术以及加快农村信息化建设，调整农业和农村经济结构，使农民能够多渠道的增加收入。他主动给当地农户提供茶苗及先进的科学技术指导，每年按照每亩 70 元的标准支付土地承包费。茶园进入投产后，又以每斤 30 元的价格统一收购农户的茶青进行加工和销售。这样，每亩茶园可使农户增收 2000—3000 元不等。通过这种农户与企业合作、自行管理的产业化经营模式，既改变了农民传统的种植方式，又让老百姓增加了新的经济收入渠道。

曹以杰还十分关注家乡的公益事业，他先后资助马头村 20 名失学儿童重返校园。2007 年"六一"儿童节，在他的牵线搭桥下，一些单位为马头村小学送来了 150 套课桌椅、5000 多元的学习用品以及价值上万元的电脑及其他物资。曹以杰担任马头村支部书记以来，积极探索农村发展和管理的新路子，带领农民群众建设社会主义新农村，积极推进各项基础设施建设，马头村的发展走在了禾丰乡前列，截至 2010 年，该村人均年收入已经超过 4000 元。

在公司职工眼中，曹以杰是一个好的企业带头人，在老百姓眼中，曹以杰又是一个社会主义新农村建设中走在致富大道最前沿的领跑者。马头村村民宋升群，一家 5 口人有 4 个都在茶场上干活，一年挣个万把块钱是很轻松的事情，而且自己家还有 2 亩多茶园。最开始宋升群家的那 2 亩多田，种水稻稍遇天旱就颗粒无收，改成种苞谷也总是长成发育不良的样子。后来，青蓝紫公司发展老百姓种茶树，并且还提供茶苗、技术指导。就这样，宋升群家种了 2 亩多茶树，现在这 2 亩多的茶园一年能为宋升群家带来 4000 多元的收益。禾丰乡村民杨开菊，在茶场采茶一天能挣 70 多元。她说："以前赶场天都是走路去的，哪舍得坐车啊，现在不同了，赶场之前随便采些茶叶车费钱就有了，赶场回来后再采些茶叶，买东西用掉的钱就又回来了，不用出去打工就有钱用，还能照顾家人。"

当地群众在自家门口就能打工挣钱，公司每年支付的采茶工资达几十万元。茶产业为这里带来了生机，带来了希望，群众经济收入增加了，物质生活水平提高了，并且在公司的积极引导下，更多的群众参与到种植茶叶的行业中，使他们从单一的、传统的粮食种植转变到生态文明建设的发展模式中来。"企业不一定要做大，但一定要做强"，这是青蓝紫公司的发展宗旨。曹以杰常说："不做贵州最大的茶园，但要做贵州最好的茶园，企业不能盲目求大，乱搞扩张，只有立足现在，才能展望未来。我们现在的目标是'搞活'现有资产和茶园，只有公司稳定发展了，农户的收入才能得到保障，农户增收了，公司才能良性发展。"

二 从精英意志到大众意愿：
"春晖行动"的动力考量

意大利经济学家、社会学家帕累托最先提出"精英"这个概念，主要指那些在各自活动领域获得最高指数的人。美国政治学家拉斯维尔认为，社会分为精英与大众是普遍的，即便民主社会也是如此。"精英"与"大众"的概念往往是相对的。"精英"意指少数的、优秀的人，而"大众"则往往是多数的、普通的人，他们广泛地存在于各种社会中，处于社会的中下层，是和作为人口少数的"精英"相对的一个名词。大众原则是现代政治的基本体现，精英的作用则包括各种制度的构建及稳定。精英的意志往往通过与大众的平等对话达到对他们的"启蒙"作用，从而使自己在地域、时代及价值三个方面加以扩大和发展。在古代社会的条件下，精英团体对政治的影响和构建有着更大的作用，相对而言，大众只是作为追随者参与历史的演出。到了现代社会，精英与大众的关系发生了一定的变化，大众成为现代民主政治合法性的基础。大众的参与更为突出与重要，大众在精英的领导下进行积极的参与，他们由单纯的追随变为内心的主动。

贵州的"春晖行动"起源之初，只是极少数精英的个人行为，但发展至今已成为一个在省内外都产生了广泛影响和极具大众效应的公益品牌。起初它的参与者主要是部分精英，最后却变得"伟大但人人可为"。如问卷分析报告中表2.4所示：

表 2.4　月收入＊倘若有机会，您是否愿意参与"春晖行动"或类似的社会公益活动

		倘若有机会，您是否愿意参与"春晖行动"或类似的社会公益活动					合计 (%)
		十分愿意 (%)	比较愿意 (%)	一般（%）	不是很愿意 (%)	完全不感兴趣（%）	
月收入	1000 元以下	27.7	38.1	23.4	7.2	3.6	100.0
	1000~2000 元	29.1	30.0	20.0	12.5	8.4	100.0

| | | 倘若有机会，您是否愿意参与"春晖行动"或类似的社会公益活动 | | | | | 合计（%） |
		十分愿意（%）	比较愿意（%）	一般（%）	不是很愿意（%）	完全不感兴趣（%）	
月收入	2000~3000元	41.1	28.1	18.6	8.4	3.9	100.0
	3000元以上	46.8	29.8	15.8	4.1	3.5	100.0
	合计	32.3	33.6	21.0	8.4	4.8	100.0

注：P<0.001。

表2.4 的调查显示，占65.9%的调查对象表示，在有机会的情况下，"十分愿意"（32.3%）或"比较愿意"（33.6%）参加"春晖行动"，而不同经济收入水平的调查对象对于参加"春晖行动"的意愿也存在十分显著的差异，大体呈现出经济月收入水平越高，"春晖行动"的参加意愿越强烈的趋势。

表2.6　受教育程度＊倘若有机会，您是否愿意参与"春晖行动"或类似的社会公益活动

| | | 倘若有机会，您是否愿意参与"春晖行动"或类似的社会公益活动 | | | | | 合计（%） |
		十分愿意（%）	比较愿意（%）	一般（%）	不是很愿意（%）	完全不感兴趣（%）	
受教育程度	文盲	22.2	33.3	29.6	11.1	3.7	100.0
	小学	22.9	32.5	27.4	10.8	6.4	100.0
	初中	18.0	41.1	25.2	10.1	5.6	100.0
	高中或中专	30.5	33.3	18.6	11.4	6.3	100.0
	大学本科	42.5	30.5	19.8	4.1	3.2	100.0
	研究生以上	37.7	26.4	15.1	15.1	5.7	100.0
	合计	32.2	33.5	21.3	8.2	4.8	100.0

注：P<0.001。

又如问卷分析报告中表2.6的分析结果显示：不同受教育水平的调查对象参加"春晖行动"的意愿存在显著的差异。基本上呈现出受教育水平越高，"春晖行动"的参加意愿越强烈的趋势。而从调查对象的总体来看，"十分愿意"（32.2%）和"比较愿意"（33.5%）参与"春晖行动"的人数是较多的，这在一定程度上说明，只要有合适的机会，无论受教育程度如何，大多数人都是愿意参与"春晖行动"或类似社会公益活动的。

表 2.7 受教育程度 ＊您认为"春晖行动"的参与主体应该是

| | | 您认为"春晖行动"的参与主体应该是 | | | | | 合计（%） |
		政府部门（%）	企业单位（%）	成功人士（%）	普通大众（%）	以上都可以（%）	
受教育程度	文盲	25.0	17.9	10.7	25.0	21.4	100.0
	小学	24.7	11.3	14.7	8.7	40.7	100.0
	初中	17.6	12.8	19.5	9.1	41.1	100.0
	高中或中专	9.7	9.0	16.3	15.8	49.2	100.0
	大学本科	5.2	5.3	11.0	13.7	64.8	100.0
	研究生以上	16.0	4.0	26.0	8.0	46.0	100.0
合计		11.3	8.5	14.9	12.8	52.6	100.0

注：$P < 0.001$。

再如问卷分析报告中表 2.7 的分析结果显示：从单项选择上看，人们对于成功人士在参与"春晖行动"中的主体地位普遍较为认同。但从调查总体而言，认为"政府部门"、"企业单位"、"成功人士"和"普通大众"都可以成为"春晖行动"参与主体的调查对象占到了 52.6%，反映出社会大众对整合社会各方资源开展公益活动的方式方法较为认同，并且在一定程度上呈现出调查对象的受教育水平越高，对"春晖行动"参与主体的认识越趋向综合性、大众性的趋势。

总体上看，"春晖行动"很好地诠释了精英意志与大众意愿之间相互渗透和改造，最终相互整合、共同提高的全过程。然而在这一过程中，到底是什么动力支撑了这个行动的持续和深化？对此，本章将从经济、文化和社会层面来加以探究。

（一）动力之一：反贫困的需求

支撑"春晖行动"的第一个动力，无疑是来自经济层面反贫困的需求力。一方面，"春晖行动"契合了宏观层面构建大扶贫格局的客观需求，另一方面，"春晖行动"的内生性，又使其有持续的动力，供应大扶贫格局的客观需求。

贵州是一个地处西南的多民族省份。"天无三日晴，地无三里平，人无三分银"，这句流传广泛的谚语生动地反映了贵州多年来的气候环境、地理条件以及经济状况。一直以来，贵州贫困面大，贫困程度深，经济发展严重滞后，是我国扶贫开发的一个主战场。贫困人口大都集中在深山区、石山区、高寒山区和少数民族聚居区，自然环境恶劣，脱贫难度大，脆弱性强，脱贫成效难以稳定，脱贫和返贫交织发生，导致贵州省扶贫工作难度较大。"春晖行动"主要就是针对贫困问题而产生的，这是其得以产生和持续的经济动力。

1. "春晖行动"契合了大扶贫格局的客观需求

长期以来，贵州的扶贫工作一直备受关注。2005年春节期间，胡锦涛同志回到他曾经工作多年的地方——贵州考察，就专门谈到贵州的扶贫开发工作。他明确指出："要坚持开发式扶贫的方针，进一步加大扶贫工作力度。要注重激励贫困地区广大干部群众发扬自力更生、艰苦奋斗的精神，合理开发利用当地资源，积极培育特色优势产业，着力增强贫困地区自我积累、自我发展的能力，走出一条依靠自己脱贫致富的路子。要加大扶贫投入，改进扶贫项目的实施方式，加强贫困地区基础设施和生态环境建设，切实改善群众的生产生活条件，夯实加快经济社会发展的基础，尽快解决贫困地区群众的温饱问题。"这番话，表达了胡锦涛同志对贵州农村贫困问题的关心和重视。2011年，时任中共贵州省委书记栗战书同志与时任省长赵克志同志明确指出："扶贫开发是贵州最大的民生"，并亲力亲为大力推进扶贫开发，在当年中共贵州省委农村工作会议和贵州省扶贫开发工作会议上，栗战书同志指出："我们不能拖全国的后腿，必须按照中央的统一部署，牢固树立扶贫开发脱贫致富是贵州'第一民生工程'，是最大民生的理念，着力构建大扶贫格局，在未来十年向绝对贫困发起'总攻，'"并响亮地提出："今后不管任务多么繁重，工作多么艰巨，时间多么紧迫，打赢这场攻坚战的决心决不能动摇，'减贫摘帽'的要求决不能动摇，到2020年基本消除绝对贫困现象的目标决不能动摇。"一直以来，贵州各级党委和政府在扶贫开发工作中作出了巨大贡献，发挥了主导作用。

但是，残酷的现实摆在我们面前，在贵州这样一个"经济洼地"里，由于财力、人力、物力等各方面的限制，政府不可能将所有反贫困工作全部包揽下来。因此贵州针对不同的扶贫对象，对其扶贫方式进行适当调整，大力实施开发式扶贫、参与式扶贫、差别化扶贫和社会化扶贫，积极实施产业化扶贫、专项扶贫和行业扶贫。尤其在进一步强化政府在扶贫开发中的主导作用的同时，注意发挥市场机制的重要作用，动员和组织社会力量积极参与扶贫开发，形成扶贫工作的强大合力。在此背景下，多种社会力量积极参加到贵州省的反贫困事业中，并成为政府扶贫的有益补充，构建了"党政主导、全社会参与、多元化投入、综合治理"的"大扶贫"格局。此外，还不断将各种有利要素集结发挥，不断进行科学重组，改变过去零敲碎打的扶贫方式，作出了"1＋1＝N"的算术题。这种新型的综合治理，在贵州的扶贫开发工作中，取得了良性的互动效应。在这个过程中诞生的"春晖行动"就是民间社会力量介入反贫困行动的典型，她作为一个能够撬动民间资源和社会力量的载体，是政府主导扶贫的有益补充，迎合了"大扶贫"格局的客观需要。"春晖行动"自实施以来，在很多领域形成了自己特有的成功经验，不仅赢得了广大村民的欢迎，而且赢得了各级党委和政府的积极支持，也受到了社会各界和上级领导的高度关注。对此，前面已经有比较详细的叙述。这里需要提醒的是，前面述及的各级领导批示，更多地强调了"春晖行动"的反贫困意义，这表明该行动确实契合了反贫困大局的客观需要。

2. "春晖行动"激活了反贫困行动的内生需求

在传统的扶贫模式下，不论是政府扶贫，还是社会扶贫，都把自己界定为扶贫主体，而把贫困地区和贫困群体界定为扶贫受体。扶贫主体主动输入反贫困资源，拯救扶贫受体。扶贫受体被动接受反贫困资源，接受拯救。它们之间在方式上是输入和被输入，地位上是主导与从属，结果是拯救和被拯救的关系。

但是，随着反贫困事业的进一步推进，新的文化理念的传播，特别是市场经济及市场意识的引进，贫困地区群众已开始走出自我封闭的状态，逐步意识到自己的贫困处境，并萌生出强烈的反贫困愿望和动力。而在这一愿望和动力支配下，贫困地区群众积极主动地筹集反贫困资源、创新反贫困路径的自救行为就是我们所说的内生性反贫困行动。

在内生性反贫困行动中，作为贫困主体的贫困地区及贫困群体，在角色和地位上实现了三个方面的转化：其一，由扶贫受体变为反贫困主体。内生性反贫困行动表明，贫困人群不再只是扶贫行动的接受者，更是反贫困行动的实施者。反贫困不仅是政府的任务，更是贫困地区及贫困群体自身的内在要求。其二，由被动参与变为主动实施。内生性反贫困行动表明，贫困群体不再只是被动参与政府或社会的反贫困事业，而是根据自身的现实条件和内在需要，主动选择和实施反贫困行动。其三，由被救变为自救。内生性反贫困行动表明，贫困人群不再只是被拯救，而且是要自我拯救。

贫困人群不再怀疑和否认自己的能力，恰恰相反，他们对自我发展能力充满信心，并不断肯定和张扬这种能力。

内生性反贫困行动，仍然需要反贫困资源从城市向农村、从富裕群体向贫困群体流动，表面上看似乎与"输血"差不多，但实际上，它已经大大不同于救济式扶贫和参与式扶贫。与救济式扶贫相比，内生性反贫困行动中的贫困地区和贫困人群已不再是被动地等待救济，而是积极地挖掘各种社会资源，并努力把社会资源转变为发展资源。它们已不再是单纯的反贫困资源的接受者，相反是反贫困资源的积极开发者，不再是脱贫的工具，而是脱贫的主体。与参与式扶贫相比，内生性反贫困行动中的贫困地区和贫困人群已不仅仅是扶贫项目的参与者，相反，他们本身就是反贫困项目的创造者和积极的实施者。外在的反贫困力量和反贫困资源反而成为参与者。无论是项目的选择还是实施，他们都体现出了主体自身的自主选择和内在需要。表面上看，也许还是外在力量的拯救行为，实际上已经是本土居民的自我救赎。外在反贫困力量和反贫困资源，反而成为本土居民自身脱贫的工具。

由共青团贵州省委发起的"春晖行动"就是具有贵州本土特色的内生性反贫困行动。"春晖行动"中的贫困地区和贫困人群既是反贫困资源的挖掘者和筹集者，又是反贫困资源的组织者和支配者，在整个反贫困行动中凸现出极强的主体性和自主性。"春晖行动"这一具有民间性和草根性的反贫困行动，一经提出，便在实践中表现出极强的生命力，它是贵州这样一个贫困地区的贫困人群在反贫困实践中具有创造性的举动，是贵州省新阶段推进扶贫工作中的一个亮点，是贵州省贫困地区和贫困人群自我发展意识觉醒和自我发展能力增强的体现。

第一，它有利于政府从扶贫思维向反贫困思维的转变。传统的扶贫模式要素包括了扶贫主体、扶贫受体和扶贫方式，用公式表示为：扶贫模式＝扶贫主体＋扶贫方式＋扶贫受体。政府作为扶贫主体，贫困群体作为扶贫受体，它们之间是扶贫与被扶贫的关系。而内生性反贫困行动打破了这一传统模式，认为贫困主体也应该是反贫困的主体，政府与贫困主体不是扶贫与被扶贫的关系，而是共同作为反贫困主体抗击贫困的伙伴关系。这一新型模式用公式表示为：反贫困模式＝反贫困主体（贫困主体＋非贫困主体）＋反贫困方式。积极扶持内生性反贫困行动，将有利于政府从扶贫思维向反贫困思维转变，凸现出贫困主体在反贫困行动中的主体地位，从而形成双主体共同推动的反击贫困的新思维和新模式。

第二，它能有效弥补政府扶贫的动力不足。在政府扶贫中，贫困地区和贫困人群是贫困主体，但不是反贫困主体，他们作为扶贫的受体而存在，是居于被动地位。而在反贫困中处于扶贫主体地位的政府并不是贫困主体，政府官员本身也缺乏对摆脱贫困处境的内在诉求。这种地位的倒置，决定了政府在反贫困资源的组织和实施过程中居于支配地位，贫困主体与反贫困资源一样，都是作为反贫困的要素之一，被支配，被调控。贫困主体自身缺乏对反贫困资源的选择权和支配权，长此以往，在贫困者逐步形成的思维定式中，反贫困就是政府的事，而与自己无关。政府给钱就要，政府让干就干，项目成功固然好，不成功也没有自己的事。结果，由于贫困主体的主体缺位导致自身反贫困动力不足，形成"等、靠、要"等惰性思维，进而又弱化了政府扶贫的动力。内生性反贫困行动，实际上是贫困主体在反贫困行动中的主体复位，反贫困不再是贫困主体的政治任务，而是他们的内在诉求。积极扶持这种反贫困行动，就是尊重和支持他们的内在诉求，这将有效弥补政府扶贫中带来的动力不足问题。比如在"春晖行动"中，从聘任春晖使者到各个项目实施，都是贫困者自己选择的结果，贫困者自身在反贫困行动中表现出了非常高的积极性，反贫困真正成为了贫困者自己的事业。

第三，它能有效弥补政府扶贫的效率缺失。在政府扶贫中，政府作为反贫困的主体决定了反贫困资源的配置遵循单一的行政和计划手段，审批程序和行政管理层级较多，容易导致效率低下。一方面，由于单一行政和计划手段往往排斥市场空间和生产要素对项目的调控，容易造成扶贫项目脱离市场需要和贫困地区实际，缺乏适应性和持久性，结果上马的多，成功的少。另一方面，单一的行政和计划手段，决定了政府对扶贫资源占有和支配、管理和监督的垄断，在缺乏对资金和项目的健全管理体制和机制时，这种垄断极易导致各种挪用、贪污腐败和寻租行为的产生，最终导致扶贫效率低下。内生性反贫困行动中，贫困者由被动参与者变成了主动实施者，反贫困变成了自己的事。他们既是反贫困资源的筹集者和使用者，又是反贫困风险的承担者和成效的受益者。因此，他们对反贫困资源的风险和收益具有天然的内在约束，这将促使他们积极地认识市场、认识自己，积极应对反贫困中的各种挑战。比如在"春晖行动"中，往往外部输入一小部分反贫困资源，同时就会刺激内部聚集更多的反贫困资源，贫困群体围绕一个项目，结成完整的利益共同体，风雨同舟，患难与共，创造出惊人的成绩。因此，积极扶持这种内生性反贫困行动，将改变反贫困资源的运作模式，将有效弥补政府扶贫中的效率缺失。

（二）动力之二：传统美德的感召

支持"春晖行动"持续发展的另一个动力当属来自文化层面的传统美德感召力。传统美德不仅是过去的美德，也是现实中依然有着强大生命力、得到当代中国人广泛认同的美德，而"春晖行动"不仅承载了这个美德，而且调动了这个美德，使其不断深化发展。

文化，是镌刻在一个国家、一个民族骨子里的高度认同。中华传统文化包含浓厚的孝亲文化，是一种"老吾老以及人之老，幼吾幼以及人之幼"的博爱，这种爱不仅是对母亲、对亲人的爱，也是对家乡、对祖国的爱。孝文化最基本的意义在于孝顺父母尊敬亲长，这构成以孝为本的礼法规范要求。通过对父母"孝"情感的扩充和延展，形成了儒家传统祭祀祖先的"家—国"集体无意识形式，而这却成为今天"春晖行动"持续发展的文化动力。

在"春晖行动"中涌现出了众多回报故土的成功人士、社会贤达乃至普通百姓，这些人之所以热情积极地参与这项行动，其动力基础是这样两个文化上的认知：一是对"心忧天下"、"扶贫济困"等中华民族自古以来就有的传统美德的深刻体认。基于这种体认，他们对于贫困地区的反贫困事业从心底产生了一种使命感和责任感；二是对"回报桑梓"、"反哺故土"这种有针对性的道德要求的深刻体认。基于这种体认，他们将反贫困行动要么落脚在自己的故乡，要么落脚在自己曾经工作和生活过的地方，即第二故乡。总之，他们所帮助的地方都不是一般意义上的贫困地区，而是和自己有着特殊关系的地域和人群，因而他们的深情厚爱既是一种兼济天下的"博爱"，更是一种情有独钟的"偏爱"。历经数千年历史积淀的中国传统文化，在"春晖行动"中再次焕发出蓬勃的生机与活力。

1. "春晖行动"是传统美德的当代实践

如果说"春晖行动"体现了情有独钟的偏爱，那么这背后的根源则在于其植根于中国传统"孝"文化的道德基础。"孝"是中国人特有的一种文化表现，长久的存在于中国的历史之中，是构建于血缘关系上的一种特殊的情感。传统中国文化在某种意义上，可称为孝的文化；传统中国社会，更是奠基于孝道之上的社会，因而孝道乃是使中华文明区别于其他文明的重大文化现象之一。它虽然不是宗教，但是具有宗教的功能和价值，甚至超乎宗教，成为人生而为人的重要核心思想。最早的"孝"观念源自上古祭天祀祖的仪式，此时先民开始有"报本反始"的观念。西周封建制度后，有了宗族制度，产生五伦观念：君臣、父子、夫妇、兄弟、朋友，因而"孝道"由此产生。《诗大序》："先王以是经夫妇，成孝敬，厚人伦，美教化，移风俗。"儒家以夫妇父子之家庭为中心，坚信通过自我修养而成孝敬，厚人伦，美教化，移风俗，最终将由此及彼地扩展到家庭、国家和社会层面。

在中国，人与人的关系和情感大抵是由己及他、推己及人的。正如费孝通先生描述的那样："中国的社会结构是以'己'为中心，像石子投入水中，像水的波纹一般，一圈圈推出去，愈推愈远，也愈推愈薄。"这也是一种"丢石头效应"。"孝"文化也是如此。"鸦有反哺之义，羊有跪乳之恩"，这句《贤文》说的是，滴水之恩当涌泉相报，这不仅是人类的美德，而且动物界也奉行。小羊为了报答父母的养育之恩，每次吃奶都是跪着的。小乌鸦为了报答父母的养育之恩，当父母年老不能外出捕食时，就将食物口对口地喂养年老的父母。中国的社会构成以家为基础，大体的社会关系能从一个典型的中国家庭体现。因此钱穆认为中国文化本质上是一种"孝的文化"，如果对此没有清醒的认识，那就是对中国文化精神的简单化。梁漱溟进一步将"孝"列为中国文化的第十三项特征，将民族文化认同的"孝"看做中国文化之"根核所在"，坚持"说中国文化是'孝的文化'，自是没错。"一开始"孝"字往往只局限于这个小家庭，慢慢地才发展到整个社会层面，最终才进一步演绎成"心忧天下"的价值诉求。"所谓平天下在治其国者，上老老而民兴孝"，这样一个君子才具有平天下的可能。传统文化对个人的修养过程，是一个不断提高、不断由内向外的过程，即从修身、齐家、治国，最后到平天下。"孝"文化是儒家仁爱伦理的底线，"孝"伦理是东方人伦所止的身份规范，"孝"心理是由家及国的人伦扩展，"孝"政治是君子齐家治国的基本前提。传统的"孝"与"孝道"均含有感恩的意识。我们每个人首先要从爱自己的父母做起，然后推己及人，才能做到爱天下的父母，爱天下的人。即便是古代的名人尹珍（贵州古代学者、教育家），卑微渺小如现代的杨文学，不管他们身处何方、身居何位，他们始终怀着一颗感恩的心，心中最温柔的牵挂永远都是故乡，尽管它贫穷、尽管它落后，但它养育了自己，还有那些最牵挂的人在那里生活着。在他们心里，家乡始终是无可替代的，而且他们也最终都投身到家乡的建设上，这就是"孝"精神的最大化。无论家乡是穷乡僻壤，还是繁华富土，都会聚焦一个个游子眷念的目光，这正是中华民族传统文化中"孝"文化的具体体现。

从狭义的"孝"到广义的"孝"，最终构成每个中国人都难以割舍的亲情、乡情、友情、血缘、亲缘、地缘、业缘这些中国社会基础网络。对于今天的我们，孝道是中华民族的传统美德，是构建社会主义和谐社会的重要内容。对于社会稳定和经济发展起着积极作用。孝道所推崇的由爱父母开始的、推己及人的等差之爱，是一条把社会建设成为一个充满温情与敬重的健康途径。

正是基于对"孝"文化的逻辑演绎，中国传统文化呈现出典型的"家国一体"文化特性，这种文化倡导由对家庭的爱扩大到对故乡的爱，进而扩大到对国家的爱，提倡由对父母的孝心发展到对国家的忠心。从这个意义上来讲，"回报桑梓"、"反哺故土"是"心忧天下"、"扶贫济困"的动力源泉和逻辑起点，而"心忧天下"、"扶贫济困"则是对"回报桑梓"、"反哺故土"的逻辑演绎和精神提升。郑传楼在《我爱那片生我养我的故土》中深情写道："从小学到大学，直至参加工作以后，记不清有多少次在文章中写到热爱祖国的话语。每写一次都会想起自己的家乡。因为热爱祖国不是一个抽象的概念，我的家乡是祖国不可分割的一部分。一个人倘若连家乡都不热爱，还谈何热爱祖国？"这段话已经明确昭示了他本人对中华传统文化在上述两个层面的自觉认同。

正是基于这样的文化认同，郑传楼义无反顾地回到家乡，担任了没有分文报酬的"名誉村长"，一干就是22年。22年里，他持续不断地利用周末时间，为家乡的建设和父老乡亲服务，通过引导并帮助乡亲修致富桥、引"民心水"、建学校、革陋习等，他"动真心、动真情、动真格"，大大促进了自强村经济社会的发展。同样是基于这样的文化认同，"春晖行动"一启动就表现出了强大的生命力，影响和感召了一大批人积极投身于家乡的建设和发展。毫无疑问，"春晖行动"的根是中华传统文化，它从中华文化中走来，又在传承中华文化的过程中使之发扬光大。"春晖行动"在实践中展现出的蓬勃生命力正是中华传统文化的内在活力在新形势下复兴的具体体现。

如果我们再进一步思考一下，参与"春晖行动"的人为什么要认同这两个层面的传统文化？我们认为，那是因为他们要么在浸润着这种传统文化精神的地方出生，要么曾经在这个地方生活、成长过。他们自觉或不自觉地熟悉、接受了这套系统的文化训练，对传统的思维方式、行为模式有较强的亲近感和认同感，他们在根本上就是传统文化的创造物。正是这一点，决定了他们哪怕远隔千山万水，与故乡的距离也是很近很近的。在他们心里，故乡已经不再是一个地理名词，而是他们魂牵梦绕的精神家园。他们在对故乡的回报中寻找着、实现着、强化着自己的文化归属感。

2. "春晖行动"充分调动了美德的力量

"春晖行动"不仅彰显了传统的美德，而且通过组织化的力量与运作方式，充分调动了美德的力量。

2004年10月18日下午，在一曲悠扬婉转的《思乡曲》的伴奏下，在几名孩童吟诵的《游子吟》中，由共青团贵州省委发起的大型公益活动"春晖行动"正式启动。"春晖"两字在《现代汉语词典》里释义为"春天的阳光，比喻为父母的恩惠"。"春晖行动"所倡导的文化理念出自于唐代著名诗人孟郊《游子吟》"谁言寸草心，报得三春晖"的寓意。《游子吟》诗句表现出的是"情"与"孝"，是"滴水之恩"和"涌泉相报"的本质体现。

"春晖行动"可以说是国内最早利用中国传统社会关系服务于三农的行动。它植根于中华传统孝文化的核心理念，紧扣这一情感基础，引导在外游子回归家乡、反哺故土，引发大批有识、有志之士的情感共鸣和身体力行。从社会层面来理解，每一个成功的人，都是自己故乡的儿女。对于游子，家是一个遥远的念想，家乡往往满载着甜蜜的过往和永久的牵挂。从精神层面来理解，游子所寻找的家园，更应该是一种饱含归宿与认同、价值与追求的"精神家园"。从根本上讲，"春晖行动"是对中华传统美德的传承和衍生，它以情为媒，为海内外游子报效祖国和家乡搭建了平台，而在"共建与共享"中，又自然而然地促成了人们"精神家园"的"回归"与"构建"。

"春晖行动"还注重塑造春晖使者典型，以个体事例唤起群体良知。"一个篱笆三个桩，一个好汉三个帮"，一个春晖使者的力量是微不足道的，但许许多多的爱心倾注到家乡，家乡的面貌就会有翻天覆地的变化。这种高尚和感动会传染、会扩散。春晖使者们行动起来，用高尚和感动感染更多人，就像那首歌唱的："我生在一个小山村，那里有我的父老乡亲……树高千尺也忘不了根"。利用春晖使者的信息、人脉资源优势，采取社会化动员方式和组织化运作方式相结合，整合城市资源，把农村发展需要的各种生产要素从城市平滑地移到农村，落实到新农村家园建设的具体项目上。马克思说："只能用爱来交换爱，只能用信任来交换信任。"用在反哺教育中，它即是要求教育者与教育对象之间不仅是思想上的交流，而且是情感上的交流，双方互相尊重，感情才能相通，内心深处才能产生共鸣，人们才会真正地得到有效的"反哺"教育。"以前曾经读过一些春晖使者的故事，然而通过做调查问卷，我才意识到自己曾经是多么不了解父母，多么不关心亲人，多么疏离了家乡。"这是深圳读者高天雁在QQ中给"春晖行动"发展中心的留言。"反哺"调查在她的心中引起了很大震动。"我一边做，一边眼圈红了。以前很少想到去关爱父母，但参加调查后，感情犹如汹涌的洪水将我瞬间淹没了，我给父母打了电话，"爸爸妈妈，你们总说我是你们的骄傲，现在我要对你们说，你们永远是我的全部！"

"春晖行动"以一个"情"字促进了城乡互动，利用农村社区精英人士的组织才干和凝聚人心的人格力量，来组织领导乡村的建设事业。实践证明，在他们任职期间很快地为欠发达地区的农村经济社会发展带来显著变化。《求是》杂志原总编辑王天玺认为，科学发展观、和谐社会的理念的关键就是"和谐"，而人与人的和谐是这一"关键"中的核心。开展"春晖行动"就是依托人性中最美好的情感力量，用爱心、亲情、乡情、友情等最朴素的情感力量，去塑造人与人的和谐氛围，从而有利于我们推进"以人为本"的和谐社会进程。"春晖行动"通过采取组织外出务工青年回乡创业，建立"春晖助学金"，开展"春晖行动——我与家乡共发展"大学生社会实践活动，组织知青回访第二故乡，组织离退休老干部、老同志为家乡献余热，组织企业家回乡参与家乡的建设，吸引海外华侨回乡投资等措施，为与农村有关联的个人和团体搭建回报与奉献平台，一方面为农村引进了大量发展资源，另一方面也符合了城里人价值认同和价值实现的需求。

"春晖行动"本着"扶贫先扶智"的文化发展理念，在试点乡村采取了一些积极有效的措施。实际上，制约一个区域经济社会发展的因素是多方面的，然而最深层的则是一些非经济的因素，即这一区域内人们的思想观念、文化心态等价值取向。因此，加强欠发达地区农村文化建设，提高村民文化素质意义重大。"春晖行动"针对农村青年增收成才需要，组织了"外出务工人员培训班"；为丰富村民的闲暇生活，某些村委会还特地买了体育健身器材，为村民修建了篮球场，有时举行"篮球赛"、"拔河比赛"、"院坝农家乐"、"乡亲民族风情歌舞大赛"等文化体育竞赛活动；有的地方还进行"青年文明卫生户"、"爱我家园"、"讲究卫生"宣传等文化创建活动。有的地方还着力革除乡村陋习、移风易俗，带动村民接受先进的文化观念，创建文明健康的生活方式。

"春晖行动"不仅传承着文明，也传播着文明。当今时代，个人主义和极端利己主义被许多人奉为生活的信条，"金钱至上"、"实用主义"渗入家庭中。这有悖于我们中华民族"孝敬"父母的传统美德，与社会主义精神文明建设也相对立。孔子说："爱亲者，不敢恶于人；敬亲者，不敢慢于人。"意思是：爱自己父母的人，就不会讨厌别人的父母；尊敬自己父母的人，就不会怠慢别人的父母。从历史上看，此真纯之爱，是维系家庭和谐、社会团结和民族统一的重要精神力量。无论是在历史上还是现实社会中，我们都很难想象一个不爱父母、不爱家乡的人，能够在不怀私利的情况下，去爱别人、爱社会、爱国家。2001 年，中共中央印发了《公民道德建设实施纲要》，对我国的公民道德建设进行了全面部署。弘扬孝亲尊老文化成为社会主义公民道德建设的组成部分。人性的教育与陶冶，依赖于良好的道德自修和道德教育，而"孝"文化的教育应该是一切道德教育的基础。"孝"以人为对象，而社会主义公民道德建设所要求的尊老爱幼、团结友爱、热爱人民、为人民服务与之有相通之处。

费孝通先生曾经深刻地论述了中国农村社会的非正式社会网络。他指出："最有可能给一个村民提供社会支持的是与他关系最亲密的亲人，然后才是一般的亲戚朋友。"时至今日，中国社会结构的这种特征并没有发生根本的改变，中国农民的社会网络仍是以亲缘和地缘关系为基础的。在构建社会主义和谐社会之际，当代的孝文化的构建与培育显得非常必要与重要。"春晖行动"以情动人的发展思路，聚集着数万春晖使者以实际行动传播着、传承着传统的美德，其组织化、制度化的运作必将更大程度地调动美德的力量。

（三）动力之三：社会组织的推动

"春晖行动"的推进，不仅需要反贫困的需求力、传统美德的感召力，还需要强有力的社会组织的推动力，才可能使其从一个人的行为转变为一群人的行动，进而转变为全社会广泛关注和参与的公益行动，而这个强有力的社会组织就是共青团贵州省委。

在当代中国，有一类特殊的组织，是党和政府联系社会各界的桥梁纽带，具体包括工会、共青团、妇联、残联、社科联、文联、科协等等，通常被称作"枢纽型组织"。这类组织不仅具有完备的组织体系，而且具有贴近党委政府的政治优势，更具有贴近各界群众的社会优势，从而使其在"党委领导、政府负责、社会协同、公众参与、法治保障"的社会管理格局中，能够发挥极其重要的枢纽作用。作为"枢纽型组织"，其重要职责就是要紧扣党委、政府的中心和大局，团结、整合广大社会公众的行为和力量，推动社会稳定、协调、健康发展。长期以来，扶贫开发一直是贵州省工作的重点之一。共青团贵州省委创意的"春晖行动"围绕这个重点工作展开，无疑扣准了中共贵州省委、省政府工作的大局。在这个前提下，共青团贵州省委大胆创新，实现了组织化保障与社会化运作的有机结合，开创并推动了"春晖行动"的健康发展。

1. "春晖行动"是社会组织精心运作的产物

"谁言寸草心，报得三春晖。"对郑传楼这个"名誉村长"情系故土的调研，给共青团贵州省委带来极大启发。我国东西差距、城乡差距、贫富差距较大，建设社会主义新农村具有长期性、复杂性、紧迫性，尤其贵州贫困山区的反贫困是中国反贫困斗争的重要组成部分，贵州贫困山区的新农村建设是中国新农村建设的重要组成，迫切需要动员全社会力量共同参与。动员社会力量要解决一个关键问题，就是谁来动员、如何动员。社会动员的实质就是整合资源，无非靠权、利、德、情四种方式。在我国，人们普遍习惯于通过行政、经济方式来整合社会资源。共青团组织不具备行政、经济手段，如何实现组织价值？

在"党有号召，团有行动"的社会责任感和使命感的驱使下，共青团贵州省委所探索出的"春晖行动"，旨在充分发挥"亲情、友情、乡情"的情感纽带作用，集中力量于特定社会问题的解决，积极创造条件，充分调动企业、非营利组织、社区、家庭、个人等各方面的积极性，把分散的变为集中的、被动的变为主动的、无序的变为有序的，利用各种社会资源，形成全社会和政府共同分担责任和权利，共同扶贫开发的良好局面。"春晖行动"通过情感手段促进资源的回流，把这种不受重视或非组织化重视的情感资源整合起来，利用城市经济、科技、教育等发展的优势，带动乡村发展，为新时期共青团更好地发挥生力军作用走出了一条新路。

2004年，在共青团贵州省委的组织策划下，"春晖行动"按照宣传发动、试点先行、全面开展、规范运作四个步骤实施。在具体运作上，共青团贵州省委按照"工业反哺农业，城市支持农村"的方针，以"志愿、公益、互助"为原则。一方面，广泛动员社会力量采取自上而下的对接方式，主动联系基层，通过担任"名誉村支书"、"名誉村委会主任"、"名誉村团支部书记"及"经济顾问"、"法律顾问"、"技术顾问"等，把城市的人力资源、资金资源、技术资源、信息资源和项目资源，通过教育、文化、科技、人员交流，产业联系等，源源不断地输入农村，有效缩小城乡发展差距。另一方面，通过建立春晖行动理事会，将村组干部、群众代表、社会贤达人士、返乡青年吸纳进来，建立政府、社会、自我三位一体的监督体系。再一方面，建立人才库和项目库，既以村为单位对外出人员、插队知青等进行统计，加强联系，挖掘和发现人才组建人才库；又以乡镇为单位，从教育、医疗卫生、畜牧养殖、镇（乡）村基础设施建设、农林种植、生态旅游、招商引资等方面，列出当前急需解决的项目，组建项目库，吸引在外乡友从资金、项目、信息、技术上支援家乡。

重点围绕农村经济社会发展做好以下几个方面的工作：一是聘请"名誉村支书"、"名誉村委会主任"、"名誉村团支部书记"及"经济顾问"、"法律顾问"、"技术顾问"等春晖使者。二是组织外出务工青年回乡创业。利用元旦、春节等节假日，积极宣传组织引导外出务工青年回乡开办企业，从事商业和服务业等，帮助家乡早日脱贫致富。三是建立"春晖助学金"。发动在外乡亲为所在母校捐助"助学金"，让成绩优秀的学生和家庭特别困难的学生得到资助，完成学业，并要求得到资助的学生学有所成后回报家乡。四是开展"春晖行动——我与家乡共发展"大学生社会实践活动。利用假期大学生探亲之际，为家乡父老乡亲传授科学技术、信息、管理等知识，加强对村情、乡情、县情的了解。五是组织知青回访第二故乡的活动。激发知青对插过队的"第二故乡"的深厚感情，组织知青为农村发展提供支持和帮助。同时还配套开展了"寻找父母亲的足迹"的活动，让知青子女感受当年父母亲生活的艰辛，进而回报社会。六是组织离退休老干部、老同志为家乡献余热。把老干部、老同志愿意重返故土的心愿和农村经济社会发展的需求结合起来，充分发挥老干部、老同志传承文明和奉献人民的作用，为家乡做贡献。七是组织企业家、海外华侨回乡参与家乡的建设，从改善和提高贫困群众的基本生活条件、基本增收门路、基本素质入手，直接提供资金、物资资源。八是开展"春晖家园计划"项目。从行动内容来看，共青团贵州省委开展"春晖行动"，从参与者个人的实际出发，既可是长期行为，也可是短期举动；既可是资金支持，也可是技术帮扶；既可是先进理念传播，也可是文化普及等，给不同层次的行动主体提供了广阔的参与空间。

2. "春晖行动"在社会组织推动下不断深化

共青团组织既是党的助手，又是青年的先锋、民众的纽带，能充分实现上情下达，下情上传，实现社会舆论畅通，在党委、政府的支持下，便于整合资源，以有形或无形之手，扶助和参与到经济社会建设之中。在共青团贵州省委的运作下，"春晖行动"不仅得以发起，而且还不断走向深化。

在共青团贵州省委的运作下，"春晖行动"不是一个封闭运行的系统，而是一个能够介入市场、介入社会的开放系统。它通过"中心＋基金会"的方式，以"组织化保障、社会化运作"，实现了覆盖省、市、县各个社会层面的网络延伸，对于社情民意的了解更适时准确，达到了"春晖行动"初期效益放大和内涵拓展（对"中心＋基金会"模式，前文已经有比较充分的介绍，此处不再赘述）。最终，共青团贵州省委很好地定位了自身作为"枢纽型组织"的功能，在组织化保障与社会化运作相结合中走出了新路，实现了"春晖行动"的加速发展、持续发展。

共青团贵州省委通过"春晖行动"介入到欠发达地区新农村建设中，它扮演的角色始终是公益性与自愿性的，但它的运作方式与政府行为又有异曲同工之妙，它的任务与政府一致，就是解决"三农"问题。与政府组织所不同的是，"春晖行动"实际上是对政府和社会公共资源的有效运用，但又不完全受政府的行为规范的制约；同时它又不同于单纯的个人或不以营利为目的的非政府组织的行为，还要争取政府的支持与协调。这种带有一定政治色彩的组织化的推动行为，也影响了大众对"春晖行动"的理解。如问卷分析报告中表 2.5 所示：

表 2.5　受教育程度 * 您对"春晖行动"的理解是

		您对"春晖行动"的理解是				合计 (%)
		政府性质的扶贫计划（%）	民间性质的慈善行为（%）	政府与大众共同参与的社会公益活动（%）	其他（%）	
受教育程度	文盲	28.6	28.6	28.6	14.3	100.0
	小学	35.3	23.1	30.8	10.9	100.0
	初中	28.8	22.7	38.8	9.8	100.0
	高中或中专	16.5	28.1	46.9	8.5	100.0
	大学本科	9.7	25.5	57.1	7.7	100.0
	研究生以上	22.6	17.0	54.7	5.7	100.0
	合计	18.4	25.1	47.8	8.6	100.0

注：$P < 0.001$。

　　表2.5的分析结果表明，不同受教育程度的调查对象对"春晖行动"的理解存在显著的差异。受教育水平较高的调查对象将"春晖行动"理解为"政府与大众共同参与的社会公益活动"的比例相对较大。不过，从调查对象的总数来看，无论是受教育程度较高还是偏低的群体，相当一部分人都把"春晖行动"定位为政府与大众共同参与的社会公益活动。当然，公众心目中的政府更多的是包括执政党在内的广义层面的政府，而不仅仅是狭义层面的履行行政职能的政府。

　　公众对"春晖行动"的这种理解，对共青团乃至我们党的形象是有积极效果的。共青团组织是党的助手和后备军，是在中国共产党领导下的先进青年的群众组织。与一般群众组织不同，它既具群众性，又具先进性，是先进性与群众性的统一。共青团的这一特质决定了其上传下达的作用。"春晖行动"让共青团组织在新的时期积极参与到社会管理中来，一方面通过非指令性的方式动员社会资源，通过反哺形式缩小城乡差异、贫富差距、东西差异；另一方面，在行动的过程中传递社会主义核心价值体系，使其得以大众化和实践化，也巩固了我党的执政基础。因此，"春晖行动"是新时期共青团组织以新的导向方式、新的动员方式、新的组织方式、新的参与方式巩固自身作为党的助手和后备军的角色定位，加强自身服务能力建设的新的载体。

三　从物质聚集到精神提升：
"春晖行动"的成效评价

"春晖行动"依托于传统道德的感召力、反贫困的需求力、社会组织的推动力，而得以发展壮大、持续深化，其支撑动力的多元性也决定了其实践成效的多重性。调查问卷也显示，公众认为"春晖行动"开展以来所取得的成效不仅是明显的，而且是多重的。

如问卷分析报告中图 2-6 所示：

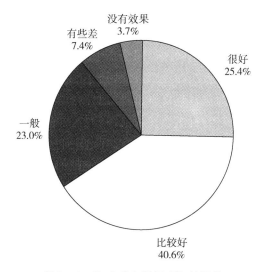

图 2-6　你对"春晖行动"的评价

根据图 2-6：总体上调查对象对"春晖行动"的评价依次为"比较好"（40.6%）、"很好"（25.4%）、"一般"（23.0%）、"有些差"（7.4%），只有占 3.7% 的调查对象认为"没有效果"。由此可以说明大多数被调查者对"春晖行动"的总体评价是十分认可的。

在"春晖行动"总体上得到认可和好评的前提下，我们再来看看被调查

者认为"春晖行动"的成效主要表现在哪些方面，如问卷分析报告中图 2 - 7
所示：

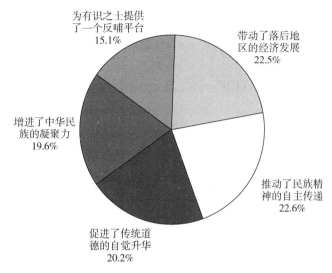

图 2 - 7 "春晖行动"的主要意义

图 2 - 7 对"春晖行动"的主要意义的调查结果显示：22.6% 的被调查
者认为其"推动了民族精神的自主传递"，22.5% 认为"春晖行动"的主要
意义是"带动了落后地区的经济发展"，20.2% 认为其"促进了传统道德的
自觉升华"，19.6% 认为其"增进了中华民族的凝聚力"，15.1% 的被调查
者则认为其"为有识之士提供了一个反哺平台"。再进一步地分析，"带动
了落后地区的经济发展"主要是回应了"春晖行动"在反贫困问题上的成
效；"推动了民族精神的自主传递"、"促进了传统道德的自觉升华"、"增进
了中华民族的凝聚力"主要是回应了"春晖行动"在文化建设问题上的成
效；"为有识之士提供了一个反哺平台"主要是回应了"春晖行动"在社会
建设层面上的成效。

下面，我们再看看被调查者具体对"春晖行动"系列活动的评价，如
问卷分析报告中图 2 - 5 所示：

调查对象认为"春晖行动"系列活动开展得最好的是"春晖行动——我
与家乡共发展"，占到了 28.5%，其次是"春晖助学计划"，占 25.5%，随后
是"春晖家园计划"（19.9%）和"春晖感恩教育"（18.9%），而"对以上
活动都不了解"的只占到了极少比例（7.3%）。其中，"春晖行动——我与家

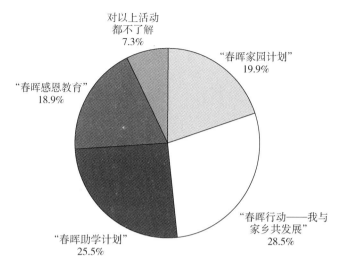

图 2 - 5 你认为哪项"春晖行动"的活动开展得最好

乡共发展"、"春晖家园计划"涉及"春晖行动"在推动农村经济社会综合发展上的回应；"春晖助学计划"、"春晖感恩教育"涉及"春晖行动"在推动农村文化建设上的回应。

综合以上调查数据，结合实地调研和相关材料的收集整理，课题组认为，"春晖行动"的成效可在经济、文化、社会三个层面上作分析归纳。

（一）推动了反贫困的持续深化

"春晖行动"在经济层面最显著的成效当属反贫困。这一民间性、草根性的反贫困行动，在贵州这块土地上应运而生，正是契合了贵州反贫困行动要素不足的现实需求和基于对反贫困问题的正确认识，探寻到了促进社会资源资本化的行之有效的、有灵魂、有眼光、有创新能力的扶贫新模式，在反贫困的资源聚集方面取得了明显持续的社会效果。

1. 加速了反贫困的资源聚集

贫困地区之所以贫困和难以摆脱贫困，既有各种自然的和历史的原因，也有各种社会原因。而其中相当重要的一个原因就是在非均衡的发展模式下，区域经济的极化效应，导致各种发展资源在发达地区和欠发达地区之间的流动极不对称，即各种人力资本和物质资本向城市集聚，向东部地区集聚；相对于城市和发达地区而言，农村广大贫困地区的各种发展资源流出大于流入，成为资源的净流出地区。这种"孔雀东南飞"和"一江春水向东流"的严峻现实使得农村贫困地区在激烈的竞争中越来越积贫积弱。从这一严峻现实出发，反贫困就是要通过各种手段，改变各种发展资源在城乡之间、东西部地区之间的不对称流动，促进发展资源向农村贫困地区的回流。

促进发展资源的回流，有计划、市场、道德和情感等各种手段。政府是通过行政计划手段，以权力作后盾，以寻求社会公平为目的，利用转移支付等方式，改变各种发展资源在不同地域和不同人群之间的非对称分布，以此促进贫困地区和贫困人口的发展。市场手段是各种市场主体，在利益驱动下，为寻求更加广阔的发展空间，而把各种发展资源投向贫困地区和贫困人口的求利行为，客观上形成了向贫困地区和贫困人口输入发展资源。除此之外，众多的非政府组织（NGO）则采用道德手段，通过张扬现代公民的责任意识和博爱情怀，促进了各种发展资源向贫困地区和贫困人口的流动。

"春晖行动"则是通过情感手段来促进发展资源的回流。但"春晖行动"中的情感是有着特定指向的情感，其中也包含了深厚的道德诉求，是一种复杂而高级的道德情感。在"春晖行动"中的贫困地区和贫困人群并不是要乞求别人的施舍和恩赐，他们仅仅只是通过情感的召唤，感召那些曾经向东南飞去的"孔雀"和向东流去的"春水"再回家看看。因此，"春晖行动"自启动以来，就以其巨大的号召力和感染力在实践中证明了自己的生命力。其蓬勃发展的良好态势，使其成为继政府和市场之后，在民间聚集反贫困资源，促进发展资源向贫困地区和贫困人口回流的又一全新渠道。

比如，在三都水族自治县大河镇的春晖使者张先金，在浙江的乳品公司养殖场打工，在开拓了眼界又学到了专业饲养技能后，回乡建起了种养一体的"科技示范基地"，他还积极组织村里的年轻人加入到发展种养业、经济作物和生态经济林业中。在他的辐射带动下，该村的养殖业在不长的时间里发展到30多户，养殖良种母猪415头，种植经果林120亩、生态林830亩，形成了科技兴农、振兴家乡的良好氛围，为村里脱贫致富打下了基础。

又如，从部队转业在贵阳工作的开阳县人曹以杰回乡创业，起到了一个很好的示范作用。他把家乡白花村的集体茶场400亩全部承包下来，一包就是50年，每年固定交4万元给村里。并在这400亩茶场的基础上成立了开阳县青蓝紫富硒茶业有限公司，通过"公司＋基地＋农户"的运行机制，使许多农户纷纷将连片的土地种上茶叶，为村民增收寻到一条可行的路子。随后，公司不断扶贫捐助：投入 8 万元，解决附近两个村民组 100 多户用电难的问题；投入 10 万元，改扩建马头村至茶场的公路；投入资金 35 万元，帮助村民购买茶苗投入种植；在不到两年的时间里，投入资金 35 万元，解决了村里人畜饮水及农田灌溉难题。茶场每年给当地提供定位劳动力转移就业岗位约 15000 个，直接发放农民工资 30 余万元。

类似的例子不胜枚举，其结果都使得农村的基础条件得到了改善，村民的物质与精神水平得以提高，村级积累得到增强，贫穷状况得到改变，许多过去贫穷的山村成为所在乡的富裕村和希望村。

2. 提高了反贫困的行动效率

"春晖行动"以道德化感情为基础，降低了反贫困资源的筹集成本。在"春晖行动"中，每一笔反贫困资源的获得都是情感作用的结果，并且反贫困资源都是直接流向贫困地区和贫困人群，在这一点上，它比政府和市场都更有优势。与政府的计划手段相比，它不需要政府的层层审批，更不需要进行权力寻租。由于少了许多中间环节，便容易排除反贫困资源在流动中被截留、挪用和贪污的可能。与市场手段相比，它不需要以等价交换作为筹集反贫困资源的前提条件，大大降低了交易费用和竞争代价。首先，"春晖行动"在提高反贫困的行动效率上体现出了较明显的优势。

第一，"春晖行动"以感情为基础，降低了反贫困资源的进入成本。在"春晖行动"中，每一笔反贫困资源的获得都是当地群众根据自身需要积极争取的结果，而参与这一行动的在外乡友和社会贤达又都在当地出生或曾在当地生活过，他们与当地居民在心理上和情感上有着天然的认同感和亲近感。正是这一点，使得他们在传播反贫困理念，输入反贫困资源的时候，容易获得地方性知识的认同和地方性力量的支持，大大降低了反贫困资源的进入成本和进入壁垒。在这一点上，它比政府和非政府组织都更有优势。从政府角度来看，由于政府在多年的反贫困实践中一直居于主动地位，而贫困主体则居于被动地位，同各种反贫困资源一起被政府支配和调控。这种地位的倒置使贫困主体在反贫困行动中丧失了对反贫困资源的发言权，从而消极对待反贫困，认为反贫困就是政府的事而与自己无关，由此导致政府的各种反贫困资源在进入贫困地区和贫困人群时缺乏当地的认同和支持。从 NGO 角度来看，虽然相当部分 NGO 都强调贫困主体的参与性，但

NGO 作为来自外部世界的新鲜事物，其行为理念和行为模式对贫困地区和贫困人群而言，显得较为陌生，要得到当地的认同和支持必须要付出一定的时间成本和宣传成本。

通过"春晖行动"回到贫困家乡的成功人士和社会贤达，由于他们对这些贫困地区有着高度的情感认同和地缘认同，以及拥有较高的信任度和丰富的社会网络资源，并且还熟知当地居民的话语体系和思维方式，知道当地群众最需要什么，最渴望解决什么，当地社会经济发展存在的最大障碍是什么，等等。在交往沟通过程中，他们较之其他"局外人"具有更大的优势，容易在贫困人群中树立"权威"地位。因此，"春晖行动"所倡导的扶贫模式本质上有效地节约了有限的社会资源。鉴于目前的一些慈善行为缺乏对扶助对象需求的准确评估，结果往往是浪费了资源，而扶助对象的真正需求却没有得到满足，多数情况是治标不治本。依靠春晖人物对农民和农村需求的敏感介入扶贫，此种模式不仅省去了前期调研的费用，也保证了对当地人需求的准确评估和把握，对社会资源的合理使用是一种有益的尝试。

正如郑传楼所说：

> 我在地方上扶贫的时候，帮他们实实在在地做了几件实事，离开的时候，我在想，这个不是我的家乡，我都能为他们做事，为什么我不能为自己的家乡做点事情？我了解我的家乡，我不需要做任何前期的调查就知道村民需要什么。（春晖人物　郑传楼）

第二，"春晖行动"以感情为基础，提高了反贫困资源的使用效率。一方面，在外乡友和社会贤达用自己的资源为自己的故乡或第二故乡办事，与政府扶贫官员用国家的钱办别人的事相比，他们更有动力去关心反贫困资源的节约和效果。另一方面，这些反贫困资源又是贫困地区和贫困人群努力争取的结果，他们同样关心这些反贫困资源在改变自己命运中所能发挥的效果，他们更知道这些资源的来之不易，更能在使用中倍加珍惜。因此，在外乡友与当地群众在情感纽带的连接下，更能够就反贫困这一崇高使命达成共识，并结成完整的利益共同体，风雨同舟，患难与共。由此导致在"春晖行动"中出现了一个奇特现象，即当外部输入一小部分反贫困资源时，同时还能刺激内部进一步聚集更多的反贫困资源，使内外两种反贫困资源像滚雪球一样，快速膨胀，良性互动。如截至 2013 年，"春晖行动发展基金"支持的"春晖家园计划"项目 263 个，整合资金 4569 万元，直接受益者 31 万余人，辐射带动 77 万多群众受益。

春晖使者郑传楼就认为，过去的扶贫模式既花成本，又花血本，但是成效并不是很大。以往的扶贫模式还容易造成地方政府和村民之间的误解，形成难以消除的偏见。春晖模式提供了新的扶贫模式，即农民为主体，政府作引导，社会三方共同参与的模式。"春晖行动"的扶贫模式也有助于改变业已形成的政府干部对扶贫的偏见，使三方各自明确权利和责任，积极参与到脱贫致富的工程中去。郑传楼同志用争取到的 12 万元，能够撬动全村无偿投入 4.5 万个劳动力，苦干 3 年，战胜"虎跳崖"，修成致富桥，使天堑变通途；用争取到的 20 万元，能够使全村众志成城，奋战 18 个月，斗败"熊洞"，从悬崖上引甘泉，再造当代"红旗渠"的一系列典型事迹，正是高效率运作反贫困资源的最好证明。

春晖人物杨洪带领脱贫致富的斗糯村也是一个典型例子：

> 政府干部对农民要求扶贫的呼声听得也多了，对有些农民把钱要到手就分光吃光花光的现象也深恶痛绝。他们告诉杨洪别整天去忽悠他们，说是前年拨给一个乡 8 万元，去年给一个乡 12 万元，说要修路架桥什么的，钱一拨过去，回头检查时发现什么事情都没有干，钱一分没有了……杨洪把政府干部领到现场看，他们被感动了，"只有在毛泽东时代才能看到这种男女老少齐上阵的景象"。于是政府干部在资金和材料上大力支持……（春晖人物　杨洪）

此外，春晖使者在外不仅积累了自己的人力资本，而且还建立了相应的社会网络，积累了不少社会资源，形成从家乡到城市、从一个地区的农村到另外一个地区的农村的广泛的社会网络。如果能够利用好这种社会网络，就能够使贫困地区农村的人力资源得到较大幅度的提升，客观上减轻了地理位置对贫困地区所造成的限制，缩短了贫困地区与外部市场的时空距离，促进了贫困地区人们之间的合作更有可能达成。因此，通过"春晖行动"，利益相关者的目标取向与收益预期更为一致，行为人之间能够建立合理的激励与约束机制，在当地资源开发的合理决策、在瞄准扶贫对象的精确度上优于单纯的政府主导和市场取向的扶贫开发模式，有利于促进贫困地区的人们采取集体行动，形成自主治理的良好氛围，珍视有限的和宝贵的扶贫资源。

最后，该行动在扶贫资金的使用与管理上能有明确的针对性，避免了扶贫资金转为财政补贴变作他用的情况，使贫困地区的人们真正成为扶贫资金的受益者，保障自身资源与环境开发的受益权。

3. 培育了反贫困的动力和能力

"春晖行动"进入贫困地区和贫困人群中，还会"一石激起千层浪"，既能激发出贫困主体的反贫困动力，又能培育出贫困主体的反贫困能力。

第一，从激发贫困主体的反贫困动力来看：传统的农村贫困地区是一个相对平静的地区，贫困主体虽处于贫困却又能安于贫困。其基本原因在于，一方面，贫困群体在长期缺乏参照的封闭环境中生产和生活，虽处于贫困而不自知贫困。另一方面，贫困群体即使认识到自己的贫困处境，但由于缺乏摆脱贫困的知识，在多次盲目的抗争之后，依然对贫困无可奈何，从而认为自己应当贫困。既然贫困不可避免，那么"安贫乐道"就必然成为一种"美德"慰藉着贫困主体的心灵世界。因此，在贫困面前，贫困群体泰然处之，贫困地区显得相对平静。但是，当参加"春晖行动"的成功人士和社会贤达们衣锦还乡、荣归故里时，贫困地区封闭的帷幕立即就被撕开了，脆弱的平静立即就被打破了。

一则，与这些贫困群体在同一方水土的养育下成长的成功人士和社会贤达们，在生活境遇上的天壤之别，既给了贫困群体以极大的刺激，使他们意识到自己的贫困处境，开始不安于贫困现状，由此产生出反贫困的强烈愿望；同时又给了贫困群体以极大的鼓舞，使他们认识到自己只要通过努力，就能够像那些成功的同乡一样摆脱贫困的纠缠，由此产生出反贫困的自信心。

二则，"春晖行动"通过修路等项目支持农村发展，以这些项目为载体，增强了村民之间的互助合作以及参与意识。而这一参与的过程也培养了农民的主体意识，对于消除传统的"等、靠、要"的思想具有极大的作用。以下两个全村出动参与修路的村落便是很好的例子：

> 由于施工条件非常艰苦和危险，全村抽调一批青壮年劳力，组成两支"义勇军"……山下的明渠开挖修建，划段到组到户，由各家各户无偿投劳，限期完成。（春晖人物　郑传楼）

……红旗招展，锣鼓喧天，尘土飞扬，全村数百名男女老少聚集在工地，扛钢筋水泥，砌桥梁涵洞，铺路基凿石料，抬筐拉土……
（春晖人物 杨洪）

三则，"春晖行动"具有滚雪球的效应，能带动周围农村的良性竞争与发展。事实上，许多农村都面临着共同的需求，只是固有的观念束缚了人们寻求改变的动力，甚至用命定的思想来解释其贫困的处境。即便村民有改变的愿望，也会担心和害怕行动后无法承受相应的代价。一旦村民有机会目睹改变的可能性和成效，就会撼动其业已形成的根深蒂固的思想，仿效成功发展的例子。例如：

自强村的壮举（修路）震动了四野八乡。以往有的村寨距离公路只有200米，也想不起修路，年年月月跳河石或者越泥浆，弄得住房里外都是泥场子。自强村之后，有8个乡自发组织群众开始修路建桥。
（春晖人物 郑传楼）

第二，从培育贫困主体反贫困能力来看：即使贫困群体意识到了自己的贫困处境，有了摆脱贫困的强烈愿望和信心，也并不意味着贫困群体就一定能够战胜贫困。因为市场竞争遵循着强者的逻辑，而贫困群体不管是所能掌握的资源，还是运用资源的能力都极为有限，这决定了他们在优胜劣汰的市场竞争中很可能处于弱势地位。但"春晖行动"的开展可以弥补这一缺憾。

一则，"春晖行动"中的成功人士和社会贤达们不仅能够刺激贫困群体的反贫困动力，而且能够教给他们反贫困的科学知识，为他们的反贫困行动提供路径示范，因为这些成功人士和社会贤达们往往都是市场竞争中的强者，他们能够为贫困群体进入市场提供最基本的指导和保护。

二则，"春晖行动"已在无形中将输血式扶贫转化为造血式扶贫，例如为了有效缓解贫困农户发展资金短缺问题，成立了"春晖扶贫互助社"。该互助社提高了贫困村、贫苦农户自我发展、持续发展的能力，进一步促进贫困乡村群众脱贫致富。春晖扶贫互助社的形式本质上是在给贫困的农民提升能力，即通过自助、互助的形式提升其自身脱贫的能力，使其逐步具备独立发展的能力。

三则，"春晖行动"对人力资本的投入直接提升了贫困人口的自我发展能力。获得"春晖行动"帮助的个人的例子不胜枚举，从草根慈善家阿里木靠卖羊肉串资助完成学业的学生到从背篼做起发家致富后投资修建小学并每年为学生减免学杂费的李明义，从秉承"生命的意义在于付出"的周介文到带动周围的人资助施秉县贫困儿童的陈华元……受助对象的求学问题得以顺利解决。尤其是由中共贵州省委统战部、省教育厅、共青团贵州省委、致公党贵州省委、北大青鸟集团共同打造的大型公益助学慈善项目——"春晖行动——致公学生培养计划"将受益对象锁定在城市和农村的贫困家庭。2010 年，北大青鸟集团、北大附属实验学校和各级团组织，本着公平、公开、公正原则，经过严格初审、复审、笔试和面试，最终从农村贫困家庭子女、下岗职工家庭子女、在城务工家庭子女中遴选出品学兼优的小升初学生共 53 名到北京北大附属实验学校完成六年初、高中学业。2011 年北大青鸟集团再捐资 1600 万元，按照 2010 年的招生模式，在贵州招生 70 名。2012 年，又捐资 2300 万元，招生人数达到 100 名。"春晖行动——致公学生培养计划"项目成效显著，社会反响强烈，有力地助推了贵州基础教育发展。同时活动本身对受助的学生也是一种价值观的教育，他们的命运因为"春晖行动"有了翻天覆地的变化，他们的命运也从此和家乡紧密关联，和"春晖行动"的理念息息相关。作为现在"春晖行动"的受益者，他们也被期待承担未来"春晖行动"的参与者、传播者和推动者的角色。

著名"三农"问题专家温铁军在 2005 年出席贵州省社科联主办的"中国贵州反贫困论坛"时指出，"春晖行动"通过对潜在社会资本的运作，有利于形成贫困社区居民的自主治理，有利于促进农村贫困社区居民合作行为的出现。

总之，"春晖行动"这一扶贫开发的新模式将会成为促进城乡资源互动、落实科学发展观与构建和谐社会的桥梁与平台，并最终对贵州、中国乃至世界反贫困进程产生深远的积极影响。

（二）促进了乡土社会的开放发展

长期以来，对待贫困问题，人们更多看到的是物质财富的匮乏。因此推想，只要物质财富丰富起来，贫困就会自然而然地被克服。随着人类社会生产力水平的不断提高，在一些国家和地区，物质财富已经相当丰富。

尤其是在当代社会中，市场机制大大地提高了人类社会的经济效益，创造出巨大的财富。然而，市场也好，全球化也好，都是一把双刃剑，许多发达国家和发展中国家在致全力于经济的高速发展和现代化进程创造巨大财富，并希望通过它们全面消灭普遍存在的贫困的同时，也在不断地使贫困像病毒一样无情地被复制、被加剧乃至泛滥成灾。迄今为止，贫困问题不但没有被消灭，而是越来越突出，越来越严重。富国与穷国之间、富裕阶层与贫困阶层之间，富人与穷人之间的矛盾依然存在，并且难以调和。这一情形，使人们已经开始意识到：只有高速发展的经济是不够的，尽管它是缓解贫困的最重要和最基本的前提。于是，许多学者尝试从社会、政治、文化或历史等经济以外的角度来研究贫困问题，并设法去解决它。随着对贫困根源的探索和更深层次的剖析，人们认识到贫困并不仅仅是一个经济问题，虽然从表面上看它是经济性的、物质性的，但却不可能仅是由经济统计所能涵盖说明清楚的，在单纯的经济因素之外的社会文化因素也起着至关重要的作用。因此，从某种意义上说，贫困不仅仅是物质资源及财富的匮乏，更是因人类社会的结构、功能和机制不完善、不健全而滋生的一个肿瘤。联合国人文发展新指标中包括出生时的预期寿命、成人识字率、初等中等和高等教育综合入学率、人均 GDP。这一人文发展指标更能反映人类文明的进步程度，对贫困的理解也更为深刻。在联合国世界人文发展排序中我们看到，国与国之间的距离拉开，不仅表现在经济发展水平上，更重要的是反映在综合水平的人文指标上，而后者的差距比前者更难弥补。从某种意义上说，是后者这些关于人类能够拥有的生活质量的指标决定了一个国家的长期发展（绝不仅仅是增长）潜力，反映了一个民族的真正水平和综合实力。

在我国，传统的广大农村社会不仅是物质上相对贫乏的地区，而且也是社会层面相对封闭的地区，面对的不仅是物质贫困，也包括社会贫困。由于自然环境恶劣、教育文化落后、思想观念落后和人口素质低等原因，贫困人口存在着突出的社会贫困现象，它主要表现在社会资本短缺、发展机会短缺、接受教育程度低、轻视科学与技能、盛行迷信等方面。因此，促进传统农村社会的发展，是一个相较于经济层面反贫困问题更为长远、更为重要的问题。而"春晖行动"在这方面也取得了积极的成效。

1. 搭建了传统与现代的通道

参与"春晖行动"、积极建设家乡的拳拳赤子们，来自不同的地区、不同的行业和部门,但有一点是共同的,那就是:相对于贫困地区而言,他们来自富裕地区;相对于农村而言,他们来自城市;相对于传统社会而言,他们来自现代社会。因此他们不可避免地带有现代文明的禀赋,当他们在"春晖行动"的感召下回到自己的家乡时,必然要给贫困地区植入现代文明的因子,在这个过程中,传统农村社会就有可能逐渐接受现代化的洗礼,从而融入城镇化、城市化的历史进程。从这一意义而言,"春晖行动"在传统与现代之间搭起了现实的通道。

"春晖行动"通过组织活动的形式进行展开,为贵州省1500多个乡镇建立了"春晖网页",提供项目信息和发展建议,落实项目资金,取得了很好的社会效益,从这个意义上讲,"春晖行动"完全是一个社会活动,具有很强的公益性和时代性,是把传统的文化内涵融入到现代社会活动的典型范例,达到了对中华民族文化传播"润物细无声"的功效。而且"春晖行动"绝不是对传统文化中的所有成分在现代社会的背景下加以简单复制,而是挖掘传统文化中的积极因素,以此促成传统文化的现代化,从而促进社会群体热爱家乡,回报故土。这对营造积极向上、健康有序的社会氛围有重要的现实意义,对激励人们保持昂扬向上的精神状态,进一步增强传统文化活力有较强的引领作用。

著名作家叶辛特别强调"春晖行动"对农村社会的示范作用。他说30多年前,他在修文县当知青时,给村里的孩子们上课,讲到了童年的高尔基在面包坊当小工的经历。有同学就问,"老师,面包是啥子?"叶辛愣了一下,费尽口舌也没能说清楚什么是面包,最后只能在冬天回上海探亲时,买了两个大面包,带回去放在讲台上,让孩子们看一看、闻一闻、尝一尝。当然,面包在今天也许并不代表现代文明,但在当时却是一件活生生的教具。因此,通过"春晖行动",我们今天的确可以向贫困、封闭的农村传统社会示范一下、传播一下现代文明,包括现代文明的生产方式、生活方式,以及现代文明的思想观念、价值取向。叶辛讲,"农民是讲究实际的、讲究眼见为实的,只有亲眼所见、亲身经历的事,他们才会真正地全身心的扑下去做。要做好示范,就要自近而远,就要把可持续发展的精神,把注重环境、防止污染的理念贯彻到'春晖行动'的各个环节中去,比如牛栏、马厩、猪圈的清洁,比如河川溪流的保洁,比如人与自然的和谐"。

其实这种示范不仅是可持续发展精神的示范,还可以是现代民主精神、现代科学精神、现代法治精神、现代市场精神的示范。通过示范,让贫困地区的群众看一看、闻一闻、尝一尝现代社会的权利意识、法治意识、程序意识、市场意识、竞争意识、规则意识、科学意识、创新意识、发展意识、参与意识、环保意识等等，让贫困地区的人民了解现代社会的思维方式、价值取向、行为模式，切实感受到现代社会的科学、文明和进步，并在示范的带动下，去学习、模仿、消化、创造现代文明，进而改造自己传统的生存方式，实现贫困人口主体的自我转型和自我重塑，实现自己所在的传统社会向现代社会的历史性转变，实现自己所处的传统文化向现代文化的创新性转化。

2. 促进了农村文化教育发展

一个地方的贫困，究其根本的原因之一，就是文化的落后，知识的贫乏。解决人们精神上的贫困，根本的出路就在于文化教育。而广大贫困地区的农民一直又是我国社会中最大的弱势群体，也是最大的文化贫困群体。在这些地区的乡镇很少有把文化、教育、思想建设放在特别重要的位置，对农村宣传文化事业投入总量相对较少，在文化设施建设上投入普遍不足，宣传上也没有从贴近农民真正的精神需求出发，在内容、方式、手段上都显得较空洞，在村里不设文化站、图书室、农民活动中心的现象已是司空见惯。在贵州，占贫困人口的90%生活在这种较封闭较落后的农村环境中，交通不便、信息接收渠道单一，人们的生活贫困、文化素质低，安贫守旧的观念、传统的生活习惯和落后的生产方式，较严重地影响着他们的思想和行为。因此，刚刚结束的党的十八大指出，全面建成小康社会，实现中华民族伟大复兴，必须推动社会主义文化大发展大繁荣，兴起社会主义文化建设新高潮，提高国家文化软实力，发挥文化引领风尚、教育人民、服务社会、推动发展的作用。

"春晖行动"始终把推进贵州农村文化教育事业，作为一个重要的组成部分来进行。前面已经介绍的，由中共贵州省委统战部、省教育厅、共青团贵州省委、致公党贵州省委、北大青鸟集团共同打造的大型公益助学慈善项目——"春晖行动——致公学生培养计划"就是典型的项目。此外还诸如：郑传楼通过航天部为家乡捐助20多万元修建希望学校，通过国家教委投入30万元修建希望学校教师宿舍、实验大楼及附属设施。著名作家叶辛偕上海的企业家到修文，捐资修建了"春晖小学"，并在该校设立"春晖小学奖学金"，鼓励、资助成绩优异的学生。张小平，贵州籍留法博士，1999年发起并组建了"留法学者支援贵州建设服务团"，为贵州提供人才培养等方面的支持。荔波县的吴家顺，2004 年 3 月，向在温州打工的老乡发起以"奉献爱心，让我们一起来关心家乡的教育"为主题的"爱心工程"义捐活动，得到公司领导和员工的积极响应。总之，"春晖行动"通过一系列的项目载体，参与了农村文化教育建设，促进了农村地区的文化教育发展。

3. 提升了农村社会文明程度

"春晖行动"运用中国传统文化以及中国传统的社会关系为媒介，将经济建设和社会建设两者有机地结合起来，使许多贫困的农村地区社会文明程度得到了较好的提升。例如在自强村，"缠孝布，做道场，修豪华墓地，一扫而空。而文明的生活方式逐步替代了过去的行为方式，讲卫生，保护环境等被村民逐步接纳。"另外，在春晖人物曹以杰的家乡——穷困了千百年的马头村，曹以杰带领大家不断扩大茶场，成立村治安协会，成立专业保洁队和建立 4 个篮球场。在农村成立专业保洁队的做法在整个贵州省可谓是首例，此举不仅增加了尚有劳动力的老人的收入，还让农村的卫生条件得以焕然一新。社会主义新农村建设不仅要关注农村经济的增长和农民收入的增收，更要关注农村的精神文明建设和传统文化的传承，而在这个过程中，不仅仅农村的弱势人群从中受益，整个村落作为一个整体也从中受益。

"春晖行动"的一些发展项目中还注入了社会性别视角，推动了性别平等。例如"春晖行动"与北京昌平农家女实用技能培训学校合作，每年组织 30 余名贵州乡镇中学女教师赴京培训，既提升了乡村女教师的能力，又扩展了乡镇女教师的视野，以她们自身为媒介还影响了更多受教育者。另一个例子是春晖人物潘国慎老人，他在返乡的时候发现家乡的女孩子们还像当年自己离开的时候一样，因为贫穷而没有办法接受教育，很多妇女连自己的名字都不会写。他当即拿出一笔钱开办妇女扫盲班，帮助村里的女性脱盲。2000 年，为了让世世代代都没有条件舒舒服服洗澡的母亲洗上一个澡，潘国慎老人为水根村捐建了贵州省第一个村级少数民族女浴室。农村女性作为弱势群体，在"春晖行动"中备受关注，而女性作为母亲这一重要社会角色的承担便决定了"春晖行动"对女性的扶助在代际之间产生的影响，更放大了其效应，即"春晖行动"不仅影响母亲，也同时改变她们的下一代。"春晖行动"对女性的关注，是对社会结构中性别不平等的平衡和修正，对促进社会发展贡献了一份力量。

　　"春晖行动"的实践效果还使得整体社会结构得以调整。"春晖行动"利用情感的杠杆和传统文化的支撑力调动民间资源和社会力量，同时使城乡之间、东西部之间的经济社会发展的不平衡状态无形中得以调整。许多春晖人物到城市、沿海发达地区发展，接触了新的理念、思想和经验，并将这些宝贵的社会资本带回农村，带动了农村社会的整体发展。最终，由社会急剧变迁引发的社会矛盾，在这种隐性的社会结构调整过程中得以部分缓解。

（三）　实现了文化传统的当代升华

　　"春晖行动"的发展壮大，其背后离不开以传统美德为核心的文化动力支撑，同时在这个过程中还实现了中华民族优秀传统文化的当代升华。

1. 推动了民族精神的自主传递

　　党的十六大报告指出："民族精神是一个民族赖以生存和发展的精神支撑。一个民族，没有振奋的精神和高尚的品格，不可能自立于世界民族之林。"民族精神是一个民族在长期的生产、社会实践中形成的相对稳定的思想、价值、信仰、性格与心理品质的总和，是民族文化自觉的产物。它可以超越时间，也可以超越空间，有其历史、现在与未来，具有传统性、时代性特点。因此，其内涵也可以分为传统精神与时代精神。在人类历史上，中华文明之所以能延续不断，生生不息，没有断裂，中华民族之所以能连续进步、自强不息、自立于世界民族之林，其重要原因之一就是我们中华民族具有一种源远流长、一以贯之并不断丰富发展的伟大民族精神，这就是：团结奋斗、爱好和平、勤劳勇敢、自强不息的精神。

　　当今，经济全球化的迅猛推进，对民族精神构成了全新挑战。许多传统的宗教、习俗、民风、生活方式、伦理等，在市场化、全球化、现代化和世俗化的冲击下大面积塌方，特别是在近年来，这种挑战达到了前所未有的程度。一则，由于以物质消费为价值轴心的消费社会在全球推进，一定程度上会逐渐消解民族精神及相关价值，侵蚀社会发展所需的精神动力。二则，发达国家的意识形态、价值观念、生活方式会伴随经济全球化潮流而流行天下，从而引起发展中国家的民族认同障碍。三则，发展中国家有可能在面对西方国家精神文化的强大冲击下，丧失自身文化的自主性，消解民族身份，削弱对国家的认同。中华民族要顶住霸权主义的种种压力，抵制外来腐朽思想文化的影响，弘扬和培育中华民族精神就显得更为迫切和重要。"春晖行动"在实践中就弘扬和培育了中华民族精神。

首先，"春晖行动"创造了传递民族精神的条件。民族精神一旦形成，就会有意无意地通过多种途径传递下去，但这需要具备一定的外在和内在条件。外在条件指的是能契合社会发展阶段的要求，带有很强的时代特点；内在条件指的是传统美德在人们心中自然而然引发出的一种行为冲动，带有很强的感情色彩。"春晖行动"无疑具备了外在的与内在的这两个方面的条件，尤其是能根据时代的发展变化，并在内容和形式上进行创新，把传统文化中的精神力量转化为扶贫济困的扶持力量，把人性中最自然、最深厚、最朴实的感情，用来搭建一个社会扶贫的平台。在推进社会主义市场经济的过程中，"春晖行动"讲奉献、讲亲情、讲乡情、讲友情，突破了单纯的市场交易的框架，运用非权力影响力促进民族精神的自主传递，对化解民族精神弱化的危险，提高民族国家凝聚和认同，供给了源源不断的精神支持。它克服了以往我们过多地强调民族精神是"根植于历史，是客观形成的"这一面的认知，调适了我们往往忽略民族精神还有主观的一面，即明晰了它是可以通过我们的创新和努力加以主动构建的，使民族精神与时代精神达到完美的结合。

其次，"春晖行动"具备了广泛的情感张力。我们经常提倡的爱国主义是一种情感，没有民族自尊心和民族自信心，就谈不上爱国主义。因为民族自信心是一个民族实现自己伟大理想和奋斗目标的坚定信念，是一个民族兴旺发达的精神动力。民族自尊心是一个民族自己尊重自己，不允许别的民族歧视、侮辱，保持本民族尊严的感情，它是在民族自信心的基础上产生的民族道德感情的升华，它是爱国情感的基本特征，是爱国行为的强大动力。没有自尊心、自信心就无法立人、立族、立国。在"春晖行动"中，如何最大限度地保护和提升广大贫困人群的自尊心和自信心，这是一个"以人为本"、"以情为本"的问题，也是一个增强爱国主义精神的重要保证。我们应该明白，在广大贫困地区的贫困人群，他们有着改变自己落后贫穷的强烈愿望，但并不是说他们在乞求和等待着别人的施舍和恩赐。有了政府在物质上的帮助，但还需要有精神上的安抚和激发。虽然他们的自尊心还很脆弱，但他们有着做人的尊严；虽然他们的自信心还不够强大，但他们有着顽强的生命力。其实在很多的时候，贫困人群最初最深层的需求是表现在精神上的需求，且也很单纯很朴实，只想通过情感的呼唤，希望那些曾经从自己身边向东南飞去的"孔雀"或向东流去的"春水"能再返回家乡来看看。因而只有当带着伦理关怀，赋予人道扶贫的救助，才不被视为是一种硬性摊派和作秀施舍。"春晖"虽源自《游子吟》，却不仅仅指母爱，而且包括乡土之亲、人民之情、祖国之爱、民族之谊的"大爱"；也不仅仅是一种感情，而且是由内而外、由精神到物质的扎扎实实的行动，是对于贫困地区的发展从心底产生出的一种使命感和责任感。如果说父母对孩子的爱是天然的不讲条件的，那么孩子对父母的爱——"孝"却是一种不容推卸的义务、责任和担当。"春晖行动"中人们所表现出的对自己父母、乡土、国家、社会所持的报恩之心，其实就是一种责任心。"春晖行动"充分运用现代城市是物质文明和精神文明的集中地和各类人才富集地的特性，倡导和动员从乡村走向城市的人们，饮水思源，关注关心家乡的父老乡亲的生产生活状况，自觉自愿、力所能及、多种形式地为自己的故土、家乡提供物质的、行为的、情感的、智力的支持和帮助，这种形式的支持和帮助能及时地得到被扶贫对象的感情呼应和欣然接受，使人性中真、善、美的情感在互动中迸发出来，在扶贫与被扶贫者之间形成了一种你中有我、我中有你的友好团结的氛围，这最大限度地保护和提升了广大贫困人群的自尊心和自信心。同时，从运作方式来看，它还避免了过去有的地方精神文明建设往往靠"组织"活动，停留在贴标语、喊口号、唱高调、一阵风、走过场，把扶贫任务当作一种工作任务来完成，耗费了行动者参加其他扶贫工作的潜在热情的可能。当春晖使者们带着对家乡、对亲人、对朋友们的深情厚谊，踏上散发着泥土芳香的边远落后的农村大地时，当地的父老乡亲们很快地在感情上与他们自然地交融在一起，从而增进了彼此之间的亲近感、认同感和归宿感，在一种双向互动依存的情怀中，表现出更大的热忱、利他、真诚、重义的和谐氛围，同时完成了大家在情感上的爱与被爱的需要，温暖了人心，凝聚了人心，对促进新型人际关系和良好社会风尚的形成起到积极的作用。

综上，"春晖行动"唤起了人们对家乡面貌改变的责任感、使命感和自觉性。爱国，实际上就是一种对于国家、民族的责任意识。所谓"亲情、乡情、友情"，其实正是这样一种爱的责任意识的具体体现。"春晖行动"正是由于有这样一种爱的责任意识作为导向，才实现了人们由爱国之情到爱家之情的回归，由"扶贫济困"到"回报桑梓"的回归。在这一回归的过程中，爱家之情、爱乡之情、爱人之情逐渐得到强化。最终，当一个人有了爱家乡、爱亲人、爱友人这种情有独钟的"偏爱"情感，就会有爱国、爱社会、爱全人类这种兼济天下的"博爱"精神。

2. 实现了传统道德的自觉提升

传统道德是一种社会意识形态，是人们长期共同生活及其行为的准则与规范，具有认识、调节、教育、评价以及平衡五个功能。中国社会早在春秋战国时代就已达到了道德规范完善和社会行为遵从的高度匹配与和谐。人们所持有的思想或信仰很大程度上是在先前的历史长河中产生和形成的。"春晖行动"所倡导的"孝敬父母"、"回报桑梓"、"饮水思源"、"反哺故土"、"知恩图报"、"扶弱济困"、"邻里互助"、"先人后己"等思想理念，充分体现了中华民族的"孝"文化、"家"文化、"根"文化和"人情"文化，它们是五千年中华民族漫长历史的积淀与升华，这种美德已深深地融入我们的民族意识、民族品格、民族气质之中，成为民族精神的重要内容。今天，虽然社会经济、政治、文化不断地发生着变化，人与人的关系已不局限于"五伦"关系的范畴，但其根本的元素仍深深地根植于这个社会，深入到人们的心底。

改革开放以来，随着市场经济的导入和经济的快速增长，社会结构、社会关系与生活方式发生了巨大变化，社会经济成分、组织形式、物质利益、就业方式和分配方式日益多样化，市场经济活动存在的弱点及其带来的消极影响，深刻影响着不同社会群体的价值取向、道德观念、文化选择，造成精神生活领域出现不少问题，社会价值观念混乱，社会道德迷失；极端个人主义、拜金主义、享乐主义沉渣泛起，各种社会矛盾和冲突应运而生，传统道德观念面临着强烈的挑战，发生着深刻的碰撞和变化，很多人对社会道德滑坡生发出绝望之感。但同时人们对弥合道德裂缝也产生了强烈渴望，这就催生了新时期新的精神力量的要素生成，这就需要我们在继承中华民族优秀传统美德的同时，必须与时代的需要紧密联系，结合市场经济发展的实际情况，建立符合我国社会主义现代化建设所需要的新的道德秩序。

党的十七大提出"要推动社会主义文化的大发展和大繁荣，要全面认识祖国传统文化，取其精华，去其糟粕，使之与当代社会相适应、与现代文明相协调，保持民族性，体现时代性"，提出了以八荣八耻（坚持以热爱祖国为荣、以危害祖国为耻，以服务人民为荣、以背离人民为耻，以崇尚科学为荣、以愚昧无知为耻，以辛勤劳动为荣、以好逸恶劳为耻，以团结互助为荣、以损人利己为耻，以诚实守信为荣、以见利忘义为耻，以遵纪守法为荣、以违法乱纪为耻，以艰苦奋斗为荣、以骄奢淫逸为耻）为主要内容的社会主义荣辱观，体现了社会主义基本道德规范的本质要求，让中华文明在 21 世纪这个新的历史节点上，闪耀出自觉自信自强的光彩。

"春晖行动"在对中华传统文化的"根"文化和"孝"文化的继承和弘扬上进行了很大的创新。它在立意上是为了弘扬"孝道"，在行动上是为了呼唤"孝"的回归。"春晖行动"这个理念之所以能让人产生共鸣，原因就在于每个人都有父母，都有曾经教过他的老师，都有使他获得知识的母校，都有在成长过程中帮助过他的人，有给予他关心和培养的组织或集体。所以，只要道德良心是完好的，任何人都可以找到他知恩、感恩、报恩的理由，任何人都可以参与"春晖行动"的实践。世间许许多多的"最美"其实离我们并不远，有的可能就在你我身边，还原到日常生活中，而非高高在上。因此，它能带着泥土的芬芳走向全国乃至世界，不仅是因为它契合于修补贵州发展要素不足的现实需求，更在于它根植于中华民族优秀传统文化的土壤，而其生命的价值则更体现在有着鲜明的时代回应特征。从这个意义上讲，"春晖行动"对中华文化的弘扬，既体现了时代性，又保持了民族性，对中华文化的挖掘与保护有积极作用，对增强中华文化的国际影响力也有重要的现实意义。博鳌亚洲论坛秘书长龙永图先生在"春晖行动"主题曲新闻发布会上说："一个人不管你有多伟大，当总统、部长；一个人不管你有多富有，他是千万富翁、百万富翁；一个人不管你有多大的成就，当作家、作曲家，在母亲面前永远都是个孩子。"

"春晖行动"在实施过程中，注重塑造典型，注重以个体事例的善行唤起群体良知。活动刚启动时就涌现了郑传楼、曹以杰、杨洪等人的感人事迹，在全社会引起了强烈反响，发挥了道德模范榜样作用。在"春晖行动"中涌现出的无数的典型人物，虽然社会角色不一，但都有一个共同点，就是把对家乡的热爱、对亲人的牵挂化作一件件生动的事迹。古语道："有善于群者为善"，从他们身上，这种美德正以创新的精神得到升华。"春晖行动"始终以带着人情味的"情感"，作为培育文明风尚的主要力量，注重它在推进整个活动中的积极因素。在实践中，这种带着人情味的"情感"，越来越成为一种道德重构的感情投入，越来越成为通向成功的资本投入，那些有人情味的地方，总能吸引人们流连，那些有人情味的人，总能赢得大家的好感，感受到道德的魅力，这为新时期组织广大群众参与精神文明创建活动拓宽了领域，丰富了新内容。"春晖行动"大力倡导"爱国先爱家、爱家先敬孝"的文明新风，尤其是在青少年中大力开展的春晖感恩教育活动，对青少年健康成长，促进以"五爱"为主的青少年思想道德教育有极其重要的作用。"春晖行动"始终以"自愿、公益、互动"为原则，弘扬志愿精神，礼聘大量"春晖使者"，形成了一个较完善的社会志愿服务网络体系，是新时期道德建设的重要队伍。

"春晖行动"不仅注重典型人物，还注重典型平台的打造。比如，贵州省贵阳市乌当区羊昌镇春晖文化宣传基地就是一个典型的例子。最初，该处只是一个教国学的私塾，由于没有与时代精神结合起来，其负责人罗国淮因此欠下了一大笔债。春晖行动发展中心了解了这一情况后，去现场进行了调研，并建议他把春晖行动宣传的理念融入到国学教育中去，并把他传承的国学与时代精神结合起来。此后，他建立了春晖行动文化宣传基地，把中华孝道文化的传承与春晖行动的精神及春晖使者对时代的贡献结合起来，最后把青少年国学体验基地、孝廉文化基地、农民文化家园一并建立起来，成了远近闻名的传播春晖精神和国学文化的地方，实现了传统文化尤其是传统道德的时代升华。

"春晖行动"把体现人性中善与美的父母恩、母子情、游子心这种反哺故乡的隐性行为变为显性行为，使正能量的释放变得更趋常态化，在推动各种反贫困资源由城市到农村、由富裕群体向贫困群体的流动中而被激发出来，变为撬动全社会公益行动的支点，人们的良知被唤起，灵魂得以净化，人们的思想境界得以提升，加强了相互间的沟通与理解，社会也变得更和谐美好了。当人们在谈到自己的幸福和奉献时，会把自己人生的追求和祖国、家乡、人民的命运联系在一起来说，这对人对己都是一种提高，一种教育和激励，有利于党风、政风、民风等社会风气的好转，有利于实现有价值、有尊严、有幸福的人生，有利于建设和谐社会与现代化。

总之，"春晖行动"再一次体现出精神的反作用是不可低估的，在一定条件下，精神的力量可以转化为物质的力量，进一步诠释了中国不仅不是缺乏文化动力的国家，而且根植于中华民族优秀传统文化的丰厚精神资源是中国经济繁荣和社会进步的强大动力。

四 从地域特色到中国精神：
"春晖行动"的时代回应

如前所述，"春晖行动"不仅有经济、社会层面的价值，而且有精神层面的价值。作为精神层面的价值，它必然突破地域边界，产生更广泛的价值效应。正是在这个意义上，"春晖行动"现实地回应了当代中国精神塑造的载体需要，成为我们今天进行社会主义核心价值体系建设值得探索的一个典型示范。

（一）社会主义核心价值体系视阈中的"春晖行动"解读

党的十七届六中全会指出，社会主义核心价值体系是兴国之魂。今天，在中华民族正在走向复兴的道路上，坚持以社会主义核心价值体系为引领，不断增强对中国特色社会主义的道路自信、理论自信和制度自信，必将形成富有时代气息、大众基础、国家魅力的当代中国精神，为百年中国梦的实现注入强大精神动力。

1. 当代中国精神塑造下的社会主义核心价值体系命题

改革开放以来，中国发展道路及其经验引发了人们对"中国精神"的讨论。有人认为，"中国精神从大处说是中华民族的心理特征、文化传统、思想感情的综合反映和共同的价值理念，是国家软实力的人格展现，代表着共和国的国家形象，体现社会主义的核心价值，彰显着中国人的精神风貌，为坚持和发展中国特色社会主义提供强大的精神力量。"[1] 还有人认为，"中国精神，是指生发于中华文明传统、积蕴于现代中华民族复兴历程，特别是在近代中国的快速崛起中迸发出来的具有很强的国族集聚、动员与感

---

[1] 李明泉、向荣、肖云：《中国精神：历史内涵与主体性建构》，《中华文化论坛》2012 年 03 期。

召效应的精神及其气象，是中国文化软实力的重要显示。"① 我们认为，中国精神不仅是一个空间地域的国家精神，更是一个不断形成和发展的历史精神与时代精神。正如习近平同志所说的，中国精神不仅是"以爱国主义为核心的民族精神"，还包括"以改革创新为核心的时代精神"。② 因此，当代中国精神不能简单等同于历史上的汉、唐、宋、元、明、清时期的国家精神，而是历史上的中国精神的当代升华，但要实现其当代升华，离不开社会主义核心价值体系这个灵魂。

（1）当代中国精神的塑造迫切需要社会主义核心价值体系的支撑

当前，中国特色社会主义在物质层面取得巨大成就的基础上，迫切需要在精神层面作出有力的创造，增进中华民族的文化自觉、文化自尊、文化自信、文化自强，最终形成有凝聚力、影响力和号召力的当代中国精神。但是，在当代中国精神的建构过程中，必须牢牢把握社会主义核心价值体系这个灵魂。因为，当代中国道路是中国共产党带领全体人民开创的中国特色社会主义道路，而这条道路在价值观层面的表现就是社会主义核心价值体系。党的十六届六中全会审议通过的《中共中央关于构建社会主义和谐社会若干重大问题的决定》明确提出："马克思主义指导思想，中国特色社会主义共同理想，以爱国主义为核心的民族精神和以改革创新为核心的时代精神，社会主义荣辱观，构成社会主义核心价值体系的基本内容。"上述四个方面的内容集中反映了当代中国发展的指导思想、共同理想、民族精神和时代精神、道德规范，这些内容对于今天引领当代中国精神的建构，有着重要的现实意义。其中，"马克思主义指导思想是构筑发展当代中国精神的理论基础，中国特色社会主义共同理想是构筑发展当代中国精神的宏伟蓝图，以爱国主义为核心的民族精神和以改革创新为核心的时代精神是构筑发展当代中国精神的强大力量，社会主义荣辱观是构筑发展当代中国精神的道德保障。"③ 因此，要构建当代中国精神，就必须深入推进社会主义核心价值体系建设。基于此，中国共产党提出了建设社会主义核心价值体系建设的重大命题和战略任务。

---

① 邹诗鹏：《中国精神的历史生成及其时代呈现》，《光明日报》2012 年 11 月 20 日。
② 习近平：《在第十二届全国人民代表大会第一次会议上的讲话》，《人民日报》2013 年 3 月 18 日。
③ 李忠军：《试论社会主义核心价值体系与当代中国精神》，《社会科学战线》2012 年 10 期。

(2) 回应时代需要的社会主义核心价值体系的提出和深化

在党的十六届六中全会上,首次提出社会主义核心价值体系的命题。全会审议通过的《中共中央关于构建社会主义和谐社会若干重大问题的决定》明确提出了社会主义核心价值体系的基本内容,即"马克思主义指导思想,中国特色社会主义共同理想,以爱国主义为核心的民族精神和以改革创新为核心的时代精神,社会主义荣辱观"四个组成部分。全会还明确了社会主义核心价值体系建设的目的,这就是:"要形成全民族奋发向上的精神力量和团结和睦的精神纽带,形成全社会共同的理想信念和道德规范,打牢全党全国各族人民团结奋斗的思想道德基础。"

党的十七大进一步提出,要"建设社会主义核心价值体系,增强社会主义意识形态的吸引力和凝聚力","切实把社会主义核心价值体系融入国民教育和精神文明建设全过程,转化为人民的自觉追求。积极探索用社会主义核心价值体系引领社会思潮的有效途径"。随后,在党的十七届六中全会上进一步强调:"社会主义核心价值体系是兴国之魂,是社会主义先进文化的精髓,决定着中国特色社会主义发展方向。必须强化教育引导,增进社会共识,创新方式方法,健全制度保障,把社会主义核心价值体系融入国民教育、精神文明建设和党的建设全过程,贯穿改革开放和社会主义现代化建设各领域,体现到精神文化产品创作生产传播各方面,坚持用社会主义核心价值体系引领社会思潮,在全党全社会形成统一指导思想、共同理想信念、强大精神力量、基本道德规范。"上述论述是马克思主义意识形态中国化的重要理论成果,具有廓清思想迷雾,引领社会思潮,彰显中国特色社会主义本质取向的重要功能,对于凝聚全国人民对中国特色社会主义的认同,增强全国人民对中国特色社会主义的信心,汇集全国各族人民的力量,推进社会主义现代化和中华民族伟大复兴事业,具有重要作用。

党的十八大则从建设社会主义文化强国的战略高度,重申了社会主义核心价值体系建设的重要意义与战略要求,并强调:"要倡导富强、民主、文明、和谐,倡导自由、平等、公正、法治,倡导爱国、敬业、诚信、友善,积极培育社会主义核心价值观。"龚群认为,这三个倡导体现了社会主义核心价值观三个层次的划分,其中:富强、民主、文明、和谐,是社会主义核心价值体系中的中国特色社会主义的共同理想,把它作为简明的社会主义核心价值观的第一层次,是对社会主义核心价值体系内在包含的核心价值观的提炼。自由、平等、公正、法治,这一层次的核心价值观在国家与个人之间……应当称之为"社会"。把这一层面的价值诉求提升到核心层面，表明了我们党的理论勇气和智慧。爱国、敬业、诚信、友善，这一层次主要是个人层面的核心价值观，它从个人的政治道德、职业道德以及个人的德性品格这样几个方面，强调了作为一个社会主义社会的公民，应当具有的核心道德价值。① 三个层面的倡导，实现了从建设社会主义核心价值体系到培育和实践社会主义核心价值观的深化和拓展，开辟了社会主义核心价值体系建设的新境界。

随着社会主义核心价值体系的提出和认识上的不断深化，如何推进社会主义核心价值体系建设的问题也凸显出来。要建设，就必须有建设的载体和路径。而现实中，"春晖行动"对此作出了积极的回应。

2. "春晖行动"对社会主义核心价值体系的承载

要将社会主义核心价值体系转化为人民的自觉追求，前提是人民知晓和内化社会主义核心价值体系。而"春晖行动"以其特有的文化孕育特色、大众凝聚效应和时代回应特征，为当前进行社会主义核心价值体系的大众化实践提供了可贵的范式。因为，从更深的层次来分析，春晖人物的反哺行动并非单纯孤立的个人行为，而是社会主义核心价值体系的具体承载与体现。也就是说，在这些零散的个体行为背后，是深厚的社会主义核心价值体系的依托和折射。正因为如此，"春晖行动"才具有强大的辐射效应，迅速从个体行为发展成社会行动，成为一个"伟大但人人可为的事业"。而"春晖行动"这一"人人可为"的特质，又让社会主义核心价值体系有了实践的载体，为社会主义核心价值体系的推广和普及提供了实践模板。当代中国精神资源价值实现的社会主义核心价值体系大众化的根本是大众认同，而"春晖行动"正是抓住了大众认同这个根本的起点。"春晖行动"创意发起至今已有8年多，其走过的艰难历程和取得的显著成效，意义已超乎一般的公益行动，成为积极建设和广泛传播社会主义核心价值体系的重要载体与有效途径。

（1）"春晖行动"承载了社会主义核心价值体系的诸多要素

社会主义核心价值体系是社会主义核心价值观的基础和前提，社会主义核心价值观是社会主义核心价值体系的内核和最高抽象。因此，为便于分析，课题组在探讨"春晖行动"对社会主义核心价值体系要素的承载时，

---

① 龚群：《三层次社会主义核心价值观及其内在关系》，《光明日报》2013年1月5日。

主要探讨其对社会主义核心价值观的承载。这里要说明的是，在课题组问卷调查结束之前，党的十八大尚未召开，课题组尚不知道党的十八大报告所倡导24字社会主义核心价值观。但为了便于研究，课题组在设计问卷时按照自己对社会主义核心价值观的理解设计了一些调查指标。因此，这些指标与党中央所倡导的"24字"有相同之处，也有不尽吻合之处。仅就问卷调查的情况来看，公众普遍认为"春晖行动"承载了社会主义核心价值观的诸多元素，如问卷分析报告中表2.13所示：

表2.13　"春晖行动"中体现的社会主义核心价值观

		频数	百分比（%）	个案百分比（%）
"春晖行动"中体现的社会主义核心价值观	和谐	1058	20.7	58.4
	公正	791	15.4	47.3
	仁爱	1297	25.3	71.7
	共享	757	14.8	41.8
	自强	673	13.1	37.1
	开放	551	10.7	40.4
	总计	5127	100	296.7

从表2.13分析结果可以看到，超过半数的被调查者都认为"春晖行动"能够体现出"仁爱"与"和谐"的价值追求，另外有相当一部分调查对象认为"公正"与"共享"的价值观也能够在"春晖行动"中体现出来。这在一定程度上说明了社会大众对"春晖行动"与社会主义核心价值观的双向认识。

2012年11月，党的十八大报告分别从国家层面、社会层面和个人层面阐述了我们党和国家追求的价值是什么，具体是要"倡导富强、民主、文明、和谐，倡导自由、平等、公正、法治，倡导爱国、敬业、诚信、友善，积极培育和践行社会主义核心价值观。"这是到目前为止社会主义核心价值体系最新的、最高度的凝练。今天，理性地分析，"春晖行动"的实践无疑承载了这三个层面的许多价值元素，是对社会主义核心价值观建设的鲜明回应。

第一，从国家层面来看，倡导富强、民主、文明、和谐，凝结了100多年来先进的中国人的理想与价值愿望，是13亿多中国各族人民在中国共产党的领导下对于现代化国家理想形态的价值表达。"春晖行动"以中华民族优秀的历史文化传统为根基，以"亲情、乡情、友情"为纽带，号召游子为促进家乡发展做贡献，在客观上促进了欠发达地区农村经济社会的全面发展，与国家层面倡导的"富强、民主、文明、和谐"的价值追求高度契合。

"春晖行动"自 2004 年 10 月正式启动至今 8 年多的时间里，围绕党在农村的中心工作，动员在外乡友参加扶贫开发和新农村建设，为促进农村经济社会发展提供智力、物力、财力支持。实践证明，"春晖行动"取得了良好的社会效应和实际价值。一是带动民间资本参与解决"三农问题"。自 2004 年中央连续下发 1 号文件解决"三农"问题以来，春晖行动围绕"三农"问题这个全党全社会都关心的热点，通过共青团组织网络优势，利用情感杠杆撬动民间资本和社会力量参与社会主义新农村建设，推进城乡互动。这既是对政府主导式扶贫的有力补充，也是对促进新农村建设的有效探索，尤其是把城市的资源通过一定形式"平滑"地流向农村，缩小城乡差距，缩短社会分配差距，为探索城乡和谐发展道路开辟了新渠道。二是通过大量的"春晖使者"回到家乡帮助转变了落后观念，改善了基础设施、理清了发展思路，从实际效果上可以看出，凡是有"春晖使者"的地方，这个村的发展就充满了活力。三是"春晖行动"利用情感的感召让很多社会成功人士参与新农村建设，促进了城乡区际、人际和谐，增强了农村社会自组织程度，激发了农村社会发展的活力，推动了农村社会的全面发展。四是夯实党的组织基础、提升党的形象、巩固党的执政地位。早在 2006 年，中共贵州省委组织部、共青团贵州省委与省文明办、省农业厅、省扶贫办等部门就联合下发文件，共同将"春晖行动"作为农村基层组织建设的有效工作载体。聘请春晖使者担任"名誉村支部书记"、"名誉村委会主任"等职务，借用"外脑"提高了农村基层组织的决策素质和领导能力。曹以杰、杨洪、赵国祥等很多春晖使者回乡后都被村民推选为村支部书记和村委会主任，起到了领头人的作用，有效解决了有钱办事和有能人办事的难题。通过春晖理念牵线搭桥促进了城乡党支部联姻，成为党建扶贫工作的有益补充，构筑了城乡共建、党团共建的联动机制，从而进一步夯实了农村基层组织建设。实施的成效表明，"春晖行动"创新了新形势下基层组织党建带团建工作思路，使农村党团共建有了新作为，锻炼了农村基层组织的能力，夯实了党的基层组织基础，提升了党的形象，进而巩固了我们党的执政地位。上述事实表明，"春晖行动"有力地推动了党的事业和党的自身建设的发展，回应了党和国家在国家层面的价值追求。

第二，从社会层面来看，倡导自由、平等、公正、法治是市场经济与市民社会的核心价值要求。如果不能实现真正的自由、平等、公正与法治，也就不可能真正完善社会主义的市场经济体系和培育现代市民社会。表面上看，"春晖行动"倡导爱家乡、爱亲人，是一种偏爱，但在实践中，"春晖行动"通过一系列的模式创新，使其走出乡土的偏爱，成为"公益中国"建设的品牌，有效地回应了社会公正的客观需要。

与西方社会有很大的不同，中国是一个伦理本位的社会，中国人的伦理因情而有义。与这种伦理本位相适应，中国的社会结构如同费孝通的"差序格局"理论作出的解读："好像把一块石头丢在水面上所发生的一圈圈推出去的波纹。每个人都是他社会影响所推出去的圈子的中心。被圈子的波纹所推及的就发生联系。"依据这种"差序格局"理论，远到个体圈子的波纹所不能触及的，就是陌生人群体。尽伦理的义务便很难预留给这没有波纹联系的群体。这一伦理本位社会中缺乏使陌生人受益的公益伦理价值局限，是今天转型中的中国社会中，人们对于公益事业态度积极性不高的一个重要原因。因此，今天的"公益中国"建设，如何走出伦理本位社会的公益伦理价值局限，是一个关键。

"春晖行动"倡导的是游子反哺自己的故土，依靠生发于亲情、乡情、友情联络的义结，去发掘非正式社会网络中蕴含在血缘、亲缘、地缘（邻里、乡亲）、业缘和私人（朋友）关系中强大的伦理力量，显然其是围绕一个"情"字展开的。而值得指出的是，其情感力量之外还有着制度力量对伦理本位价值局限的规避。如果说情感力量是"春晖行动"的原发力量，制度力量则是"春晖行动"的强固力量。在"春晖行动"的不断推进过程中，共青团贵州省委不仅全力进行依托情感注入的社会化运作，而且始终致力于对活动推进的制度保障探索，着力推动春晖行动由情感化、社会化向长期化、制度化健康发展。如探索激励机制建设，调动"春晖行动"参与者的积极性和主观能动性，在全社会营造关心"春晖行动"、参与"春晖行动"的良好氛围。又如前面提及的成立"贵州省春晖行动发展中心"和"贵州省春晖行动发展基金会"，专门负责"春晖行动"工作。尤其重要的是，在确保社会化运作效益最大化的组织化保障中，探索了一套完整的组织运行机制。即：在组织管理上，坚持"县指导、乡负责、村为主、户落实、群众参与"的组织模式；在组织领导上，层层建立"春晖行动领导小组"，建立健全各级组织协调机构；在组织运行上，建立党委政府领导、团组织协调、有关部门配合、乡镇和村主办、社会各界支持、群众广泛参与的科学合理的运行机制。通过制度建设的有力支持，"春晖行动"走出了狭隘乡土视野，成为影响全国的公益品牌，促进了社会公平正义，有效地回应了党和国家在社会层面的价值追求。

第三，从个人层面来看，倡导爱国、敬业、诚信、友善，这一层次主要是个人层面的核心价值观，它从个人的政治道德、职业道德以及个人的德性品格这样几个方面，强调了作为一个社会主义社会的公民，应当具有的核心道德价值。

杨庆存认为，"中国自古以来的族群聚居习俗，形成了博大精深的民族文化传统和细致缜密的伦理道德体系，形成了强烈的家庭观念、家族意识、家乡情结，成为国家理念的坚实基础。"① 这不仅典型地表现在"家天下"的封建政治体制中，反映在"家国一体"的社会组织构成上，而且内含在个体的社会价值实现中。古代"正心、诚意、修身、齐家、治国、平天下"的个人奋斗历程，深含着"爱家、爱国"的信息。"对于背井离乡的游子来说，家乡内在的吸引力、影响力、感召力和凝聚力，是无可替代的。"② 惦记家乡、关爱家乡，为家乡发展略尽绵薄，这既是一份情感的表达，也是一份应有的责任。"春晖行动"在号召大家回报家乡的过程中，也实现了、强化了参与者的爱国之情，回应了党和国家在个人层面对爱国的价值倡导。

慈母之爱，是最淳朴、最真诚、最伟大的情感。"春晖行动"通过移植《游子吟》之诗意，撷取"谁言寸草心，报得三春晖"中的"春晖"冠名，以"感恩母爱"的血缘亲情比喻"眷念家乡"的地缘深情。通过"亲情"连接"乡情"，"个体"融入"社会"，从而扩大了关爱他人、奉献社会的内涵。③ 由此，家庭的"个体亲情"转化为社会的"大爱真情"。活动中涌现的众多先进典型和感人事迹，充分展示了社会主义核心价值体系蕴含的真、善、美，展现了社会主义核心价值体系的道义力量，有力地回应了党和国家在个人层面倡导诚信、友爱的价值追求。

---

① 杨庆存：《"春晖行动"的文化价值》，《党建》2010 年第 9 期。
② 杨庆存：《"春晖行动"的文化价值》，《党建》2010 年第 9 期。
③ 杨庆存：《"春晖行动"的文化价值》，《党建》2010 年第 9 期。

总之，"春晖行动"通过对个体道德的内在升华，对个体人格的新塑造，有效回应了党和国家在个人层面的价值追求。

（2）"春晖行动"开辟了社会主义核心价值体系的实践路径

面对世界政治多极、多元、多变的新格局和世界文化交流、交锋、交融的新趋势，面对我国经济体制深刻变革、社会结构深刻变动、利益格局深刻调整、思想观念深刻变化的新情况，积极探索科学、有效地建设和传播社会主义核心价值体系的方法、形式与途径，是新世纪全党、全民、全社会义不容辞的时代责任。

"春晖行动"这项大型公益活动，不仅承载了社会主义核心价值观的诸多元素，而且通过一系列的组织化运作，使这种元素现实化、实践化、行动化。该活动"自开展以来，始终坚持'以情动人'、'以事感人'、'以行化人'。创意者从意识形态的伦理道德切入，以情感元素调动社会资源，讲真情、办实事、求实效，推动经济发展，促进社会和谐。参与者人人可以根据自己的实际情况，自觉自愿做力所能及的实事。而在这一过程中，活动参与者、涉及者受到感化和教育，自觉实践新时期向善、向美、向上的关爱理念，思想理念与品德境界得到升华"。① 尤其值得指出的是，"春晖行动"有着强大的组织系统作保障，活动科学、有序、高效运行，使活动过程成为实践、传播和丰富社会主义核心价值体系的过程。

"春晖行动"把"马克思主义指导思想、中国特色社会主义共同理想、以爱国主义为核心的民族精神和以改革创新为核心的时代精神、社会主义荣辱观，融入活动的全过程，体现在人们的行动上，反映在具体的事例中，充分体现了社会主义核心价值体系理论与实践的高度统一，充分体现了党的主张、国家意志和人民意愿的高度统一"。② 众所周知，任何理论的产生，都必然以深厚丰富的社会实践为基础，任何理论的成熟，也必然是在指导社会实践的过程中，不断丰富发展和完善。社会主义核心价值体系的形成是一个全社会广泛参与建设的历史过程，也是一个不断深入认识、不断深入实践、不断广泛传播的历史过程，更是一个不断丰富完善和与时俱进的历史过程，它含纳在广泛的社会活动里，体现在人们的日常生活中。"'春晖行动'把社会主义核心价值体系的建设与传播实践化、具体化，成为

---

① 杨庆存：《"春晖行动"的文化价值》，《党建》2010 年第 9 期。
② 杨庆存：《"春晖行动"的文化价值》，《党建》2010 年第 9 期。

'知行合一'的鲜活载体"。①

"春晖行动"切实地把握了大众文化中根植于传统文化中的"孝"、"德"精髓，有效融入了精英文化"新知识、新观念、新方法"的创造价值观念，使其形成有机统一的整体，共同推进了这项事业的进步。"不管身处在何方，不管贫穷还是富有，我们时时刻刻惦记家乡、父母，惦记为祖国发展做贡献。"中央农村工作领导小组领导说。这就是"春晖行动"的精神实质所在。②"春晖行动"启动近9年来，调动大众，特别是调动相对成功与率先致富的人士，激发他们对故土亲人的深厚情感，以个人资源参与到反哺故乡的活动中来。这一以经济行为启动的行动，产生了综合的社会效应。在城乡差距、行业差距和不同人群之间差距依然存在的今天，它起到了填平落差、黏合裂隙的作用，既是在推广一种传统美德与社会主义核心价值理念，也是一种对社会公平制度设计中尚待完善部分的补充，一种对需要反哺与扶助人群的心灵抚慰，更是一种对实现社会主义共同理想的成功契合。

"春晖行动"让社会主义核心价值体系在实践中不断地得到传递和发展，此种传递还发生在代与代之间。"春晖行动"贴近大众的实际需要，真正为大众做实事，解决了几代人都无法实现的愿望。也正因为如此，"春晖行动"使社会主义核心价值体系得以通俗化，并逐步实现被大众所乐意接受，也能自觉内化和据以行动的准则。"春晖行动"这种以看得见、摸得着的实实在在的解决受益对象为载体的发展模式，为社会主义核心价值体系的具体化、实践化、大众化提供了一个平台。正如水根村的村民不忘告诉他们的儿女子孙：

> 别忘了这条路是你们远在新疆的潘爷爷捐钱修筑的，长大了，可要学他。（春晖人物 潘国慎）

总之，"春晖行动"建立了一座关爱他人的平台，架起了一座奉献社会的桥梁，为建设社会主义核心价值体系创造了良好的社会环境，营造了适宜的社会氛围。这是一个思想内涵深刻、文化积淀深厚、现实意义重大、

---

① 杨庆存：《"春晖行动"的文化价值》，《党建》2010年第9期。
② 李庚香：《论社会主义核心价值体系的社会化》，《科学社会主义》2007年第3期。

发展前景广阔的重要创举,是一个思想境界高、实践性能强、适合人群广、容易见成效的重要创举。

(二) 社会主义核心价值体系视阈中的"春晖行动"再创新

"春晖行动"虽然承载了社会主义核心价值观的诸多元素,开辟了社会主义核心价值体系大众化的现实路径,但在社会主义核心价值体系建设深入推进的形势下,也应当更加理性、更加自觉地在自身建设的方向、内容、动力方面有新的发展、新的开拓、新的提升。

1. 要有新定位

从社会主义核心价值体系的视角看,"春晖行动"未来发展的定位应当在两个方面有新拓展,一是努力把自身打造成为"公益中国"建设的品牌,二是把自身打造成"中国精神"建设的品牌。

第一,努力把自己打造成为"公益中国"建设的品牌。"春晖行动"首先是一个公益行动,作为一个公益行动,目前在全国已经有一定的影响,但与作为"公益中国"建设的品牌项目的目标相比,还有一定的差距。这种差距表现在两个层面:一是社会认知度还不够,二是空间拓展度还不够。

从社会认知度来看,调查显示,认为"宣传报道太少"和"群众知晓度低"的调查对象均超过了半数。如问卷分析报告中表 2.11 所示:

表 2.11 "春晖行动"在开展过程中存在的主要问题

		频数	百分比 (%)	个案百分比 (%)
"春晖行动"在开展过程中存在的主要问题	政府不够重视	583	15.1	32.3
	宣传报道太少	1127	29.3	62.2
	群众知晓度低	1014	26.3	56.0
	缺乏长效机制	643	16.7	35.5
	人们缺乏爱心	484	12.6	26.7
	总计	3851	100	212.7

这还仅是立足于贵州省省内的调查,如果调查是在全国范围进行,那么在社会认知度层面凸显的差距将更加明显。

从空间拓展度来看,"春晖行动"带着贵州的价值走向全国,甚而有了面向世界表达自身时代价值的态势涌动,但其主要的功能还是拓展了社会对贵州贫困的认识，加强了社会对贵州发展支持的力度。虽然"春晖行动"相继在美国底特律、中国台湾、北京、湖北、广东、江苏、上海、云南、中国香港等地设立了春晖行动联络处，吸引了一大批海外人士参与"春晖行动"。比如香港太平绅士何耀棣受"春晖行动"理念的感召，决定每年向"春晖行动发展基金会"捐款200万元，连续5年，共捐助1000万元。但在贵州以外的欠发达地区，"春晖行动"聚集资源推动当地发展的案例就相对较少。比如贵阳中医学院学生王博，从贵州把"春晖行动"的理念带回老家甘肃，在老家卫生所里为乡亲们开展医疗服务，使老乡们都知道王家娃娃从外面带来了一个"春晖行动"。又比如来自贵州的谭清，就读武汉理工大学后，发起成立了华中地区首个直属于"211工程"高校团委的高校春晖社，并担任首任社长，致力于号召全校关心家乡、热心公益的同学和社团发扬尽孝、感恩、反哺的春晖精神。还有贵州的符其浩等在天津发起成立天津职业技术师范大学春晖社，组织开展"春晖行动"。但是，上述这样的个案还相对较少，而且缺乏组织化运作的有力支撑。因此，从总体上看，"春晖行动"虽然已经"花开贵州、情动中国"，但从根本上讲，依然只是一个有全国影响的本土化行动。

因此，今后的"春晖行动"应该继续扩大自身的社会认知度和空间拓展度，真正把自身打造成"公益中国"建设的品牌项目。

第二，努力把自己打造成"中国精神"建设的品牌。如前所述，"春晖行动"在开展的过程中，确实承载了许多社会主义核心价值观的元素，开辟了社会主义核心价值体系大众化的现实路径。但是，"春晖行动"这种对社会主义核心价值观的承载也还是有一定局限的，一方面是自觉化程度不够，另一方面是承载的空间有限。

从自觉化程度来看，"春晖行动"发端于2004年，当时党和国家还没有提出社会主义核心价值体系建设的任务。2006年，中央虽然提出了社会主义核心价值体系建设的任务，但对其中的一系列重大理论问题也没有完全明晰，此后经过多年的探索，思路才逐渐清晰。直到今天，社会主义核心价值体系建设依然有许多重大问题需要继续探讨和探索。因此，2004年开始发端，8年多不断发展深化的"春晖行动"不可能在一开始就明确地、自觉地把自身的发展与社会主义核心价值体系建设紧密结合起来。虽然"春晖行动"在其发展的过程中确实承载了许多社会主义核心价值观的元素，开辟了社会主义核心价值体系大众化的路径，但这并不是"春晖行动"

一开始发端就高度理性、高度自觉的产物。

从承载的空间来看,"春晖行动"是承载了许多社会主义核心价值观的要素,但由于"春晖行动"自身的目标和宗旨决定了其不可能涵盖社会主义核心价值观的全部要素。当然,企图让"春晖行动"承载社会主义核心价值观全部价值要素的想法也是不现实的,但"春晖行动"确实应该站在社会主义核心价值体系建设的高度来重新定位自身的发展,努力拓展自身的价值涵盖空间。

因此,今后的"春晖行动"应该在思想认识上高度自觉地把自身的建设和发展与社会主义核心价值体系建设的目标、任务、思路有机结合起来,不断拓展自身的价值容纳能力,努力承载更多的社会主义核心价值观要素。只有如此,"春晖行动"才能在精神层面不断提升自己,使自己不仅仅成为一个公益活动层面的品牌,而且成为当代中国精神塑造中的品牌。

而且,"春晖行动"作为公益品牌和作为精神品牌二者并不矛盾。相反,一个公益品牌一刻也不能离开精神的动力支撑,而一个精神品牌同样也需要在现实的土壤中成就自己。

2. 要有新举措

如果"春晖行动"既要成为"公益中国"建设的品牌,又要成为"中国精神"建设的品牌,就必须在行动上有新举措,来支撑其新的定位需要。

第一,立足本土,继续做强做大"春晖行动"。在调研中,根据"春晖行动"推进过程中存在的一些问题,广大被调查者也提出了一系列改进措施,如问卷分析报告中表 2.12 所示:

表 2.12 推广与完善"春晖行动"的措施

		频数	百分比(%)	个案百分比(%)
推广与完善"春晖行动"的措施	强化相关政府部门的领导	899	20.2	49.6
	加大媒体的舆论宣传	1262	28.3	69.6
	建立长久有效的平台机制	1000	22.4	55.2
	对典型人物进行精神奖励	892	20.1	49.2
	对活动进行学术研讨	403	9.0	22.2
	总计	4456	100	245.8

对于如何进一步推广与完善"春晖行动",并使其与社会主义核心价值

体系建设紧密相连的问题，大多数被调查者都认为应该"加大媒体的舆论宣传"和"建立长久有效的平台机制"，认为应该"强化相关政府部门的领导"以及"对典型人物进行精神奖励"也占到了相当一部分比例。

对于"春晖行动"在实践中如何立足本土，继续做大做强，现任共青团贵州省委书记马宁宇在接受课题组访谈时有比较清晰的认识。他认为：

> 贵州是全国扶贫攻坚的重点战场，是全国贫困面最大、贫困程度最深的省份之一。省第十一次党代会提出了全力总攻"绝对贫困"、大力改善民生的奋斗目标，这是一场异常艰苦的攻坚战。在刚刚结束的共青团贵州省第十三次代表大会上，我们明确提出，未来五年，要深化拓展"春晖行动"，广泛动员社会力量参与扶贫攻坚。
>
> 按照中共贵州省委、省政府提出的区域发展带动扶贫开发、扶贫开发促进区域发展新思路，以集中连片特殊困难地区为重点，充分发挥春晖使者的各自所长，以智力帮扶为主，教育帮扶、产业帮扶、社会帮扶等多措并举，着力提升"春晖家园计划"项目的实施效果，力争五年内春晖使者数量突破 5 万名，筹募资金 5000 万元，实施项目 300 个。同时，要进一步提高《春晖》杂志的办刊质量，争取成为公开发行、在全国有较大影响的公益杂志，为"春晖行动"可持续发展提供有力的舆论支撑。
>
> 结合共青团贵州省委十三大精神，各级团组织要深入、持久地推进'春晖行动'。一是要强调项目运作实效。组织实施好每年 40 个'春晖家园计划'项目，扩大参与式扶贫，让更多的百姓得实惠。继续开展好"春晖助学计划"、"春晖感恩教育"、"春晖行动——我与家乡共发展"等品牌活动，服务、引导和影响青少年，培养他们的感恩情怀，为贵州发展做出新的贡献；二是运用新媒体，努力提供"春晖行动"文化作品引导青少年及社会大众；三是拓展优化项目内容，与山区希望工程等结合；四是不断总结推进，适时召开"春晖行动"总结推进会。

第二，放眼全国，全面提升"春晖行动"品质。结合课题组对"春晖行动"的两个新定位，"春晖行动"除立足本土继续做大做强外，还有积极放眼全国，全面提升自己。

一是要有博爱情怀。"春晖行动"虽出自贵州，但不能局限于贵州。要积极推动"春晖行动"在贵州以外的地区扎根，扩大影响，在更大的范围为更多的人发挥资源聚集和价值引导的功能。要积极支持外地人在外地开展"春晖行动"，从"春晖行动"的理念、品牌、技术、资金、人力上给以全方位支持，把"春晖行动"连锁化。要在更大的空间范围内建立"春晖行动"的分支机构、人力队伍，通过各种载体、渠道、机会，直接给贵州以外的地区提供相关援助。只有这样，"春晖行动"才能真正走出贵州地域限制，成为"公益中国"建设的亮丽品牌。在这个过程中，"春晖行动"的价值理念才会传播得更远、更深。当然，要让"春晖行动"真正具有博爱情怀，还离不开理论、舆论的支持。必须通过"春晖行动"的理论建设，澄清疑惑、理清思路。必须通过舆论的支持，引导大众更新对"春晖行动"的认识和评价，唯有如此，一个崭新的"春晖行动"才能得到大众认同和支持。

二是要有新的项目支撑。"春晖行动"要将自身的价值理念紧扣社会主义核心价值观的相关要素，探索新的项目支撑，在更高的价值层次上提升自己。比如，是否可以针对贫困母亲的法律援助问题，探索创立相关的项目载体，既可以满足"春晖行动"弘扬孝和感恩的价值需要，又可以紧扣社会主义核心价值观在社会层面所倡导的公正、法治的价值要求，促进社会的公平正义；又比如，是否可以针对农村基层群众自治问题，探索创立相关的项目载体，既可以满足"春晖行动"反哺故土的价值需要，又可以紧扣社会主义核心价值观在国家层面倡导的民主、文明、和谐的价值要求，促进农村社会的管理民主、乡风文明；再比如，是否可以针对中华民族伟大复兴的中国梦，探索创立相关的项目载体，促进大学生理性爱国、勇于创业、爱岗敬业，既可以满足"春晖行动"志愿、公益、互助的基本精神，又契合了社会主义核心价值观所倡导的爱国、敬业、诚信、友爱的价值要求；等等。总之，可以在实践中探索创新许多新的项目，既不断扩展"春晖行动"的行动领域，又不断实现"春晖行动"的价值提升。

三是要有新的制度保障。"春晖行动"要张扬自身的博爱情怀、要探索创新项目载体，都需要相应的制度保障。因为这涉及春晖行动发展基金会的章程的完善、春晖行动发展中心的运作模式的更新等。制度的完善是一个过程，不可能在一开始就有一个完备的理性设计，但必须在实践中不断摸索和完善。比如在组织建设制度上，要探索建立驻外机构、连锁机构、社团建设制度。又比如在资金运作和使用方面，要探索建立资金外援制度等。再比如在激励制度上，要切实探索对春晖使者、机构管理者的分类激励问题，确保行动主体的持续动力的培育和激发。

3. 要有新动力

"春晖行动"新定位、新举措的发展，迫切需要新动力。为此，要继续发掘传统动力，同时开掘新的动力源。

第一，要在体制内挖掘新的推动力。"春晖行动"创立之初，因其契合了当代中国大扶贫格局的客观需求，除得到了民众的有力支持外，还得到了体制内的认可和推动。如果说"春晖行动"的成功得益于组织化保障与社会化运作的有机结合，那么民众的支持是社会化运作的基础，而体制内的认可和推动是"春晖行动"组织化保障的基本条件。今天，在社会主义核心价值体系建设的视角下，进一步提升"春晖行动"的品质，我们就不能仅仅将其局限在扶贫的框架下，而必须从推动社会主义核心价值体系大众化的框架下，寻求体制内新的认可和支持，以更加强固其组织化保障。为此，要充分发挥团组织作为党的助手和后备军的特殊角色特征，一是在体制内运用传统的信息沟通渠道，强化"春晖行动"在推进社会主义核心价值体系建设中的基本功能，以寻求体制内新的更加丰富、更加多样的认可。二是设计贴合社会主义核心价值体系建设的项目载体，以实实在在的项目推动成效争取体制内的支持。

第二，要通过品牌打造增强大众的呼应力。前面说过，民众的支持是"春晖行动"社会化运作的基础。"春晖行动"只有影响越大、越有品牌，才越能得到民众的支持。为此，一要通过公益品牌、精神品牌两个层面的品牌打造，以更大的价值包容力、价值实现力，树立起"春晖行动"作为大众精神家园、精神象征的形象，以赢得更大范围内公众的支持。二要充分运用新媒体加强"春晖行动"新定位、新项目的宣传推介，让广大民众充分认识到"春晖行动"新的形象定位和个体价值在其中的新的实现空间。借此，让更多的人可以认识"春晖行动"，并可以通过这个行动将个体生命价值实现的动力源源不断地释放出来。

第三，要通过组织的自我扩展增强内在张力。"打铁还需自身硬"，"春晖行动"通过其新的发展定位、形象塑造和品牌打造以求得体制内的推动力、民众的呼应力之后，自身还要极强的组织容纳力，才能真正实现其可持续的发展。一是要通过组织革命，实现"春晖行动"在全国乃至全球范围的标准化、制度化、流程化，使其可移植、可复制、可操作，这样"春晖行动"才能真正具有内在的组织张力。二是要加强对优秀春晖使者的选拔、培养、激励，以不断强固组织的人才队伍支撑。作为个体的"春晖行动"，不用考虑其持续性、影响性，但作为组织化的"春晖行动"，必须培养一大批春晖使者对组织的忠诚，因此加强对春晖使者的选拔、培养、激励是组织建设必不可少的重要环节。

我们相信，在社会主义核心价值体系的引领下，"春晖行动"正在迎来又一轮创新发展的机会，把握好这次机会，"春晖行动"必将真正成为公益中国的品牌，同时也必将成为中国精神的品牌。

五　从中国精神到中国行动：社会主义核心价值体系大众行为化的"春晖模式"聚焦

当代中国精神的建构不能仅仅停留在精神层面，必须切实转化为支撑中国发展的中国行动，才有其实际价值。因此，从中国精神走向中国行动的过程，客观上要求作为当代中国精神核心的社会主义核心价值体系的大众行为化。

（一）社会主义核心价值体系的大众行为化命题

根据汪俊昌、唐晓燕的观点，社会主义核心价值体系大众化有两层深意："一是指社会主义核心价值体系由抽象到具体，由深奥到通俗，由少数人掌握到被广大人民群众理解、掌握的过程；二是指社会主义核心价值体系为广大人民群众所理解、认同并运用、发挥观念整合、价值导向、行为规范的实践价值的结果。"① 按照这个观点，我们进一步认为，社会主义核心价值体系大众化在本质上包括形成大众认知和大众行为两个方面，认知是前提，行为是目的。

为什么要推进社会主义核心价值体系大众化，有学者进行过比较系统的分析。比如学者周玉认为：推进社会主义核心价值体系大众化的重大意义具体表现为四个方面：（1）推进社会主义核心价值体系大众化是有效应对西方意识渗透的现实需要。面对西方意识渗透的强劲攻势，人民大众如果没有对马克思主义的真学真信，没有对共同理想的坚定信心，没有对国家民族的深切挚爱，或是没有高尚的道德情操，就极易成为他们的俘虏，为其所欺骗和利用。社会主义核心价值体系是由马克思主义指导思想、中

---

① 汪俊昌、唐晓燕：《社会主义核心价值体系大众化的理论内涵与实践路径》，《浙江社会科学》2010 年 08 期。

国特色社会主义共同理想、以爱国主义为核心的民族精神和以改革创新为核心的时代精神以及社会主义荣辱观等四个方面构成的科学体系，推进其大众化，用之武装全党、教育人民，使广大群众对国家的重大问题有清醒的认识从而坚定共同的理想信念和价值准则，这对有效抵御西方意识渗透具有重大而紧迫的现实意义。（2）推进社会主义核心价值体系大众化是对国内多元社会思潮的自觉回应。一个社会思想观念、社会思潮的多元并存本身是正常的，一元化反而是不正常的。但社会思潮的多元并存不应引发整个社会价值观念的混乱，否则，这个社会就相当危险。在社会思潮异常复杂的当代中国，如果不切实推进社会主义核心价值体系大众化，有效引领社会舆论，廓清思想迷雾、明辨重大是非，就会危及到党和国家的生死存亡。（3）推进社会主义核心价值体系大众化是对国民理想信仰和道德精神的现实观照。只有通过推进社会主义核心价值体系大众化，使广大干部群众深刻理解与建设社会主义核心价值体系密切相关的"六个重大问题"，并自觉划清"四个重大界限"，才能坚定共同的理想信念，为发展中国特色社会主义提供强大的精神动力。同时，推进社会主义核心价值体系的大众化，使其为广大的干部群众所遵循，也是克服道德失范、化解道德危机的现实需要。（4）推进社会主义核心价值体系大众化是提升国家文化软实力的客观要求。文化软实力首先体现为民族凝聚力，而这种凝聚力主要来自于人们对社会理想的共同认同。因此，推进社会主义核心价值体系大众化，使其理想信念和价值观念为大众广泛认同，增强其对大众的归化力和向心力，有助于从文化精神深处感召大众，形成强大的民族凝聚力，提升国家的软实力。[①]

当前，面对各种来自外部和内部的考验与挑战，实现中华民族伟大复兴的宏伟目标，迫切需要大众在价值观层面树立自觉、自信、自尊、自强；同时，中国共产党团结带领全国各族人民90多年来所开辟的中国特色社会主义道路、中国特色社会主义制度、中国特色社会主义理论，也需要在价值观层面得到肯定和认同，正如党的十八大报告所说的，我们要有对中国特色社会主义的道路自信、制度自信、理论自信。因此，客观地说，在这样一个新的形势下，推进社会主义核心价值体系大众化的任务不仅没有淡

---

① 周玉：《论社会主义核心价值体系大众化的科学内涵及其实现路径》，《重庆大学学报》（社会科学版）2011 年第 17 卷第 2 期。

化，反而变得更加紧迫了。

但如前所述，大众化包括大众认知和大众行为两个方面，形成大众认知只是前提，形成大众行为才是目的。要推进社会主义核心价值体系大众化，就必须从根本上使其大众行为化。任何价值观哪怕再好，如果只停留在观念层面、认识层面，不能落地、不能实践、不能转化为宏大的社会行动，就无法发挥其应有的价值。社会主义核心价值体系无论其内容的包容性、现实的回应力多大，最终还是需要一定的平台和载体，使其现实化、行为化。因此，推动社会主义核心价值体系大众行为化，又成为当前社会主义核心价值体系大众化过程中的迫切需求。尤其是依托有效的活动平台和载体把社会主义核心价值体系从大众认知变成大众行动，更是现实的操作性举措。比如树立宣传典型，如雷锋、焦裕禄、杨善洲等，通过具体的生动的人的行为示范，才能使大众不仅思考、而且能感知到社会主义核心价值体系的实在性。再比如通过搭建一些平台，开展一系列的公益行动、社会善举，才能让大众有现实的通道、途径去践行社会主义核心价值体系。而"春晖行动"则有效地开辟了一条推动社会主义核心价值体系大众行为的行动路径。

（二）大众行为化命题下"伟大但人人可为"的"春晖模式"聚焦

"春晖行动"之所以在8年多的时间取得显著成效，其关键在于：一方面通过"回报桑梓"、"反哺故土"这一具有中国传统道德价值认同的精神引导，将不同觉悟、不同层次的民众引向更高精神境界，从而形成了建设中国特色社会主义和实现中华民族伟大复兴的基本动力。另一方面通过贴近民众的实际需要，把国家富强和民族复兴的长远共同理想，通俗为满足民众致富需要的现实愿望。"春晖模式"的实践，在对民众现实需求的回应中，成功实现了社会主义核心价值体系的大众化。

今天，探寻"春晖模式"的基本构成，对深入推进社会主义核心价值体系大众化进程，必将带来诸多有价值的启示。

"春晖行动"的模式应该怎样概括提炼，从不同的视角可能会有不同的解读。问卷分析报告中图2-4的统计结果显示：被调查对象普遍把"春晖行动"之所以能够调动大众"反哺故土"的热情归结为多方面原因，如"政府部门的组织和支持"、"媒体的舆论宣传和引导"、"建立了行之有效的机制"、"对故土亲人的深厚情感"和"对中华传统美德的认同"等，尤其是"春晖行动"激发了人们对家乡的感情，加上媒体的宣传与推动，在较大程度上调动了人们参与其中的积极性。这充分显示了"春晖行动"在组织力量创新推动下有效地将外在需求和内聚力结合起来，对社会资源进行高度整合，推动"春晖行动"等社会公益活动的大众化普及。

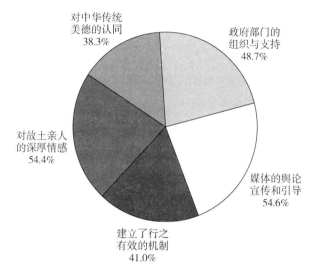

对中华传统
美德的认同
38.3%

政府部门的
组织与支持
48.7%

对故土亲人
的深厚情感
54.4%

媒体的舆论
宣传和引导
54.6%

建立了行之
有效的机制
41.0%

图 2 – 4　"春晖行动"成功的主要原因

结合被调查者的认知和社会评价，课题组认为可以将"春晖行动"成功的运作模式简明地概括表述为五个方面，即：以传统道德作为基本的动力支撑，以共青团系统作为基本的组织运作保障，以社会化动员作为基本的资源整合方式，以多样化的项目作为基本的行动载体，以服务本土发展作为基本的行动目的。简述为：道德支撑、组织保障、社会运作、项目创新、服务本土。如果要进一步地把"春晖行动"模式作更简单的表述，那就是"伟大但人人可为"。

1. 道德支撑

"春晖行动"最根本的动力支撑还是传统道德，是道德的感召力吸引着一批又一批的"春晖使者"将青春、热血、爱心倾洒在贵州这片充满希望的热土上。如果脱离了这个最基本的道德力，"春晖行动"也就不成其为"春晖行动"了。

对此，中国社会科学网总编辑、编审、历史学博士周溯源有比较深刻的认识，他认为："'春晖行动'何以有如此巨大的魅力与活力？除了党的领导、团的努力，还有一个重要原因，那就是中华民族传统文化和传统美德的支撑。"

共青团贵州省委原书记陈昌旭也对此表示了高度的认同。他在接受课题组的访谈时，谈到"春晖行动"能够一直持续下来并不断强大的核心动因时，这样说道：

> 我觉得最大的动因还是情感的力量，还是中华民族的一种传统的美德。《孝经》上说，"夫孝，德之本也，教之所由生也。"孝道是道德的根本，是一切爱心的教化的开始。孝是"春晖行动"的一种源动力。从一个人，就是因为孝敬父母，热爱家乡，到一件事，到一个民间团体，都是围绕中华民族"反哺故土"、"回报桑梓"这样一条主线践行了道德情感，这也是为什么"春晖行动"能够持续下去的一个重要原因。而情感这个东西恰恰是永恒的。人都是有爱心，重感情的。从孝的角度来看，从汉唐时期再到明清，都讲求一个"以孝治天下"。社会主义也要讲孝道，也要讲家庭和睦。为什么"春晖行动"能一直坚持下来，从个体来讲，有这样的情感需求，从团体来讲，也是弘扬中华民族的传统美德。

陈昌旭这里所说的情感的力量，显然不是单纯的情感，而是已经高度道德化了的情感。而他本人认为，这种道德化了的情感正是"春晖行动"能够持续下去的一个重要原因。

"春晖行动"以其极大地修补了地方发展要素不足的实践成效，表明了中国不是缺乏文化动力的国家，而且表明了根植于中华民族优秀传统文化的丰厚精神资源是中国经济繁荣和社会进步的强大动力。

2. 组织保障

若果说传统道德是"春晖行动"成功的内在动力支撑，那么强有力的组织推动则是"春晖行动"得以发起、壮大的组织保障。

民间本土精英和本土知识介入扶贫的行为在贵州不在少数，但仅仅只是个人行为散见于各地，影响甚微，有头无绪，不能真正升华为一种行动。离乡在外的成功人士和社会贤达是贫困地区宝贵的社会资源，但由于缺乏组织和挖掘，往往不能成为贫困地区现实的发展资本。而"春晖行动"正是在共青团贵州省委对以"名誉村长"郑传楼等为代表的系列案例进行调研、总结的基础上，才得以发起，此后又一直是在共青团贵州省委的精心呵护下才得以茁壮成长。

共青团贵州省委不仅具有完备的组织体系，而且具有贴近党委政府的政治优势，更具有贴近各界群众的社会优势，是典型的"枢纽型组织"。其重要职责就是要紧扣党委、政府工作的中心和大局，团结、整合广大社会公众的行为和力量，推动社会稳定、协调、健康发展。

在现实中，共青团贵州省委很好地定位了自身作为"枢纽型组织"的功能，在组织化保障与社会化运作相结合中走出了新路。长期以来，扶贫开发一直是贵州省工作的重中之重。共青团贵州省委创意的"春晖行动"围绕这个贵州省工作的重中之重展开，无疑扣准了省委、省政府工作的大局。在这个前提之下，共青团贵州省委大胆创新，实现了组织化保障与社会化运作的有机结合，推动了"春晖行动"的快速发展。

发起"春晖行动"之初，共青团贵州省委充分利用了其省、市、县、乡、村、机关、学校、企业的共青团组织体系，推动了行动的正常开展。

正如陈昌旭所说的：

> 从组织化动员的角度，共青团是党的助手和后备军，省、市、县、乡、村、机关、学校、企业都有共青团组织，是一个庞大的组织体系，这个庞大的群体又可以辐射更多的人和团体，这样"春晖行动"在组织动员层面上的效应就有了保证。

后来，在行动取得初步成效后，共青团贵州省委又积极努力，在"春晖行动"组织建设方面，经贵州省编委批准，于2007年4月成立了"贵州省春晖行动发展中心"。同时还层层建立"春晖行动领导小组"，坚持"县指导、乡负责、村为主、户落实、群众参与"的组织模式，组织化保障体系得到不断完善。

3. 社会运作

在"春晖行动"中，如果说组织保障解决了有人干事的问题，那么社会化运作则解决了整合有关资源干事的问题。

"春晖行动"在起步之初，最大的困难是没有工作经费，而这又无法通过体制内的渠道得到解决。要解决这个困难，唯一的办法就是社会化运作，整合资源。

最初，"春晖行动"得以发起还是靠社会上的熟人网络给以资金支持。对此，陈昌旭有深刻的体会，他说：

> 在起步过程中，我最感谢我的老乡王为民，他是第一个支持"春晖行动"的人。当时困难重重，我只能发动我的老乡来支持"春晖行动"。几个乡友闲聊，当时他（王为民）说他准备捐助十五万元修缮村子里的小学。四月份，我从北京开会回来，当时一分钱没有，要想启动"春晖行动"，很多人都劝我放弃了。我想到了上次和我说要捐钱到村里修小学的老乡王为民，又和他谈到想要启动"春晖行动"，问他在资金上能不能支持一点。……之后两三天之内他就把钱汇过来了，"春晖行动"才得以启动。

随着"春晖行动"的发展壮大，在整合社会资源上逐渐走上制度化的轨道，标志性的事件就是在 2009 年，经民政部门同意，成立了"春晖行动发展基金会"，基金会作为民间机构，由民政厅管理，定期核查善款动向，确保资金用于公益事业。基金会的成立，为"春晖行动"的深入发展搭建了筹资平台，畅通了筹资渠道，从根本上解决了"春晖行动"通过社会化途径整合资源的问题。

此后，进一步确立"中心＋基金会""两块牌子一套人马"的运作体制，让春晖行动发展中心主任兼任春晖行动发展基金会理事长。既通过中心这一组织化的代表，获得了共青团的组织保障，又通过基金会这条社会化的手臂，整合运作了社会资源。

实践证明，"中心＋基金会"的运行方式切实发挥了政府作为主导的组织化保障和社会各界积极参与的与社会化运作相结合的积极作用，不但让基金会运作资源的工作与中心协调组织的工作牢牢结合后产生了 1＋1＞2 的放大效应，而且更凸显了共青团组织利用自身坚实的组织化保障能力，整合各项社会资源促成社会化运行的显著成效。

除了通过基金会运作解决钱的问题外，共青团贵州省委在社会化运作方面还通过礼聘春晖使者工作，整合了一大批春晖使者投身到"春晖行动"中来。同时，通过出台《春晖使者礼聘和管理办法》，按"村、乡、县、市"四级管理和评定，规范春晖使者礼聘程序，建立春晖使者关爱制度，对其居住在礼聘单位所在地的家属或在其"春晖使者礼聘日"等特殊情况下，邮寄"春晖慰问卡"，给予组织的关心和慰问，合理的设置春晖使者激励机制，定期向春晖使者反馈春晖资金的使用情况及项目落实情况。一系列措施增强了春晖使者的荣誉感，调动了春晖使者的积极性，先后吸引了32000多人成为春晖使者，强大的人才队伍推动了"春晖行动"向纵深发展。

此外，依靠媒体和学术界对其进行宣传和理论引导，也是社会化运作的重要方面。

4. 项目创新

通过组织保障和社会化运作解决了有人、有钱办事的问题，紧接着还必须解决干什么事的问题。

从2004年开始，"春晖行动"先是在乡镇、村建立在外乡友"人才库"和"项目库"，组织召开多种形式的在外乡友联谊会和座谈会，大力聘请春晖使者兼任家乡的"经济顾问"、"科技顾问"、"法律顾问"、"名誉村支书"、"名誉村主任"、"名誉村团支部书记"。此后，通过一系列的项目创新，终于解决了干什么事的问题。关于"春晖行动"开展的一系列项目活动，前面已经有所介绍，此处不再重复。但有三个问题需要在这里予以说明：

第一，"春晖行动"的项目不是单一的，而是一个具有不同针对性需求的项目体系。比如其主要的项目载体："春晖家园计划"、"春晖助学计划"、"春晖行动——我与家乡共发展"、"春晖感恩教育"、"春晖扶贫互助社"、"春晖产业带动"、"春晖亲缘招商"等。这些项目分别针对农村发展、贫困学生、贫困群众、商人等不同的群体展开，具有极强的针对性。不同针对性的项目共同构成一个项目群、项目体系，服务于"春晖行动"的基本目的。

第二，"春晖行动"的项目运作方式不是单一的，而是全方位的系统化的推进体系。比如："春晖家园计划"是秉承"春晖行动"所倡导的文化理念，以家园建设为中心，以春晖使者为桥梁，以组织化动员和社会化动员为主要运作方式，以春晖行动发展基金会、春晖使者、社会各界人士、地方党政机关部门、受益群众形成"五位一体"联动的公益模式为项目实施方式的一项具体工作，目的是要撬动社会民间资源参与贵州省扶贫开发和社会主义新农村建设。其中：春晖行动发展基金会既是"春晖家园计划"的发起者，也是实施"春晖家园计划"项目的初次出资者，负责整个计划的策划与实施；春晖使者既是实施"春晖家园计划"项目的执行人，也是项目的第二出资人，负责对项目的考察、论证、资金的筹集、项目的具体实施，对项目全过程负总责；具有较强责任心和爱心的社会各界人士，受"春晖行动"理念和春晖使者感召，紧紧团结在春晖使者周围，既是实施"春晖家园计划"项目的参与者，也是春晖使者的支持者和第三出资人；当地党政相关部门既是"春晖家园计划"项目实施地的组织者和管理者，在条件允许的情况下也是项目的第四出资人；受益群众指的是"春晖家园计划"项目实施地的受益对象，也是项目的具体落实者，在项目实施过程中自愿出工出力，条件允许的地方，农民群众也可自筹部分资金，成为第五出资人。"五位一体"的联动模式使得"春晖家庭园计划"拥有资金保障、人力保障、执行和监督保障以及充分调动受益群众的主体性。

第三，对于"春晖行动"项目实施的效果是多重的。"春晖行动"效果的多重性，在前面成效评估部分已经有比较详细的论述。在此，仅以"春晖家园计划"的实施为例，作进一步的说明。如问卷分析报告图2-8所示：认为"春晖家园计划"主要应解决的问题是"农村的整体发展问题"的占到了37.7%，其次才是一些具体发展问题，依次为"解决农村的道路发展问题"（27.0%），"解决农村的水、田建设问题"（20.2%），"解决农村的住房更新问题"（15.1%）。

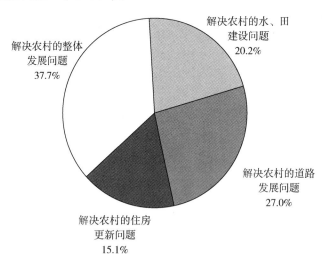

图2-8 "春晖家园计划"主要应解决的问题

综上，"春晖家园计划"项目的实施使得五方参与者在项目的过程中彼此合作，促进了农村经济社会的整体发展，融洽了邻里、干群关系，对扶贫开发和社会主义新农村建设起到了积极的推动作用，较好地体现了"春晖行动"项目效果的多重性。

5. 服务本土

贵州虽然自然风光绚丽多彩，却是国际环境专家眼中"最不适宜人居住的地方"。贵州的贫困既有自然地理带来的阻碍，也存在各种历史社会原因，而其中最为重要的一个原因就是在非均衡的发展模式下，各种发展资源在发达地区和欠发达地区之间的流动极不对称。相对城市和发达地区而言，贵州贫困农村的各种发展资源流出大于导入，成为资源的净流出地区。这种残酷现实使得贵州贫困农村在激烈竞争中积贫积弱，处于劣势。

"春晖行动"一个非常明确的目标指向就是"反哺故土"，因其发端于贵州，因此"反哺故土"中的"故土"主要就是指贵州。在"春晖行动"中，不论是郑传楼，还是胡德芳、杨文学等，尽管他们担任着不同的社会角色，来自不同的社会群体，赖以生存的技能截然不同，"反哺故土"、回报社会的方式也截然不同，但他们行动的目标却是异曲同工——帮助家乡脱贫致富。虽然自活动开展以来，相继在美国底特律、中国台湾、广东、江苏、上海、云南、中国香港等地设立"春晖行动联络处"，形成了"花开贵州、情动全国、香飘海外、灿若朝霞"的良好局面，但其根本的目的还是为了更广泛地把各种外部资源聚集起来，助推本土发展。

在外部精英力量聚焦本土发展的过程中，不仅为本土发展带来了巨大的发展资源和发展空间，同时还大大促进了农村贫困社会居民合作行为的出现。由于拥有较高的信任和丰富的社会网络资源，并且熟知当地居民的话语体系，在信息沟通过程中，春晖使者较之其他人具有更多的优势，容易在贫困人群中树立威望，作为中介者，将外来文化和社会资源有效引入农村，使本土居民真正接受和汲取外来资源和文化，从而促进贫困社区居民在扶贫者的帮扶下，采取有效的集体行动。同时，通过能人示范作用，还促进了贫困地区当地权威领导人物的产生。而本土居民的合作能力、发展能力的增强，又必将增强本土发展的可持续性。

"春晖模式"的上述几个方面构成一个有机整体，其中：道德支撑是行动理念；以共青团贵州省委为代表的组织化推动下的大众参与是行动主体；以扶贫开发为重点带动本土经济社会文化全面发展是行动客体和行动目的；一系列社会化运作、项目化载体、组织化保障是行动手段。这几个层面相互协同，构成一个完整的中国化的行动模式。

六　从"春晖模式"到多元运作：
社会主义核心价值体系
大众行为化的模式探索

推进社会主义核心价值体系从理论形态向社会心理形态转化、从价值评价向价值行为转化、从价值规范向价值示范转化，使其真正内化为广大社会成员的价值观念，外化为广大社会成员的自觉行为，实现社会主义核心价值体系大众化，不断增强社会主义意识形态的吸引力和凝聚力，为中国特色社会主义事业继续胜利奠定精神基石，是一项聚人心、创伟业的工程。而值得研究的是，这样的目标若想达成，社会主义核心价值体系大众介入、大众推进、大众实现的路径何在？这是社会主义核心价值体系建设的关键，也是难点。发源于黔中大地，由共青团贵州省委创意发起的大型社会公益活动"春晖行动"，以其特有的时代回应特征、大众凝聚效应、文化孕育特色，以及所形成的一整套具有极强操作性的模式，为当前推进社会主义核心价值体系大众行为化提供了可贵的实践启示。

（一）社会主义核心价值体系大众行为化的"春晖模式"启示

根据问卷分析报告中表 2.14 的频数分析结果：在被调查者中，认为"春晖行动"对社会主义核心价值观的启示在于"要与本地具体实际相结合"、"要有坚强有力的行动组织"、"要努力调动大众参与"这三项的比例都分别超过了半数。这在一定程度上代表了社会大众的普遍认知，对于未来"春晖行动"和社会主义核心价值体系的建设无疑都具有重要的参考价值。

表 2.14　"春晖行动"对实践社会主义核心价值观的启示

		频数	百分比（%）	个案百分比（%）
"春晖行动"对实践社会主义核心价值观的启示	要与经济社会建设相结合	819	20.6	45.2
	要与本地具体实际相结合	1209	30.4	67.0

续表

		频数	百分比（%）	个案百分比（%）
"春晖行动"对实践社会主义核心价值观的启示	要努力调动大众参与	962	24.2	53.3
	要有坚强有力的行动组织	988	24.8	55.2
	总计	3978	100	220.7

结合前面被调查者对"春晖行动"成功的主要原因、成效评价的认识以及课题组调研实践中的一些思考，我们认为"春晖行动"的运作模式对社会主义核心价值体系建设的启示主要表现在以下四个方面：

1. 贴近民众实际需要，实现社会主义核心价值体系内涵通俗化

认同的核心是价值认同。[①] 从本质上讲，认同就是人们以一种价值满足状态去完成对于某种意识形态的价值认同，是一种价值契合、价值满足的实践过程。满足了民众认同的首要前提，意识形态建设就有了坚实基础和强大动力。

而价值认同，说到底是一种利益认同。[②] 从一定意义上说，民众的价值认同首先以利益认同为内驱力，人的活动就是围绕着利益展开的选择，价值活动更是如此。任何价值观的形成和变化，都受利益或需要驱动。只有那些符合自己利益或需要的价值观，才能被人们肯定和接受。一般而言，每一种意识形态都会给民众一种利益许诺或者未来社会理想的承诺，当一种意识能够更好更快地实现民众基本价值诉求时，这种意识形态就自然会得到人民的普遍认同。而当这种意识形态在一个时期之后无法兑现其承诺，无法更好地实现和满足人民群众的基本价值诉求，那么它就不可避免地丧失对公众的吸引力。[③]

因此，我们可以认为，民众是意识形态建设的实践者、评判者和推动者，当民众的利益需要和价值诉求与意识形态建设相契合时，就会自觉接受、认同并推动意识形态建设。这告诉我们，在建设社会主义核心价值体

---

① 张汉静：《社会主义核心价值体系的实现路径》，《山西大学学报》（社会科学版）2008年第6期。

② 王贤卿：《社会主义核心价值体系的认同路径探析》，《毛泽东邓小平理论研究》2011年第2期。

③ 陆树程、崔昆：《论社会主义核心价值体系认同的元问题》，《马克思主义研究》2011年第8期。

系的过程中必须坚持"以人为本"的重要原则,并把解决民众的内在需要和关切的利益问题作为实现社会主义核心价值体系大众化的重要切入点。

社会主义核心价值体系是一套完整系统的思想理论体系,集中体现了当前我国广大人民群众的根本需要,具有与群众相结合、实现大众化的天然优势。当前,我国仍处于社会主义初级阶段,人民群众日益增长的物质文化需要与落后的社会生产力之间的矛盾仍是主要矛盾。在经济生活领域,随着我国经济体制深刻变革、利益格局深刻调整,社会的经济成分、组织形式、就业方式、分配形式和利益关系日益多样化,这对人民的利益分配、利益需要产生了深刻影响。在文化领域,随着我国社会结构深刻变动、人们思想观念深刻变化,人们思想活动的独立性、选择性、差异性、多变性日趋增强,各种思想、社会思潮空前活跃,深刻冲击着人们的思想意识和价值观念,一定程度上导致了社会信仰迷失、思想混乱、精神困惑和道德失范。社会主义核心价值体系正是对当前我国社会主要矛盾及问题的逻辑应答。从其四个层次的基本内涵来看:马克思主义是关于无产阶级解放的学说,它不仅为无产阶级利益和需要服务,还为人们明辨价值立场,澄清思想迷误,坚定社会主义发展方向提供了根本立场、观点和方法;中国特色社会主义共同理想体现了当代中国最广大人民群众的根本利益和根本需要。它是在马克思主义指导下,根据我国社会主义初级阶段的基本国情和主要矛盾提出来的,代表了我国最广大人民群众的共同利益和愿望,是社会各阶层、各群体团结一致、共谋发展的强大精神动力;以爱国主义为核心的民族精神和以改革创新为核心的时代精神是实现中国特色社会主义共同理想的动力之源,是新世纪、新阶段增强民族凝聚力、向心力,有效应对日益激烈的国际竞争和西方敌对势力"西化"、"分化"挑战的重要精神支撑;以"八荣八耻"为主要内容的社会主义荣辱观,涵盖了个人与他人、个人与集体、个人与国家之间的相互关系,不仅为人们的存在、交往提供了判断是非、善恶、美丑的基本价值尺度,而且旗帜鲜明地确立了应该坚持什么、反对什么、倡导什么、抵制什么的行为准则,为我国社会转型时期道德建设确立了新的标杆。

马克思说过:"全部社会生活在本质上是实践的。"① 社会主义核心价值体系在理论上具备了民众价值认同的基础条件,并不意味着它就能真正获

---

① 《马克思恩格斯文集》第 1 卷,人民出版社,2009,第 501 页。

得民众的认同。社会主义核心价值体系要想有说服力，得到普遍的认同，还有赖于其能够满足全民共享发展成果的机制和广大群众认同的实践效应。只有当社会主义核心价值体系真正融入民众的生产生活，尽可能地使民众获得实实在在的可感知的激励和可透视的预期，解决好人民群众最关心、最直接、最现实的利益问题，实现社会的价值要求和个人的价值认同的统一，社会主义核心价值体系才能真正成为人们的价值导向和行动遵循，才能真正实现大众化。

"春晖行动"之所以在不长的时间内取得显著成效，一个至关重要的原因就在于它贴近了民众的实际需要，把国家富强和民族复兴的长远共同理想，具体和通俗化为满足当地民众致富需要的现实意愿，从而获得民众的价值认同。而它给予社会主义核心价值体系建设的大众推进路径启示为：

一则，无疑是要在民众需求的回应中来实现社会主义核心价值体系内涵的通俗化。这意味着我们应该用民众易于理解、契合群众心理需求的几个关键词，把社会主义核心价值体系的基本内涵旗帜鲜明地表达出来。如同"春晖行动"鲜明地用"尽孝"、"感恩"、"反哺"、"回报"等关键词把自己的价值观形象地表达出来，并通过媒体有力的舆论宣传和引导，易于得到大众认可一样。社会主义核心价值体系也应该做这方面的努力，更简明地提炼和表达自己的价值观。

二则，鉴于其内涵的层次性，这种对民众需求的回应，应该有不同回应主体的层次把握：作为执政党的中国共产党，坚持以马克思主义为指导，制定并坚持正确的路线方针政策，把引领社会思想意识同解决致力于全心全意为人民服务宗旨的实现，应是其最为根本的对民众需求的回应；作为执政党的党员，在各自的社会岗位和角色位置上，模范地执行党所制定的正确的路线、方针、政策，身体力行地帮助群众、组织群众、带领群众共同致富增收和走向文明和谐，是榜样层面对民众需求不可或缺的回应；而作为产生并回应民众需求最主体的广大普通民众，他们符合社会主义建设大业的团结奋斗的共同价值理想的生成，是最为基础层面的对民众需求的自我回应，也即社会主义核心价值体系建设体系大众化的路径基础。总之，只有明确地界定了不同层次主体的角色定位，社会主义核心价值体系才可能像"春晖行动"那样变得"伟大但人人可为"。而其中最关键的角色定位就是我们的执政党及其党员领导干部，从这个意义上讲，加强党的建设，尤其是加强党员领导干部的行为引导和行为示范作用，就显得尤为必要。

2. 贴近地方发展需要，实现社会主义核心价值体系建设目标具体化

社会主义核心价值体系是立足于中国特色社会主义经济基础之上所形成的价值共识，是中国特色社会主义建设和实践的产物。不论是坚持用发展着的马克思主义指导实践，还是树立中国特色社会主义共同理想，都是历史的选择、人民的选择；以爱国主义为核心的伟大民族精神、以改革创新为核心的时代精神，已经深深融入中国特色社会主义建设实践的方方面面；社会主义荣辱观，也是从与社会主义市场经济相适应、与社会主义法律规范相协调、与中华民族传统美德相承接的社会主义思想道德体系中概括提升出来的。与此同时，建设社会主义核心价值体系还是在立足基本国情、科学分析当前发展形势、准确把握广大人民群众根本利益的基础上确立的，它既是价值的引领，又是对现实的回应，具有强大的整合功能和引领能力，对人们的行为会起到能动的反作用。

但我们也必须清醒地认识到，党的十七大报告要求"增强社会主义意识形态的影响力和凝聚力"的客观现实，既体现了我们党对社会主义意识形态建设的强烈责任感和忧患意识，同时也说明意识形态的吸引力和凝聚力与意识形态的根本性质并没有必然的、直接的联系。也就是说，虽然中国特色社会主义的产生和存在，为社会主义核心价值体系提供了现实的土壤，但是这并不意味着社会主义核心价值体系能够在这个现实土壤中自发地推进和发展，还需要理论的不断坚持与创新，更需要科学的实践。一方面，社会主义核心价值体系是根源于和服务于现实的，其生命力源于理论自身所具有的品质以及实践效果。另一方面，从意识形态建设的视角来看，在建设社会主义核心价值体系的过程中必须对当前存在的社会问题、社会矛盾做出有力的回应。古语有云："仓廪实而知礼节，衣食足而知荣辱"，物质生活是人们思想观念形成的基础和前提。社会主义核心价值体系要想在群众中落地生根，仅仅依靠对未来社会的预见、希望和理想来支撑是不够的。我们在加强社会主义核心价值体系建设的同时，更需要着力解决当前突出社会矛盾，把社会主义核心价值体系建设的现实目标和长远目标、眼前利益和长远利益、局部利益和整体利益有机结合起来，创造有利于思想共识形成的基础条件和社会环境，这无疑是实现社会主义核心价值体系大众化的重要途径。

党的十八大报告对我国现状做出的历史定位是："我国仍处于并将长期处于社会主义初级阶段的基本国情没有变，人民日益增长的物质文化需要同落后的社会生产之间的矛盾这一社会主要矛盾没有变，我国是世界最大发展中国家的国际地位没有变。"根据这个定位，党的十八大又提出了全面建成小康社会的新指标，即"到 2020 年要全面建成小康社会，实现国内生产总值和城乡居民人均收入比 2010 年翻一番"。以经济建设为中心是兴国之要，发展仍是解决我国所有问题的关键。社会主义核心价值体系要想真正地得到普遍的确立、巩固和提升，必须同社会发展的现实需要紧密结合起来。当社会主义核心价值体系和地方经济社会发展结合起来从而给民众带来物质生活上的改善，使民众切实感受到社会主义核心价值体系带来的实惠时，社会主义核心价值体系就会在民众中得到认可，就会有大众化的基础。"春晖行动"所承载的价值理念，正是契合了地方发展需要，修补地方发展要素不足的地域生成特点，才得以获得普遍的大众认同。这启示我们：实现社会主义核心价值体系建设目标的具体化，只有贴近不同地方的发展需要，在若干地域、若干领域、若干阶段符合中国特色社会主义事业具体目标的实现中才能得以实现。这就要求我们在推进社会主义核心价值体系建设的过程中必须虚功实做，把社会主主义核心价值体系的精神要义与不同地方的发展要素、发展目标紧密结合，在推动核心价值体系当地化的过程中实现大众化。

3. 贴近本土文化基因，实现社会主义核心价值体系建设动力内生化

文化是社会结构中极其重要的部分。每一种文化都有其独特的一套价值体系，它告诉人们，什么行为是社会所期望的，什么行为是社会所唾弃的，应该爱什么、恨什么，什么是美、什么是丑，什么是好、什么是坏。它是一种评价性的观点，既涉及现实的世界，也涉及理想的境界，内化为一定的价值取向，外化为具体的行为规范，对人的活动起着规定性的作用。

"春晖行动"从一个人、一件事，到一个公益团体，再升华到一个公益机构，"春晖使者"的队伍逐渐在壮大，"春晖行动"的号召力也越来越强，"春晖行动"能够一直持续下来并不断强大的核心动因在于道德情感的力量，在于中华民族中"心忧天下"、"扶贫济困"、"反哺故土"、"回报桑梓"等传统美德的生动诠释。无论是漂泊者还是坚守者，心中都会有一个家园，他们都是有根的。从中华文化的传统美德可以看出，以亲情和血缘为中心的伦理道德仍然是整个社会伦理道德的基石，是一切伦理道德的源泉，集中体现为"孝"，而"春晖行动"立意本身就是弘扬"孝"的一种行为，呼唤"孝"回归的具体实践。"春晖行动"自实施以来，能在较短时间内吸引大批"春晖使者"致力于家乡新农村建设，其根本原因就在于其始终植根于本土文化、秉承本土文化的基因，大大降低大众认同的文化成本。"春晖行动"启示我们：社会主义核心价值体系的建设也必须扎根于本土文化土壤，贴近价值认同的文化基因需要，实现社会主义核心价值体系建设主体动力的内生化。

其实，客观地分析，社会主义核心价值体系不仅有来自西方文化精髓的马克思主义，同时也植根于中华民族精神和现代以来中国共产党带领人民开展革命、建设和改革过程中形成的一系列红色文化传统，是中西方优秀文化传统与时代发展的先进文化的结晶。社会主义核心价值体系的"根"就扎在这种特定的文化土壤中，汲取营养；其"成长"又处于这样一个特定的文化氛围当中，受其熏陶。今天在推进社会主义核心价值体系建设的过程中，我们要对社会主义核心价值体系的文化基因有客观的分析，要始终把社会主义核心价值体系建设过程植根于当地文化土壤的问题有理性的自觉。简单地说，既要认识到社会主义核心价值体系与优秀文化传统的内在关联，又要把社会主义核心价值体系建设与我国不同地区的文化传统、文化精神紧密结合，只有这样才能更好地赢得当地文化认同，解决社会主义核心价值体系建设主体动力的内生化问题。

4. 贴近人类精神共性，推动社会主义核心价值体系建设的世界化

近9年来，"春晖行动"作为一个发端于本土的公益行动，如今形成了"花开贵州、情动全国、香飘海外"的发展局面。而"春晖行动"之所以能够"香飘海外"，其背后的文化根源在于其承载的某些价值理念一定程度上契合了人类精神的共性。比如对母亲的爱和感恩之心，对贫困和苦难的同情之心，对人类美好未来的向往之心，虽然这些东西在不同文化语境中的理解和表现形式各有不同，但它们都是作为最美好的东西深藏于人类心灵深处，一旦被"春晖行动"这个带着泥土芬芳走出来的渠道和载体触发，就对不同民族、不同地域、不同国界的人产生了共同的心灵冲击，迸发出巨大的正能量。

这启示我们：社会主义核心价值体系建设只有契合了人类精神的共性，才有走向世界的可能。而社会主义核心价值体系建设不仅要本土化，更要世界化的重要目标提出了其必须契合人类精神共性的客观需要。党的十八大报告关于社会主义核心价值观的"三个倡导"中，明确提出要倡导为资本主义社会所公认的"自由"、"民主"、"法治"等价值取向，无不彰显出中国共产党的文化勇气和文化自信。而只有拥有这份文化自信，我们的社会主义核心价值体系才有可能打破国家、地域、民族的限制，真正实现对人类精神文化遗产的继承和发扬，真正契合人类精神的共性，从而也才真正有为全人类认可的可能性，最终成为世界性的精神财富。当社会主义核心价值具有契合人类精神共性的内涵之后，在建设的方式、方法和载体的打造方面，也要针对人类不同地区的特点而有所考量，而这又提出了如何贴近精神交往的需要，实现社会主义核心价值体系建设社会行动化的客观需要。

5. 贴近精神交往需要，实现社会主义核心价值体系建设社会行动化

近 9 年来，"春晖行动"积极开展了"春晖家园计划"、"春晖助学计划"等一系列内容丰富、形式新颖的社会公益活动。通过这些活动，"春晖行动"经历了从个体到群体行为、从分散行为到集中行为、从无序行为到有序行为、从隐性行为到显性行为、从感性行为到理性行为、从自发行为到组织行为的多重行为演进，最终完成了从精英行为到大众行动的普及。而这从社会行动视角带给社会主义核心价值体系建设大众推进路径的启示是：贴近价值共识的精神交往平台建设需要，实现社会主义核心价值体系建设的社会行动化。

一方面，"春晖行动"推出的一系列大型公益活动，为满足人们不同层次的需要搭建了平台。美国心理学家马斯洛把人的内在需要分为生理性需要、安全需要、归属与爱的需要、尊重的需要、知的需要、美的需要、自我实现的需要这七个层次。人的需要不断从低级到高级发展，而高级的需要比低级的需要更接近自我实现。当人的基本需要得以满足时，就会渴望获得社会认可和社会尊重，而"春晖行动"的公益平台，为满足这种高层次的需要就创造了条件，进而使参与者从内心深处加深了对"春晖行动"本身的认可和归属感，从而更自觉地加入到"春晖行动"中。另一方面，一系列的大型公益活动为人的交往创造了条件，潜移默化地培育了参与者的共同价值观。人类的交往，人们之间相互交换智慧、能力和活动，是克服个体生理能力的局限，创造人类文明，推动社会发展的重要途径，同时也为形成共同价值观奠定了基础。在交往中，人们可以吸收和利用他人创造的物质财富和精神财富，不断发展自己、丰富自己。也正是在交往中，人与自然、人与社会、人与他人形成了主客关系，双方认识与被认识、反映与被反映、改造与被改造，相互影响，相互作用，相互造就。而在这一过程中，价值认同发生着自始至终的作用——价值主体之间通过相互交流而在观念上对某类价值认可和共享，从而不断改变自身结构以顺应社会价值规范，对自身在社会中的价值进行重新定位和优化调整，使其在情感和志向上具有共通性，逐渐形成共同的价值观念，并在价值实践活动中进行相应的行为选择。通过这种交往个人意识成为社会意识、个人意志成为群体意志，进而促使人们形成内在的联合，具备基本相同的价值取向。这启示我们：立足于贴近价值共识的精神交往需要，通过强有力的组织推动，搭建多种平台和载体，创造社会交往机会，实现社会主义核心价值体系建设的社会化行动，是推进社会主义核心价值体系大众化的重要途径。

（二）社会主义核心价值体系大众行为化的模式建设探讨

推进社会主义核心价值体系的大众行为化，应该有多重模式选择。通过对"春晖行动"模式的剖析，我们认为在社会主义核心价值体系大众行为化模式的探索中，要切实把握好以下几点：

1. 强化顶层设计，把握模式建设的系统性

一个有效的社会行动模式应该包括行动的理念、行动的目的、行动的主体、行动的客体、行动的手段几个部分，并且几个部分之间是有机统一的整体。比如"春晖模式"有行动的理念——道德支撑；有行动的目的——服务本土；有行动主体——以共青团贵州省委为代表的组织化推动下的大众参与；有行动客体——以扶贫开发为重点的本土农村经济社会文化全面发展；有行动手段———系列的社会化运作、项目化载体、组织化保障。更为关键的是，上述构成要素之间形成了很好的协同，达到了有机的耦合。借鉴"春晖模式"，各地、各群体、各行业在探索建构属于自己的社会主义核心价值体系大众行为化模式的过程中，要把握好模式建设的系统性，准确定位行动模式的理念、目的、主体、客体、手段及其相互关系。简单地说，模式的设计要有顶层设计。

2. 强化虚功实做，把握模式建设的务实性

社会主义核心价值体系建设切忌空对空，虚对虚，必须把崇高的理念奠基在坚实的土壤上。"春晖行动"模式不仅有理念，而且有行动。它不是简单地宣传"反哺故土"、"扶贫济困"这样的崇高理念，而是把这些崇高理念牢牢地奠基在以反贫困为重点的新农村建设项目中，以实实在在的行动、实实在在的好处赢得大众认可。借鉴"春晖模式"，各地、各群体、各行业在探索自己的行动模式的过程中，也要把握好模式建设的务实性，切不可仅作简单的理念宣传、号召，要进一步地虚功实做，通过实实在在的项目运作，让行动主体感受到自己干了实事；让行动受体感受到自己得到了实惠。只有如此，行动模式才有生命力、有群众基础。

3. 强化易学易行，把握模式建设的操作性

社会主义核心价值体系建设切忌只说不做，必须有可操作的路径让其在现实世界中不断展开。"春晖模式"从根本上解决了一个可操作的问题，让有钱的、没钱的、有地位的、没有地位的人都可以参与，最终达到了"伟大但人人可为"的实践效果。借鉴"春晖模式"，各地、各群体、各行业在探索自己的行动模式的过程中，切忌把行动模式搞得高不可攀，搞得不具有参与性。行动模式的设计一定要门槛低、路径多，让广大的行动主体容易进入、容易参与、容易践行、容易坚持、容易出成效。只有如此，才能保证行动模式的可持续性。

4. 强化实践探索，把握模式建设的渐进性

社会主义核心价值体系建设不可能一开始就有现成的、完备的行动模式，这个模式的建设是一个不断渐进、完善的过程。"春晖模式"也并不是一开始就成型的，也经历了一个从理念到行动，从探索到发展，从没有制度到建立制度，从无所谓规范到逐渐规范化的过程。这说明，行动模式虽然应该具有系统性，但这个系统性不是一开始就具备的，而是一个在实践中不断系统化的过程。因此，各地、各群体、各行业在探索适合自己的行动模式的过程中，切忌闭门造车，想象出一个所谓的完备的模式，来框定鲜活的实践。相反，行动模式必须在实践的检验中不断完善，不断实现其系统性，乃至行动模式的务实性、操作性，都要经历实践而不断调整和完善。简单地说，在模式探索中，我们既要善于"顶层设计"，又要善于"摸着石头过河"。

下 篇

　　社会主义核心价值体系从认知层面到行动层面，最后变成一种普遍的社会行为、社会现象、社会风尚，中间要经历一个复杂而艰难的转化过程。结合"春晖行动"的启示，在本部分中，课题组进一步从提炼核心价值观、引领多样化社会思潮，保持党的纯洁性、强固社会主义核心价值体系建设的核心，树立宣传典型、引导党员干部模范践行社会主义核心价值体系，构建地域精神、推动社会主义核心价值体系当地化，开发红色资源、在市场化路径中建设社会主义核心价值体系，推动文化繁荣、在大文化格局中建设社会主义核心价值体系等几个方面，就社会主义核心价值体系的大众行为化问题作延伸思考。

一　深度提炼社会主义核心价值观，引领多样化社会思潮

建设社会主义核心价值体系，是党中央在新的历史条件下的一个重大理论创新和重大战略任务。但是，这个核心价值体系的表述过于繁琐，一般干部群众不容易记忆。为了方便干部群众易记、易行，极有必要把当前所提的社会主义核心价值体系用简洁明了的话语概括表述，使其更容易入耳、入脑、入心。因此，建设社会主义核心价值体系的关键环节就是要从理论上深入提炼社会主义核心价值观。

党的十八大报告虽然强调："要倡导富强、民主、文明、和谐，倡导自由、平等、公正、法治，倡导爱国、敬业、诚信、友善，积极培育社会主义核心价值观。"但是，这种强调并不表明社会主义核心价值观提炼的工作已经结束，而是标志着提炼工作进入了一个新阶段。因为，"三个倡导"，虽然展现了中国特色社会主义社会所追求的系列重要价值理念，但还是表述太多，依然为进一步凝练概括社会主义核心价值观留下了广阔的理论空间。基于"三个倡导"的实践推进、基于中国特色社会主义建设的创新发展、基于我们对社会主义本质要求与建设规律更加深入的认识以及对人类文明发展潮流的洞察与把握，凝练出更加完备成熟的社会主义核心价值观，仍然需要我们做出艰辛的理论探索。

（一）社会主义核心价值体系和核心价值观的相互关系

任何社会都有自己的核心价值体系和核心价值观。价值体系是指人们在一定社会历史条件下所形成的各种价值观念的总和，即主体以其需求系统为基础，对主客体之间的价值关系进行整合而形成的观念形态，集中体现主体的愿望、要求、理想、需要、利益等。核心价值观简单来说就是某一社会群体判断社会事务时依据的是非标准，遵循的行为准则。它包含四个方面的内容：一是判断善恶的标准；二是这个群体对事业和目标的认同；

三是在这种认同的基础上形成对目标的追求和愿景；四是形成一种共同的境界。

社会主义核心价值体系，是社会主义制度的内在精神之魂，是社会主义意识形态大厦的基石，是社会主义文化建设的根本。它包括四个层次的内容，即马克思主义指导思想、中国特色社会主义共同理想、以爱国主义为核心的民族精神和以改革创新为核心的时代精神、社会主义荣辱观。社会主义核心价值观，是指中国共产党及其领导下的全国各族人民共同的价值取向，即对中国特色社会主义价值的性质、构成、标准和评价的根本看法和态度。如前所述，党的十八报告将其概况为三个层面24个字。

社会主义核心价值体系与社会主义核心价值观，既有内在联系，又各有侧重，相互区别。社会主义核心价值体系是社会主义核心价值观的基础和前提，是社会主义核心价值观形成和发展的必要条件；社会主义核心价值观是社会主义核心价值体系的内核和最高抽象，体现社会主义的价值本质，决定社会主义核心价值体系的基本特征和基本方向，引领社会主义核心价值体系的建构。社会主义核心价值观渗透于社会主义核心价值体系之中，通过社会主义核心价值体系表现出来。

（二）提炼社会主义核心价值观的基本思路

建设社会主义核心价值体系的命题提出后，思想理论界对提炼和概括社会主义核心价值观表现出很高的热情，提出过各种表述语，做出过各种论述，但由于思路不同，各类方案林林总总、莫衷一是，很难形成一致意见。党的十八大报告取最大公约数，提出了："富强、民主、文明、和谐，自由、平等、公正、法治，爱国、敬业、诚信、友善"。但是24个字的表述依然太多，依然给进一步提炼核心价值观留下了广阔的空间。我们认为，进一步提炼和概括社会主义核心价值观，必须做到科学、准确、凝练、易记，应遵循以下基本思路。

第一，社会主义核心价值观应该是社会主义核心价值体系的精神内核和根本原则，而不应该是社会主义核心价值体系四个方面基本内容的完整反映和全面概括。

社会主义核心价值观反映的是社会主义核心价值体系的精神内核及其所遵循的根本原则，是这个价值体系的灵魂、精髓，是核心中的核心。提炼和概括社会主义核心价值观，有两个最常见的误区：一是试图提炼几个关键词，将社会主义核心价值观与社会主义核心价值体系四个方面的基本内容相对应，这是不科学的，也是很难做到的；另一个是为了全面，提炼很多的关键词，全面涵盖社会主义核心价值体系四个方面的基本内容，这很容易做到，但是意义不大。

第二，社会主义核心价值观必须是体现中国特色社会主义本质的价值观，而不应该是传统文化、红色文化、西方文化精华的简单结合和集大成者。

社会主义核心价值观首先是社会主义的价值观，是中国特色的社会主义的价值观，而不是别的什么主义、其他社会主义的价值观。社会主义社会有自身的本质规定和根本属性，社会主义核心价值观必然是社会主义本质规定和根本属性在价值层面的集中反映。中国特色社会主义核心价值观必须把中国共产党与社会主义制度的核心思想注入其中，必须建立于中华民族优良文化传统之上，"中国特色社会主义"是对其最基本也是最重要的界定。中国特色社会主义核心价值观应该汲取中华民族优秀传统文化、中国共产党培育的红色文化以及西方先进文化中的精华，但不应该成为这些思想文化的简单结合和集大成者。那种试图使社会主义核心价值观涵盖传统文化、红色文化、西方文化的"大杂烩"思路是不可行的。

第三，社会主义核心价值观必须是包涵国家层面、社会层面、个人层面的共同价值取向，而不应该是针对某一个方面的价值追求和行为规范。

任何社会都有自己的价值体系，这个价值体系的内容可能丰富而庞杂，其中的核心价值观则处于主导和引领地位，体现着社会的主流价值取向，支配和影响着其他价值观念。任何社会的核心价值观都是在统治阶级主导下形成的，反映的是制度层面的价值取向，而不是针对公民个人的要求。社会主义核心价值观，必须是包涵国家层面、社会层面、个人层面的共同价值取向，而不应该是针对某一个方面的价值追求和行为规范。社会主义核心价值观必须是适应全民族不同的阶级、阶层和不同文化层次的人们的需求，而非某一个阶层和集团的利益，否则不会为广大人民群众所认同，更不可能为不同制度下的中华民族的所有成员所认同。社会主义核心价值观必然会对每个社会成员个人的世界观、人生观、价值观施加深刻的影响，但更主要的是作用于国家层面的经济、政治、文化，作用于社会生活的方方面面。那种把社会主义核心价值观仅仅定位于某一个方面价值追求和行为规范的思路，是一种错位和误解。

第四，社会主义核心价值观，应该是建立在封建主义和资本主义价值观之上、代表整个进步人类的、开放的、发展的价值观，而不应该是与封建主义、资本主义价值观并列的、封闭的、狭隘的价值观。

社会主义是作为资本主义的对立物出现的，必然同资本主义有着本质区别；社会主义同时又是资本主义的替代物，同资本主义有着相联系的一面。二者之间的这种关系，深刻地反映在价值观领域。中国的社会主义制度是在反帝反封建的斗争取得胜利的基础上，通过社会主义改造建立起来的，社会主义核心价值观应该是建立在封建主义和资本主义价值观之上的价值观，而不应该是与封建主义、资本主义价值观并列的、封闭的、狭隘的价值观。同时社会主义价值观担负着同资本主义价值观进行长期斗争的任务，因此，它是在吸收借鉴包括资本主义文明成果在内的人类一切文明成果的基础上发展起来的，代表了一切进步人类的价值理想，这是社会主义核心价值观能够同世界其他价值观进行对话、交流的基础。在当今时代条件下，提炼和概括社会主义核心价值观，要坚持将世界普遍的具有引领人类文明走向的价值准则注入其中，向世界展示社会主义中国进步、开放、发展的形象。

另外，社会主义核心价值观，应该从党和国家长期坚持、广泛宣传、已经深入人心、群众耳熟能详的思想理念及提法中提炼，而不应该刻意求新、重新编创一套新提法。可以形成一套相对稳定、相对规范的"关键词"，并对其含义作出准确的阐述。同时，根据不同的场合和需要，在不同的情景和语境下，可以有详略灵活的引申。

（三）社会主义核心价值观的简明表达

根据以上的思路，我们认为社会主义核心价值观可以再进一步地、简洁地概括为：民主、公正、仁爱。

第一，民主。民主首先是一种国家制度、国家形式。从国体和政体意义上讲，"民主"与"专政"、"专制"相对应。民主是中国共产党革命成功的力量之源，也是人类共有的文明成果，它不独享于某个国家、民族和政党，更不是西方独有的核心价值。民主制度完善于西方，但民主的传统，尤其民主的精神因子并不都发端于西方，英语中的民主原本就是由古希腊文中的德摩克拉提亚演化而来。中华民族的民主诉求在近现代史上逐渐强化，影响巨大的"五四运动"打出的旗帜便是民主和科学。随着中国共产党对民主认识的深化，党的十七大报告把人民民主上升到社会主义生命的高度。社会主义的民主是人民民主。人民民主即人民当家作主，是社会主义民主的本质要求，是社会主义制度的内在属性，是社会主义民主政治的鲜明特征。其次，民主又是一种手段、一种方法。民主既是目的也是手段，是相对的而不是绝对的，是一种运动的过程和状态。毛泽东在《关于正确处理人民内部矛盾的问题》一文中论述了民主与集中、自由与纪律的关系。指出："民主这个东西，有时看来似乎是目的，实际上，只是一种手段。"在人民内部，民主是对集中而言，自由是对纪律而言。这种民主和集中的统一，自由和纪律的统一，就是民主集中制。这就为我们建设社会主义民主政治提供了实践路径。发展社会主义民主政治，建设社会主义政治文明，必须把党的领导、人民当家做主和依法治国有机统一起来。党的领导和依法治国是人民民主的前提和根本保证。再次，民主是一种价值观。也就是说，不同的政治制度下的民主，有解读和设计上的差异性，但民主本身不存在问题，它是人类共同追求的进步的价值观。

第二，公正。公正即为公平和正义，它也是人类社会文明进步的标志，是人类自古以来就追求的普遍价值，更是社会主义的核心价值和本质要求，是社会主义和谐社会的重要特征和必要条件。公平正义，就是坚持公民在法律面前一律平等，尊重和保障人权，依法保证公民权利和自由，保证全体社会成员平等参与、平等发展，保证权力在阳光下运行，社会各方面利益关系得到妥善协调，人民内部矛盾和其他社会矛盾得到正确处理，发展的成果惠及全体人民。公平正义始终是人类孜孜以求的社会理想，但在以往一切剥削压迫制度下都不可能真正实现。社会主义是在资本主义的道义废墟中孕育生长的，它从诞生之日起，就占据着公平正义的制高点。邓小平同志指出："我们为社会主义奋斗，不但是因为社会主义有条件比资本主义更快地发展生产力，而且因为只有社会主义才能消除资本主义和其他剥削制度所必然产生的种种贪婪、腐败和不公正现象。"社会主义制度根本改变了无产阶级和劳动人民的历史命运，在实现社会平等和公平正义方面取得了巨大的历史性进步，这是社会主义制度优越性和道义吸引力的集中体现。强调公正而不是公平，可以借助立法中的实体正义和程序正义来分析。实践证明，没有程序正义，实体正义是难以得到根本保证的。也就是说，绝对的公平不存在，也做不到，但有了正义的介入，便不必寻求绝对的公平，人们亦可接受。公平包括权利公平、机会公平、规则公平，规则公平更为重要。正义包括政治正义、社会正义、个人正义。人类发展史一再证明，当一个社会仅有效率，而缺乏公平正义，必然导致价值观紊乱和社会矛盾频仍，因而无以实现社会的和谐。假如一个社会仅有效率（一定时期经济的快速增长），而缺乏公平和正义，这个社会再富有，物质生活水平再高，都不会产生真正的意义，并且这种效率也不会持久。由此，公平正义是人类的共同追求，在中国共产党领导的社会，更应强调这一理念。

第三，仁爱。中华民族文化最核心的理念是一个"仁"字，即"仁爱"。孔子虽然提出了二十多个道德价值概念，但讲得最多的还是"仁"。"仁"是孔子学说中最根本、最具普遍意义的价值理念，是具有核心地位与主导作用的道德范畴。孔子说"仁者爱人"，就是对人之所以为人的价值的确立，是儒学道德主体性特征的确立。孟子说："孔子曰：'道二：仁与不仁而已矣'。"（《孟子·离娄上》）天下之道只有两类，一是仁道，二是不仁之道，这是对孔子核心理念的最精辟概括。"仁"的基本涵义有三：一是人，即所谓"仁者人也"，即人之所以为人的道理所在；二是德，孔子所谓"仁者爱人"的基本涵义，就是有道者的根本之德在于爱一切人；三是根本之道，诚如孔子所说"为政在人，取人以身，修身以道，修道以仁"（《中庸·礼记》），意谓政治的要义在于以人为本，衡量人的标准看他本身的道德修养，道德修养的根本原则在于实践仁道。从其特质而言，"仁"是内在于人的心理自觉，本质上是道德自觉。孔子说："我欲仁，斯仁至矣"（《论语·述而》），"己欲立而立人，己欲达而达人"（《论语·雍也》），就揭示了"仁"的这种特质。但这种道德自觉，并非先天具备，而是后天修养而成的。所谓"克己复礼为仁"，就指明了"仁"是通过自我修养回归礼义最终达到"仁道"境界的道路。儒家以"仁"为根本之道的理论主张，突出了"以人为本"的中华传统文化的根本特质，从而在数千年的文化磨合中逐渐得到公认，成为中华优秀传统文化最核心的价值观念。坚持以人为本，就必须承认人的生存权与发展权，就必须承认人民在国家政治生活中的主宰权，就必须承认统治者的权力来自人民。其逻辑的发展必然是从民本走向民主。中国儒学史上，从孔子的"仁者人也"到孟子的"民贵君轻"再到明清之际黄宗羲提出的"天下为主，君为客"（《明夷待访录·原君》），正是体现了从人本、民本到民主的思想发展逻辑。总的来看，仁爱既贴合了中国传统道德逻辑，易为大众心理接受和认同，同时又贴合了当今时代以人为本、诚信友善的价值追求，应当被继续倡导。

（四）用社会主义核心价值观引领社会思潮的路径探讨

社会主义核心价值观引领多样化社会思潮的路径主要有：宣传教育、社会示范、基地普及、制度保障。这四种路径是一个有机整体，从"知行合一"的进程出发有效地把社会主义核心价值体系融入国民教育和精神文明建设全过程。

第一，宣传教育。社会主义核心价值体系建设既是加强党的思想理论建设的重大课题，也是党领导建设中国特色社会主义伟大事业的重大实践，从更长远的目标看，更是不断提升全国各族干部群众综合素质，走向人的全面发展必须坚持的思想道德基础。马克思指出，理论只要说服人，就能掌握群众；只有理论掌握群众，才能变成巨大的物质力量。实施正面宣传教育是我党多年进行理论普及教育的一条基本经验，也应是社会主义核心价值观引领多样化社会思潮的最主要的途径。社会主义核心价值体系从内容上看，四个方面既全面完整又紧密联系、相互贯通；从作用上看，既深刻反映了社会主义的制度性质、目标任务和发展道路，又将更好地作用于经济、政治、文化、社会以及党自身建设的各个方面，成为一个完整的科学体系。这个体系是开放的、不断丰富发展的。它既有鲜明的导向，又尊重现实差异，包容层次多样，可以最大限度地推进并形成全党和全国人民的共识。要在广大干部群众，特别是党员干部中大力开展社会主义核心价值体系和价值观宣传教育，坚持以科学的理论指引航向，以共同的理想凝聚力量，以崇高的精神鼓舞斗志，以优秀的道德培育社会风尚，核心价值观内化于心，外化于行。

第二，示范带动。示范带动是用社会主义核心价值观引领多样化社会思潮的最有效的途径。运用典型的示范作用，培养人们的正确价值取向和行为准则，是古今中外的普遍做法，也是我党的一个优良传统。要把社会主义核心价值观渗透进精神文明创建之中，充分发挥文明城市、文明村镇、文明行业、文明社区、文明单位的示范作用，树立宣传典型，引领人们根据身边的模范人物和模范事迹去选择，从而引领多样化社会思潮。尤其在新时期、新形势下，为完成新任务，实现新目标，培养新一代的人才队伍和接班人，不仅需要宣传我国历史上和人类社会发展史上一切创造先进的物质文化、先进的制度文化和先进的精神文化的典型，而且要不断培养、发现、塑造和宣传、学习新的典型，用先进典型引领大众行为。每一个时代的典型，都属于那个时代的范畴，都是那个时代所倡导的核心价值观的代表，反映了那个时代思想道德的水准和内涵。中华传统美德、中华文化的精华、中国特色社会主义核心价值体系，都是通过典型的人或事作为载体，在世代传承的过程中赋予时代的内涵而永葆青春，从而成为构成社会主义核心价值体系的历史要素的。主流媒体对先进典型适时地、立体地持续宣传报道，历届感动中国人选、道德模范、时代先锋、最美中国人、身边好人的评选、宣传、宣讲，彰显了社会主义核心价值体系的旗帜导向，引领着社会思潮，有效抵制和降低了社会上、党员干部队伍中各种腐朽的、错误的、落后的思想影响和反面典型的负面作用。

第三，基地普及。进行社会主义核心价值观教育，必须要有一定的载体。学校和各种各样的教育基地是用社会主义核心价值观引领多样化社会思潮的主要载体。要把社会主义核心价值体系建设贯穿于国民教育之中。中小学校是从事德育工作和思想政治工作，推进社会主义核心价值观大众化的重要阵地。高校是培养中国特色社会主义建设事业后备军的重要基地，各级党校是培养各级党员领导干部的主阵地。这些对社会具有强大理论辐射力的教育场所，在社会主义核心价值观引领社会思潮中的作用更是举足轻重。目前，中央宣传部共公布了四批全国爱国主义教育示范基地，各省、自治区、直辖市党委政府，各市、州党委政府，各县、市、区党委政府先后公布了许许多多的爱国主义教育基地，团中央和各省团委公布了多批青少年教育基地，国家安全部门、军队系统、党史部门都先后建立了一些教育基地。这些基地在社会主义核心价值观教育方面发挥了重要作用。

第四，制度保障。社会主义核心价值观相对其他价值观来说具有统辖性和引导性，是建设中国特色社会主义的灵魂。建设社会主义核心价值体系是一项长期的系统工程，从长远来讲，要靠制度保障。一般说来，制度是刚性的，是带根本性的，制度保障是用社会主义核心价值观引领社会思潮的有效手段。没有制度保障，往往缺乏规范机制，容易导致社会主义核心价值体系建设流于形式或偏离方向。如果能将社会主义核心价值体系转化为一定的制度形态，探索一套持之以恒的机制，制度的良性运行能促进大众对该制度的认可与赞同。反过来，人们将在制度认同的基础上，逐步培养与发展出保证制度良性运行的合适的行为方式。人们从制度及制度的执行中获得实惠、利益和幸福，将有助于他们认同社会主义核心价值体系，并自觉推进社会主义核心价值观大众化，从而实现社会主义核心价值观从理论原则向实践行动的转化。

二　保持党的纯洁性，强固社会主义核心价值体系建设的核心

建设社会主义核心价值体系，应该对执政党、党员干部、普通群众等不同主体，有不同层次的把握和要求。其中，作为执政党的中国共产党应该是社会主义核心价值体系建设最重要的实践主体。中国共产党是中国特色社会主义事业的领导核心。社会主义核心价值体系建设是中国特色社会主义事业的重要组成。因此，社会主义核心价值体系建设的核心必然是中国共产党。

纵观世界，无论是资本主义国家还是社会主义国家，基本上都是实行政党制度。核心价值观是政党的理论基础、阶级性质、政治目标和历史使命的集中体现，是政党自身认同的灵魂所系。践行这种核心价值观，政党才可能有凝聚力、吸引力、生命力，才可能引导国家、民族和社会核心价值体系的建设。

东欧剧变、苏联解体的原因之一，就是共产党自身在践行核心价值体系的过程中没有真正发挥领头羊和排头兵的作用，口头上讲马克思主义和社会主义，行动中却不愿意去加以实践，形成背离人民的庞大的"特权阶层"，辜负了人民大众对党组织构筑核心价值体系的期望。苏联解体前夕，苏联社会科学院曾经进行过一次问卷调查，结果被调查者认为苏共"仍然代表工人的只占4%，认为代表全体人民的占7%，认为代表全体党员的占11%，而认为代表党的官僚、干部的竟多达85%。"[1] 历史和现实都表明，一个政权也好，一个政党也好，其前途与命运最终取决于人心的向背，不能坚守自身赖以成功的核心价值，始终保持自身的先进性和纯洁性，就不能继续赢得群众的信赖和支持，就必然垮台。因此，执政党自身的建设，一个最重要的方面就是要始终坚守自身的核心价值观。

---

[1]　转引自《中共宁波市委党校》2010年第6期，第31页。

在当代中国，中国共产党既是社会主义核心价值体系的倡导者，也应该是社会主义核心价值体系最忠实、最有力的坚守者、传播者、践行者。尤其在今天，我们党面临着"四大考验"、"四大危险"的新形势下，更要努力吸取苏联解体的深刻教训，努力树立良好的执政党形象，引领大众真学、真信、真践行社会主义核心价值体系。

（一）保持党的纯洁性是社会主义核心价值体系建设的关键

2012年1月9日，胡锦涛同志在中国共产党第十七届中央纪律检查委员会第七次全体会议上，向全党发出了"保持党的纯洁性，建设坚强有力的马克思主义执政党"的号召，强调要保持党员干部思想纯洁、队伍纯洁、作风纯洁、清正廉洁。随后，习近平同志于2012年3月1日在中央党校春季学期开学典礼上的讲话中进一步强调："保持党的纯洁性是马克思主义政党的本质要求。保持党在思想上的纯洁性，是保证党的正确政治方向和党的团结统一的思想基础。作为党员和党的干部，都要经常思考和解决好入党为了什么、当干部干些什么、身后留下什么的问题，决不可为个人或少数人谋私利，而应该始终坚守共产党人全心全意为人民服务的精神家园。"此后，保持党的纯洁性问题成为党的建设新的伟大工程中的重要内容。

从历史来看，中国共产党正是通过保持纯洁性才始终坚守了工人阶级政党的核心价值。而且，只有保持党的纯洁性，社会主义核心价值观才能通过执政党的引领和示范，实现从国家层面到社会层面、从社会层面到个体行为的自觉转化。

在1848年发表的《共产党宣言》中，马克思、恩格斯强调："过去的一切运动都是少数人的或者为少数人谋利的运动。无产阶级的运动是绝大多数人的、为绝大多数人谋利益的独立的运动。"这种运动的"第一步就是使无产阶级上升为统治阶级，争得民主"。最后是要建立"这样一个联合体，在那里，每个人的自由发展是一切人的自由发展的条件"。在这个过程中，"共产党人不是同其他工人政党相对立的特殊政党。他们没有任何同整个无产阶级的利益不同的利益"。可以说，《共产党宣言》阐述的上述思想，鲜明地表明了无产阶级政党的先进性：即要建立一个自由人的联合体。而这种先进性得以成立的一个前提条件，就是要保持无产阶级政党的纯洁性：让共产党没有任何同整个无产阶级的利益不同的利益。

我们党自成立之日起就高度重视保持自身的纯洁性。在每个历史阶段，我们党的中央领导集体都对保持党的纯洁性进行理论探索，并在党内开展一系列纯洁党的思想、组织、作风的工作，从而使纯洁性成为我们党始终坚定不移的优良传统。新民主主义革命时期，如何把一个农民和小资产阶级成员占绝大多数的党，建设成为一个广大群众性的、马克思主义的政党，是我们党当时面临的最突出的问题。以毛泽东同志为核心的第一代领导集体把马克思主义党建原理应用于中国共产党建设的实践中，探索出一条着重从思想上建党的成功道路。要求党员不仅要在组织上入党，而且更要在思想上入党，要用马克思主义改造各种非无产阶级思想。新中国成立以后，针对执政条件下所面临的严峻考验，我们党于1950年在全党全军开展整风运动，重点是整顿各级领导机关和干部的工作作风，提高干部和一般党员的思想水平和政治水平，克服工作中所犯的错误，克服居功自傲的情绪，克服官僚主义和命令主义，改善党和人民的关系。经过整顿和发展，党的组织和党员素质等方面都有了明显的改善和提高。

党的十一届三中全会以后，以邓小平为代表的领导集体，在改革开放的历史条件下，对继续保持党的纯洁性作出了新的探索。一是着力扫清保持党的纯洁性的历史障碍。1978年，当真理标准问题的讨论遇到很大阻力时，邓小平、叶剑英、李先念等一批老同志纷纷表明态度，公开支持这一讨论的开展，为冲破"两个凡是"的思想枷锁，重新确立马克思主义实事求是的路线奠定并创造了条件。二是以"两手抓、两手都要硬"开辟党的纯洁性建设的时代路径。一手坚持对外开放和对内搞活政策，一手坚决打击经济犯罪活动。三是坚持党要管党、从严治党保持党的纯洁性。四是提出干部队伍和领导班子建设必须遵循"革命化、年轻化、知识化和专业化"的"四化"方针，建立领导干部离退休制度，并以身作则，率先垂范，为党保持纯洁性增添了新鲜的血液和发展的动力。

党的十三届四中全会以后，以江泽民为核心的党的第三代领导集体围绕解决好提高党的领导水平和执政水平、提高拒腐防变和抵御风险的能力这两大历史性课题，告诫全党在长期执政的条件下，在对外开放和发展社会主义市场经济的环境中，必须十分注重防范各种腐朽思想的侵蚀，维护党的队伍的纯洁。通过"三讲"和"三个代表"学习教育活动，提高了全党学习理论，继续保持了党的纯洁性教育。

党的十六大以来，以胡锦涛同志为总书记的党中央，为保持党的纯洁性，在全党范围内开展了以实践"三个代表"重要思想为主要内容的保持共产党员先进性教育，以及深入学习实践科学发展观、创先争优和学习型党组织建设等活动。在十七届中央纪委七次全会上，胡锦涛同志再次强调保持党的纯洁性的极端重要性和紧迫性，向全党提出了保持党的纯洁性的新要求，这对做好新形势下保持党的纯洁性工作具有重要的指导意义。

我们党成立90多年的历史证明，正是始终在不同的阶段保持了党的纯洁性，坚守了无产阶级政党的核心价值观，党才能永葆创造力、凝聚力、战斗力，才能不断取得一个又一个伟大的胜利。而且，我们必须深刻认识到，只有保持了纯洁性，党的价值标杆意义才能更加凸显，才能引领更多的人践行社会主义核心价值体系；反之就会被弱化，社会主义核心价值体系建设就会落为空谈。因此，党的纯洁性与社会主义核心价值体系相互影响、相互促进，把社会主义核心价值体系建设和保持党的纯洁性结合起来，是新时期加强党的建设的客观需要。

（二）新形势下保持党的纯洁性的环境分析

目前，中国共产党面临许多前所未有的新情况、新问题、新挑战，特别是新形势下出现的"四大考验"，即执政考验、改革开放考验、市场经济考验、外部环境考验；"四大危险"，即精神懈怠的危险、能力不足的危险、脱离群众的危险、消极腐败的危险，使得我们党需要解决的问题更加复杂，党的建设的任务比以往任何时候都更为繁重、更为紧迫。中国共产党必须常怀忧患意识，深刻警醒自己，永葆纯洁性。

纵观风云变幻的国际形势和国内改革与发展繁重的任务，党的纯洁性建设面临新的压力和挑战。一是国际国内环境的深刻变化催生党对自身纯洁性的更高要求。中国更多地参与到国际经济政治事务中与在国际社会上更多对话空间的获得，迫切需要一个先进而纯洁的政党作为坚强后盾。全面小康社会的宏伟进程需要党的纯洁性作为坚强保证，这意味着国内对党的纯洁性提出要求的群体不再囿于少数知识分子和政治精英，而扩大到几亿甚至是十几亿人的巨大群体。二是思维论价值论上的多元化对保持党的纯洁性形成一定冲击。例如，中国传统文化中天德本位的宇宙观及命定论、官本位的权力观及难以割舍的等级意识，西方文化中金钱万能论、极端个人主义、享乐主义等，所传达的价值观对党员干部的思想形成冲击。三是与经济快速发展相伴生的则是腐败案件层出不穷，党风廉政建设的严峻形势使部分群众对党的纯洁性产生怀疑。四是市场经济条件下伴生的经济社会矛盾和思想文化领域的困惑对党的纯洁性形成考验。

当然，我们党在长期的革命和执政历史中，也探索并积累了许多有利条件：一是党的创新理论是保持党的纯洁性的理论指引。在中国共产党成立以来 90 多年的伟大历史进程中，诞生了毛泽东思想、邓小平理论、"三个代表"重要思想、科学发展观等一系列马克思主义中国化最新成果。这些理论成果对我们今天探索党的纯洁性建设问题，奠定了良好的理论基础。二是党的文化建设为保持党的纯洁性奠定了良好的政治文化基础。由于社会主义核心价值体系建设的持续推进，大众对当代中国政党政治的认知逐步增强、评价逐步中肯，在此条件下开展保持党的纯洁性教育，定能收效良好。三是党自身形成的优良传统提供了保持党的纯洁性的历史武器。中国共产党自成立后，在每个历史阶段都对保持党的纯洁性进行理论与实践探索，从而使纯洁性建设成为中国共产党始终坚定不移的优良传统。四是党的自身建设的经验提供了保持党的纯洁性的重要参考。坚持党要管党、从严治党，是中国共产党一以贯之的优良传统和宝贵经验，也是在长期执政条件下保持党的纯洁性、增强党的凝聚力和战斗力的重要保证。五是党历史形成的纠错机制提供了保持党的纯洁性的重要保证。在中国共产党自身发展的历史上，有许多面临着纯洁性考验的关键时期，党采取了一系列纠错机制予以扭转，最终保持了党的纯洁性。

尤其是，在广大的基层地区有着许多可贵的实践，彰显着共产党人的核心价值和精神本色，奠定了当代中国共产党继续保持自身纯洁性的实践基础。比如贵州省在中央的统一部署下，开展了保持共产党员先进性教育活动、学习实践科学发展观等活动，有力地推进了党的纯洁性建设，涌现出许多基层创新典型：

如：遵义市发端于 2001 年、形成于 2008 年的服务型党组织创建工作，从基层党组织的机制体制建设入手，逐步完善了村（居）支两委民主协商制、村（居）民代表大会决议制、村（居）民主评议监督制。旨在认真总结各地经验，建立健全新型的服务工作体系的前提下，改变过去上级党组织对下级党组织更多地强调任务和责任，而忽视实际困难和问题；党组织更多地强调党员的义务，而忽视党员的权利；党员更多地强调个人的得失，而忽视党员义务和社会责任等问题，以党内和谐推动社会和谐。

又如：2011 年 8 月，贵州省毕节市启动发展型党组织建设的创新实践，注重建设发展型领导班子和干部队伍，着力树立风清气正的"毕节形象"；

注重培育发展型党组织文化，着力塑造奋进和谐的"毕节精神"；注重夯实发展型基层基础，着力探索创先争优的"毕节模式"；注重集聚发展型人才，着力形成支撑跨越的"毕节高地"；注重健全发展型工作机制，着力创造追、比、赶、超的"毕节速度"；注重加强干部教育培训，增强发展本领，着力实施能力转型的"毕节行动"。其核心理念就是通过加强党的自身建设，使全区各级党组织成为科学发展观的坚定执行者和落实者。

再如："背篼干部"精神。贵州黔南州长顺县敦操乡34名乡村干部，每周到分布于敦操乡10至20公里外的村民组，用背篼背着装满油、盐、酱、醋、种子、肥料等群众生产生活中必不可少的物资，为村民们送上生活必需品，同时也捎去党的方针政策、捎去富民的办法措施。当地群众都亲切地称呼他们为"背篼干部"。纯洁的作风，铸就了不朽的精神，正是依靠这份坚持和执着，正是秉承这份纯洁的作风，背篼干部赢得了赞誉，赢得了民心，铸就了新时期贵州的"精神高地"。

总之，社会主义核心价值体系是兴国之魂，是马克思主义政党精神上的旗帜。只有保持党的纯洁性，在思想和行动上坚守共产党人的精神家园，才能在广大群众中发挥价值导向和行为标杆作用，推动社会主义核心价值体系的大众化。

（三）新形势下保持党的纯洁性的现实应对

中国共产党作为一个队伍庞大、使命重大的组织，要通过纯洁性建设巩固自身在中国特色社会主义事业中的领导核心地位，就必须在总结历史的基础上，立足现实需要，在纯洁性建设的主题、内容、主体和手段等各个方面有一个系统的把握和谋划。

一是紧扣发展这个第一要务把握党的纯洁性建设主题。在革命战争年代，一切都要服从革命战争的需要，党的纯洁性建设也要服从革命战争的需要。但是在建设年代，紧扣发展这个重大主题是新时期保持党的纯洁性的鲜明特征，这要求我们在纯洁性建设的各个方面都要服务和服从于发展的现实需要。

二是重点把握新形势下党的纯洁性建设内容。在新形势下，要把党的纯洁性建设贯穿在党的思想、政治、组织和作风各个方面，尤其要在上述各个方面体现出发展这个时代主题的具体要求。思想上深刻理解和认同马克思主义中国化的最新理论成果，即中国特色社会主义理论体系，尤其是科学发展观。政治上坚持社会主义初级阶段基本路线不动，并坚决抵制和反对一切违背党的基本路线的错误政治倾向。组织上严格遵守党章，贯彻党的民主集中制，把那些忠于中国特色社会主义理论体系，忠诚执行社会主义初级基本路线的人吸收到党组织中来。作风上要尊重群众、深入群众、发动群众、依靠群众，学民之长、察民之虑、知民之苦、集民之智、谋民之利。

三是分不同主体类别推进党的纯洁性建设。要认真分析8000多万党员的构成特征，并据此分类推进纯洁性建设。对不同的党员群体要有不同的要求，其中党员领导干部是保持党的纯洁性的关键，党员领导干部既是保持党的纯洁性的组织者和领导者，又是保持党的纯洁性的执行者和实践者。党员领导干部的纯洁性具有极端重要的影响，他们处在党和人民事业的领导岗位上，在保持党的纯洁性方面负有极为重要的责任，由此也决定了务必时时、处处用党的纯洁性要求对照自己、检点自己、修正自己、提高自己，要求别人做的自己带头做到，要求别人不做的自己带头不做，以自己率先垂范的实际行动充分体现党的纯洁性。因为，党员干部的行为无论是产生好的影响还是坏的影响，都具有极其重大的扩散、放大效应。（对党员干部保持纯洁性，模范践行社会主义核心价值体系的问题，本课题还有专题论述。）此外，体制内广大普通党员是保持党的纯洁性的主体，要坚定理想信念、忠于职守、爱岗敬业。非公及新社会组织党员是保持党的纯洁性的新生力量，要坚定理想信念、坚定政治路线、遵守组织原则，在非公及新社会组织群体中发挥好建设中国特色社会主义的表率作用。

四是分层次激发党的纯洁性建设动力。保持纯洁性是党的建设新的伟大工程的重要组成部分，是全党加强和完善自身建设的重要行动。但是，靠什么来激发8000多万党员保持自身纯洁性的动力，是一个在理论上要认真思考和实践中要妥善解决的重要问题。一则，危机无疑是一个政党保持纯洁性的强大外部动力。中国共产党从成立那一天起，就是在危机中不断成长、壮大起来的，而国民党及其所代表的阶级基础的存在是造成其生存危机的重要因素。今天，要深刻地认识到中国共产党所面临的危机，要把这种对危机的认识转化为保持党的纯洁性的巨大动力，促使全体党员从思想上、行动上把个人命运与党的命运结合起来，刺激全党同志不断自我净化、自我完善、自我革新和自我提高。二则，利益也是一个政党保持纯洁性的重要动力。纯洁不等于不要利益，恰恰相反，其更需要公正的利益机制予以保障。共产党人不应该避谈利益，而是要谈正确的利益观。这才是问题的核心所在。现实中的一些党员领导干部腐化堕落、晚节不保，一方面固然是其利益观出现了根本的偏差，但另一方面也与组织给他们的利益激励不科学有极大关系。这是需要认真思考的问题。三则，民主也是保持纯洁性的重要动力。当组织中的每个成员都享有一定的民主权力时，他会对组织有更多的归宿感、认同感，会对组织的事务表示出更多的热情，因为他认定自己是这个组织的主人。在中国共产党与中国国民党的竞争中，共产党表现出的民主和国民党表现出的独裁就形成了强烈的反差，因而注定了竞争的最终结局。历史的事实证明，民主确实产生了向心力、认同力、整合力，促进了组织成员在思想上、行动上对组织的支持。四则，荣誉是一种特殊的、属于精神层面的利益，获得了这种利益，会激发出更多的行为动力。人，尤其是特定组织中的人，必定有对荣誉的需求。获得了某种荣誉，确实可以激发成员对组织更大的忠诚度、热情度和奉献度。荣誉必须是一种稀缺资源。要让人们懂得珍惜它，它才会有现实的价值。因此，荣誉不应该轻易授予，荣誉设定和评定应该相当严格。此外，荣誉应该多样化，以达到对不同类型党员及其事迹的激励。五则，信仰是最根本、最重要、最核心的动力，获得信仰的难度最大，但信仰所激发的动力最强大、最持久。红军二万五千里长征不仅是军事的考验，更是信仰的考验。最后到达陕北的红军人数不多，但力量强大，因为他们经历了信仰的考验，敢于真正、彻底、勇敢地为信仰而战斗。长征是熔炉，熔铸了中国共产党人的精神家园。如果说危机、利益、民主、荣誉、信仰这五个动力源恰好构成一个动力体系的话，只有信仰才能在这个体系中居于统摄和领导地位。信仰才是中国共产党纯洁性建设动力的顶层设计。没有这个顶层设计，其他的动力源就无法协调，甚至冲突，进而影响党的纯洁性。因为没有信仰，任何组织在危机面前都将不堪一击，没有信仰，利益、民主和荣誉的激励都可能走向其反面。

五是建立保持党的纯洁性的多元机制。要加强以党章为核心的党内法规制度体系建设，建立健全党的思想教育制度，建立健全党员管理制度，建立健全党内评价制度，建立健全党内民主制度，建立健全党内监督制度，建立健全拒腐防变制度体系。尤其要加强党建文化建设，让制度深深植根在社会主义先进文化的土壤里。因为，任何制度的建构不能简单地移植他国经验，也不能采取闭门造车的方式批量供应。制度必须建立在、奠基在特定的文化环境中。否则，制度将因其缺乏特定群体的心理支持而减弱乃至丧失效力。实践中大量没有任何实际效果的纸上制度就是最好的证明。

三 树立宣传典型，引导党员干部模范
践行社会主义核心价值体系

如果说作为执政党的中国共产党是社会主义核心价值体系建设的行动核心，那么党员干部则是这个行动核心中的骨干。从这个角度来讲，党员干部的模范带头作用在社会主义核心价值体系建设中就显得尤其重要。而要发挥党员干部的模范带头作用，树立和宣传相应的典型，发挥示范、引导作用就显得尤其关键。

（一）社会主义核心价值体系建设中树立宣传典型的重要价值

社会主义核心价值体系从内容上看，四个方面既全面完整又紧密联系、相互贯通；从作用上看，既深刻反映了社会主义的制度性质、目标任务和发展道路，又将更好地作用于经济、政治、文化、社会以及党自身建设的各个方面，成为一个完整的科学体系。这个体系是开放的、不断丰富发展的。它既有鲜明的导向，又尊重现实差异，包容层次多样，可以最大限度地推进并形成全党和全国人民的共识。这个体系是基于历史、现实和未来的需要而提出来的，无论在党内还是在社会上，其内容所涵盖的各个方面，其作用所体现的各个方面，都需要具体化、形象化、本土化和标杆化，使不同思想理论、不同道德伦理层次的人们，不同地域、不同职业的人们都会感到党不仅仅是理论，而且是可认知、可效法、可遵循的实践。基于此，客观上就凸显出塑造典型的迫切需要。

典型，是具有代表性的人或事。典型人物是一定社会历史条件下具有独特个性、又能反映一定社会本质的某些方面的有代表性的人物形象。典型人物形成于一定的典型环境即具体的现实关系中，并对它发生作用。但典型人物又往往超越时代的局限而具有某种永恒的性质。运用典型的力量，培养人们的正确价值取向和行为准则，是古今中外的普遍做法，也是我党的一个优良传统。

　　党员干部是党的中坚和脊梁，是中国工人阶级的先锋，同时也是中国人民和中华民族的先锋，在他们身上更应该代表中国先进生产力的发展要求，代表中国先进文化的前进方向，代表中国最广大人民群众的根本利益。因此，党员干部在践行社会主义核心价值体系中既要充当先锋模范，又要帮助和引导广大群众；既要保持理论、思想、道德的纯洁，又要引领社会思潮，成为党坚持社会主义核心价值体系的中坚力量、高扬社会主义先进文化的旗帜、开拓中国特色社会主义伟大事业的坚强保障。从整体上和理论上看，党员干部在社会主义核心价值体系建设与大众化实践养成的过程中，他们确实已经和正在起到主导、引导、体现的作用。但从分层次、分群体和实践上看，党员干部生活在社会系统之中，从某种意义上说，社会思想的多样化、人们价值取向的多样化是一种正常状态。这种"多样化"反映和影响到党内，也是一种正常状态。党员干部价值追求的多样性和价值观客观上存在的层次性、差异性，正是社会思想道德层次性、差异性的反映。因此，在建设社会主义核心价值体系的递进过程中，不断地树立先进典型，不仅是引导党员干部践行社会主义核心价值体系所必需，而且也是引导和推动全社会对社会主义核心价值体系达成共识、共信、共行所必需。

　　一切典型都是具有代表性的。在建设社会主义核心价值体系的过程中，先进典型的人物或事件都是榜样、先锋、楷模，可以供人们学习、效法、尊崇。榜样的力量是无穷的，但榜样的作用也不是无限的。从古到今，道德的教育、传承、弘扬都离不开典型的宣传、榜样的引领。每一个时代的典型，都属于那个时代的范畴，都是那个时代所倡导的核心价值观的代表，反映了那个时代思想道德的水准和内涵。中华传统美德、中华文化的精华，都是通过典型的人或事作为载体，在世代传承的过程中赋予时代的内涵而永葆青春，从而成为构成社会主义核心价值体系的历史要素。

　　榜样带动，典型引路，是我党90多年来宣传思想政治工作的基本方式之一。我党在不同的历史时期所树立的各类典型，在他们身上既承载了中华优秀传统文化，又继承发扬了五四运动以来，特别是党领导中国革命和建设实践中形成的井冈山精神、长征精神、延安精神、西柏坡精神、铁人精神、"两弹一星"精神、抗震救灾精神、北京奥运精神、载人航天精神等。他们或者是个人、或者是群体。他们感动中国，感动世界，成为各种中国之最美，成为今日中国社会风气和社会文明程度的标志。他们在社会主义核心价值体系的建设中，是科学理论的阐释者和实践者，是共同理想追求的旗帜，是崇高精神的楷模，是优秀道德风尚的代表，是党和群众休戚相关、生死与共、气息相通的纽带和桥梁。因此，社会主义核心价值体系建设中树立宣传典型，具有十分重要的意义和不可忽视的重要价值。在新时期、新形势下，为完成新任务，实现新目标，培养新一代的人才队伍和接班人，不仅需要宣传我国历史上和人类社会发展史上一切创造先进的物质文化、先进的制度文化和先进的精神文化的典型，而且要不断培养、发现、塑造和宣传、学习新的典型。

（二）新形势下树立宣传典型的环境分析

今天，通过树立宣传典型来引导党员干部模范践行社会主义核心价值体系，离不开对国际国内环境的准确把握。

就国际而言，社会主义阵营和资本主义阵营的冷战对峙虽因苏东巨变而不复存在，但社会主义和资本主义在意识形态的斗争依然尖锐复杂，封建主义的残余也在与我们争夺阵地。我国作为一个发展中的社会主义大国，尤其是在全球性的金融危机肆虐的当今，中国经济平稳较快发展，一跃而成为世界第二大经济体，中国对世界政治、经济、军事、文化的影响不断扩大，国际威望越来越高。意识形态领域始终是西方敌对势力分化中国的战略前沿，也是他们企图遏制中国和平崛起的一贯伎俩。我们同各种敌对势力在意识形态领域的斗争，本质上是社会主义价值体系同资本主义价值体系的较量。

就国内而言，随着改革开放和社会主义市场经济的不断发展，社会经济成分和组织形式的多样化，社会成员对物质利益和其他要求也呈现出多种差异，这些都不可避免地反映到党内、反映到党员领导干部队伍中来。这是党的建设过去没有遇到过的新情况、新问题。改革开放30多年来，我国经济社会的各个领域都发生了翻天覆地的变化，但必须清醒地看到，我国现在和将来相当长的一段时间还处于社会主义初级阶段，我国落后的社会生产与人民群众日益增长的物质文化之间的矛盾，依然是社会的主要矛盾。基于全方位的巨变和上述"两个基本没变"的现实，典型生成、典型塑造、典型宣传和典型再生的环境和条件都发生了变化。这种变化，尽管利弊相生，但可以大体上分为以下有利和不利的两个方面。

一是有利的方面，主要体现有三：

第一，历史星空上的闪亮明星是群众心中永远的典型。党在领导中国革命和建设的历程中，在各个历史时期涌现和宣传树立起来的先进典型，成为今天以典型的力量引领大众践行社会主义核心价值体系的基础和支撑。为纪念新中国成立 60 周年通过上下结合的人民群众参与评选出来的"双百"人物典型，以及为纪念建党 90 周年、纪念辛亥革命 100 周年评选宣传推介的"双百佳"中的共产党员、辛亥革命中的先烈，构成了人民群众心目中历史星空上闪亮的明星，是永远的典型。

第二，各种精神文明创建活动是推出典型的有效载体。新中国成立以来特别是在改革开放和社会主义现代化建设的新时期，全国上下、各地区、各行业所兴起的各种精神文明创建活动、宣传典型的活动，为培养典型和典型的成长提供了肥沃的土壤和良好的环境，也为宣传典型营造了积极向上的舆论氛围和人文环境。

第三，主流媒体的创新报道是宣传典型的有效途径。顺应改革发展新阶段新形势需要，特别是党的十七届六中全会精神的贯彻落实，既富于优秀传统文化继承弘扬，又富于改革创新时代特色的先进典型不断涌现，媒体对这些先进典型适时地、立体地持续宣传报道，历届感动中国人选、道德模范、时代先锋、最美中国人、身边好人的评选、宣传、宣讲，彰显了社会主义核心价值体系的旗帜导向，引领着社会思潮，有效抵制和降低了社会上、党员干部队伍中各种腐朽的、错误的、落后的思想影响和反面典型的负面作用。

二是不利的方面，主要体现也有三：

第一，反面典型的涌现，冲击了正面典型的影响力。随着党成为执政党，经济社会得到大幅度发展。在一些领域、一些地方的一部分党员干部中追名逐利的思想逐渐抬头、宗旨意识开始淡漠，腐败滋生，严重败坏了党的作风，更影响了社会风气，增大了社会主义核心价值体系建设的过程成本。甚至一部分人开始"笑贫不笑腐"。腐败典型的负面效应，不可避免地削弱了正面典型的感召力，使社会主义核心价值体系成为大众认知、大众行动的大敌。

第二，正面典型被解构，破坏了正面典型的影响力。由于社会生活方式的多样化，更由于文化多样性的交流碰撞，人们的追求、价值观也多样化。主流与非主流同时并存，先进与落后相互交织。多元、多样、多变的社会思潮纷繁复杂、相互激荡。在这种背景下，人们看待问题的角度和方式也发生变化。对待典型，当今的人不仅不会用单一的视角去接受和崇拜，而且会从多个角度去审视和解读。但典型也是人，是人就会有缺点。传统的正面典型除在某些方面是典型外，总会在其他方面或多或少的表现出缺点和不足。这就给了人们解构典型的机会。在这种背景下，一些传统的典型被人们再认识，被人们拉下神坛，甚至被人们批判。这无疑削弱了传统正面典型的影响力。

第三，正面典型被神化，虚化了正面典型的影响力。在这个解构主义盛行的时代，我们的宣传部门和媒体没有很好地改进传播方式，传统的塑造典型的"高、大、全"思维模式没有被根除。相当一部分宣传部门和媒体在塑造和宣传典型的过程中，依然没有把典型当作人，尤其是当作普通人来塑造和表现，仍然习惯于将这些典型塑造成完美人格的代表。在现实中，这种把典型人物神化的结果，已经很难为大众所接受。一方面，大众会认为，典型人物是神，我们是人，我们当不了神，从而对典型敬而远之。另一方面，大众还会认为，典型人物是被塑造的，真实的典型没有这样伟大，于是用解构主义的方法去剖析典型人物身上的缺点和不足，将其拉下神坛。这两种结果，无疑都虚化、弱化了正面典型的影响力。

对以上环境的正确把握，是我们树立宣传典型，引导党员干部模范践行社会主义核心价值体系的必需。

（三）新形势下树立宣传典型引导党员干部行为的路径探讨

新形势下践行社会主义核心价值体系仍然需要塑造、宣传典型。这是社会教育系统中的一个子系统，而作为一定社会背景下促使个体社会化和社会个体化的实践活动的宣传教育，它必须包括三个基本要素：典型、典型的学习者和典型的宣传者，三者缺一不可。三者之间既相互独立，又相互规定，共同构成一个完整的从思想到实践的活动体系。没有典型，宣传活动就成为无米之炊、无源之水，树立宣传典型的活动就不能展开，学习者的思想言行就不可能得到有效的指导和引领；没有学习者（受众），宣传典型就失去了对象，成为无的放矢；没有典型宣传者的影响，典型与学习者就缺乏桥梁，不能连接，宣传活动的目的和意图就无法实现。

典型宣传教育活动是一种区别于其他社会活动的相对独立的社会实践活动，内在的存在着以下规定：一是内容与形式要适应广大群众综合素质提升循序渐进的规律；二是要适应不同年龄、不同利益群体、不同道德层次人群的需求；三是要适应同一群人中对典型认知、认同以及学习、践行的差异性。因此，在新形势下树立宣传典型引导党员干部行为基于对以下关系的正确处理来探讨路径：

第一，基于对自上而下与自下而上、从高到低与从低到高的关系处理的路径探讨。从典型宣传的规律来看，典型的推出一般要经过一个自下而上、由低到高，然后自上而下、从高到低的循序渐进的过程。典型一般来说产生于基层，植根于人民群众之中。这就是说典型的产生一般来说是自下而上的，但宣传典型又往往是自上而下的。从宣传内容上说，要注意从基层发现典型，对典型加以分析，引导和培养典型。在宣传方式上，要正确处理好发挥自上而下与自下而上，从高到低与从低到高的关系，努力形成上面领头唱、下面齐声唱、有上有下、有分有合的格局，把典型宣传工作提高到一个新水平。善于发现典型，大力培养典型，广泛宣传典型，结合实际学习典型，营造崇尚和学习典型，不断拓展内涵，创造新的典型的环境和条件。树立和学习典型，可以引导社会思潮，引导社会舆论，弘扬正气，激励创新、奉献精神。

第二，基于对典型的崇高性与广大党员干部的可效仿性关系处理的路径探讨。先进典型的崇高性是由无数细小平凡的事迹汇集而成。在典型宣传中，要通过生动具体的事例来凸现典型的先进思想和基本经验，使人们感到先进典型真实可信、亲切感人，能够见贤思齐，能为广大党员干部效法，而不是敬而远之。要注意客观分析社会、组织、同事、家人等对典型成长的影响和作用，不能为了说明典型的先进性，而忽视甚至贬低周围的人。"好人自有精神在"，要注意典型的多样性和层次性，不能因为有些典型没有什么轰轰烈烈的业绩，就否定宣传的价值。也不能因为某些先进典型的一些具体做法其他人难以做到，就怀疑宣传这类典型的意义。宣传典型，是为了学习典型、效法典型。学习典型，根本的是学习他们的思想和精神。先进典型的工作岗位不同，具体事迹也不一样，但他们的思想内涵和精神实质是一致的。效法典型，根本的是要落实到行动上。全党全社会都要向他们学习、看齐，努力形成学习先进、崇尚先进的良好氛围，形成服务人民、开拓创新、艰苦奋斗、爱岗敬业的良好风气，使先进典型的高尚精神成为全社会的共同财富，使越来越多的人跨入先进的行列，培养出更多的"四有"公民。

第三，基于对典型先进个体环境的特殊性与广大党员干部社会需求性关系的路径探讨。陶行知先生曾说过："处处是创造之地，天天是创造之时，人人是创造之人。"要充分启动人们心中的道德资源，使榜样和典型的力量获得更大群体的认知。能否正确把握一般典型和特殊典型的关系，是能否实现理论与实践的统一，以及能否创造独特的新典型的关键。广大党员干部的社会需求是多元的，必须要找到适应大众需求、可供宣传的典型的元素，将其与需要传导的内容结合起来，才能起到宣传效果。因此，如何做到把典型的个体特殊性与广大党员干部的社会需求相结合，需要把握好以下几点：一是对典型的事迹既不能降低标准，也不能人为拔高。二是要反映历史前进和社会发展的价值取向，体现时代精神。三是要选择不同层次、不同类型的典型，使典型的示范、激励和引导作用辐射到各个领域、不同群体。四是要在所工作的地区、部门、行业有较为广泛的宣传基础，得到群众拥护。构成一个人的思想品德的基本思想因素有四："知（识）、情（感）、意（志）、行（为）"，它们相互制约、相互促进，是进行公民道德素质教育过程必须遵循的基本规律。宣传学习先进典型，使之融入到广大党员干部的情感之中，从而适应广大党员干部的社会需求。

第四，基于对构筑"精神高地"与夯实广大党员干部社会公德、党性原则关系处理的路径探讨。"精神高地"是不同时代所倡导所肯定的社会精神取向。总结中华民族数千年坚韧不拔的发展史和党率领全国人民顽强拼搏的奋斗史，可以说"精神高地"的内涵、实质始终在与时俱进，始终针对于国家、民族发展中存在的突出问题。"精神高地"倡导较高的价值取向，而社会公德对于广大党员干部则是普遍的、基本的要求，党性原则是严格的政治、组织纪律等要求。只有夯实广大党员干部社会公德和党性原则，才能为构筑"精神高地"奠定坚实的基础，反之，构筑"精神高地"，又会为广大党员干部模范遵守社会公德和坚持党性原则提供方向标。

第五，基于对典型的导向作用与党员干部正当追求合理利益关系处理的路径探讨。典型与榜样都具有截然相反的双重存在。当反面的影响超过正面的影响时，正面的典型虽显得珍贵，但却因为宣传的失度而产生逆反，使得人们不易去效法。在注重宣传典型导向作用的同时，必须关注广大党员干部正当合理的利益追求。榜样的力量是有限的，因为榜样只在一定范围内，即愿意学习榜样的社会群体中起作用，离开这个群体，榜样就没有作用了。榜样的力量也是无限的，榜样虽然是属于历史的范畴，也是特定历史条件下的产物，但凡是符合中华民族文化传统的典型，他们就会超越时空，被不同时代、不同群体的人们赋予其时代的内涵，从而为后来的人们所尊崇和效法，即使只是因为瞬间的辉煌，它也会成为永恒。典型的导向必须顺应时代的要求，并与广大党员干部的合理利益追求相结合，才具有长久性和可执行性。通过典型宣传，引导党员领导干部坚定理想信念，提高思想道德水平和行为规范，从而树立为人民服务的优良作风，是推进社会主义核心价值体系建设的重要途径。

第六，基于对营造良好的学习典型的环境与现实中存在不利于典型影响力发挥因素关系处理的路径探讨。在营造学习先进典型的环境上，既要相信"近朱者赤，近墨者黑"的共性规律，又应该相信近朱者未必赤，近墨者未必黑的个性差异。思维上的绝对肯定和绝对否定都容易导致"过犹不及"。从一般意义上讲，环境对人的思想、行为影响起着决定性作用；但从辩证唯物主义观点看，环境又是由人来改变的。不只是环境决定人，人也改变着环境。克服和消除环境中消极因素的影响，正是不断树立和宣传典型的最直接的效应之一。宣传树立典型是素质教育中不可或缺的环节，而素质教育的核心思想是学会做人，学会做"完整的人"，良好的素质可以把外部获得的信息、知识和行为规则内化，升华为人的稳定的品质和素养。道德楷模的感染力是随着时空尺度的拓展而呈递减趋势的。道德楷模必须活生生地嵌入每一个具体而微的熟人共同体中，唯当他们的善良是你我亲眼所见，他们的勇敢是你我亲耳所闻，才有可能因为朝夕相处、耳濡目染而"近朱者赤"。反之，当道德楷模四下穿梭，只为陌生人群巡回演讲时，哪怕听者动容、闻者啜泣，得到的可能也是虚荣大于光荣。

四　构建地域精神，在本土化过程中建设社会主义核心价值体系

社会主义核心价值体系建设只有与当地文化基因紧密契合，才不会高高在上，才可能同当地民众有文化上、心理上、情感上的亲近感，进而才可能更容易为当地民众所认同、践行。因此，为了推动社会主义核心价值体系的大众化，我们还可以通过地域精神的构建，推动社会主义核心价值体系的当地化。

基于此，各地在发掘、打造自身的文化特色的时候，要有意地发掘、打造那些能够与社会主义核心价值观相契合的文化要素、文化精神。一方面用社会主义核心价值观提炼、提升地域文化，另一方面用地域文化承载、彰显社会主义核心价值观，这样才能在不断彰显区域性文化特色的过程中建设社会主义核心价值体系，推动社会主义核心价值观的大众化进程。为了便于分析，本部分以贵州地域精神建设为个案进行分析。

贵州作为西部多民族聚居的省份，欠发达、欠开发、欠开放，由于自然和历史等多方面的原因，许多发展指标在全国的排名靠后，农村贫困面大、贫困程度深，工业化、城镇化水平还很低，县域经济实力弱，市场主体发育慢，就业问题突出，人口资源环境压力大，总体竞争力还不强，尤其是县、乡、村三级存在的困难和问题更多，发展的任务非常重，稳定的压力非常大，民生的欠账多。2005 年 2 月胡锦涛同志视察贵州和在 2010 年 8 月谈到贵州工作时，勉励和指示贵州同志要有志气、有信心，艰苦奋斗、长期奋斗，努力实现经济社会发展的历史性跨越。2011 年 5 月，贵州省在香港举办"贵州·香港投资贸易活动周"时，时任中共贵州省委书记栗战书形象地介绍：贵州虽然是一个海拔很高的高地，但在发展中却是一个"经济洼地"。在 2012 年 1 月 17 日召开的贵州省宣传部长会议上，栗战书强调：要改变贵州"经济洼地"的面貌，必须首先构筑贵州人民的"精神高地"，这是当前贵州省宣传思想文化工作最紧迫的任务。2012 年 4 月 15 日，中共贵州省第十一次代表大会报告中指出："大力挖掘、深入提炼贵州在革

命、建设和改革中积累的宝贵精神财富，弘扬社会主义核心价值，构筑'自觉自信自强、创先创新创优'的精神高地，形成良好的社会风尚。""唯有构筑'精神高地'，才能冲出'经济洼地'"①。但是要构筑"精神高地"，必须强化社会主义核心价值体系的引领作用，这样做，一方面可以提升当地精神资源的品质助推精神高地建设；另一方面可以借此机会实现社会主义核心价值体系的当地化、本土化。

（一）深入挖掘与社会主义核心价值体系相契合的地域精神资源

任何地域都有特定的文化特色和文化精神，其中不乏许多与社会主义核心价值体系相契合的精神资源。挖掘、利用这些精神资源，有利于社会主义核心价值体系在不同的地域更好地得到认同和践行。

以贵州为例，党领导贵州各族人民在革命、建设和改革的进程中，先后形成了遵义会议精神、顶云精神、毕节试验区精神、大关精神、贵州精神等等。这些精神孕育于这片特殊地域，富含着各个时期强烈的地域发展所需求的精神动力，生动形象地彰显着社会主义核心价值体系的精神要素。

比如遵义会议精神。中共中央于1935年1月15日至17日在贵州遵义召开了政治局扩大会议。会议在与共产国际失去联系的情况下，在民主的氛围中，集中全力和独立自主地修正了第五次反围剿以来的错误，解决了当时具有决定意义的军事和组织问题，确立了毛泽东同志在党和红军中的领导地位，在极其危急的情况下挽救了党、挽救了红军、挽救了中国革命。如果从一个长时段的历史视角来看，我们发现遵义会议不仅仅是一个会，这个会议的召开，确实彰显了中国共产党人的一种精神。后来，这种精神一直指引着、鼓舞着我们党和红军从失败走向胜利。2010年9月1日至2日，时任中共贵州省委书记栗战书（2012年11月当选为中国共产党第十八届中央政治局委员）在遵义调研时指出："遵义会议突出体现了坚持真理、修正错误的精神，突出体现了顾全大局、紧密团结的精神。"坚持真理、修正错误，体现出我们党敢于直面自己、反省自己的勇气；顾全大局、紧密团结，体现出党员领导干部勇于抛弃狭隘小我、走向革命大我的正气，这些无疑都标志着中国共产党从精神上开始走向自觉。2011年7月23日至25日，时任中共中央政治局委员、书记处书记、中央宣传部部长刘云山

---

① 《贵州日报》，2012年4月24日，第2版。

（2012年11月当选为中国共产党第十八届中央政治局常委）视察贵州时指出："贵州有着深厚的历史文化积淀，有着光荣的革命传统，铸就了伟大的长征精神、遵义会议精神，概括起来就是勇于突破，敢于超越，善于转变，攻坚克难的精神，这是推动贵州发展的宝贵财富。"几十年来，遵义会议上所彰显的这种特殊的精神气质，一直深深影响着我国的革命和建设事业。从真理标准大讨论到党的十一届三中全会拨乱反正、开启改革开放事业的伟大征程，就再次体现了遵义会议的精神。直到今天，这种精神仍是我们党不断自省、自励、自强、自信，提升自身建设科学化水平、永葆党的先进性的重要精神资源。遵义会议精神因其诞生在贵州，更成为贵州本土精神的重要组成，不断激励着新时期的贵州人进行文化自省、增强文化自觉、树立文化自信、实现文化自强。

又比如顶云精神。在改革开放初期，贵州省关岭县顶云公社率先实行农业生产责任制，超前地探索出敢闯、敢试、敢为人先的顶云精神。1978年3月，在关岭县委工作队的指导下，贵州省关岭县顶云公社在16个生产队试行"定产到组，超产奖励"的农业生产承包责任制，突破了"三级所有、队为基础"的管理模式，极大地解放和发展了农村社会生产力，调动了农民群众的积极性、主动性和创造性，深受干部群众欢迎。1978年11月11日，《贵州日报》以《定产到组，姓"社"不姓"资"》为题在头版整版加"编者按"对顶云经验作了报道，贵州省上下反响强烈。顶云公社创造的定产到组的承包制经验，成为全国农村改革最早的典型之一。此后，在中国农村改革的历史上，有了"北小岗、南顶云"一说。顶云经验不仅创造了巨大的物质财富，而且留存了宝贵的精神财富。顶云人敢闯、敢试、敢为人先的精神，是"文化大革命"结束后，改革开放初，贵州地域精神的典型。后来，在顶云精神的鼓舞下，在中共贵州省委、省政府的正确领导下，贵州省从20世纪80年代开始至今，在农村改革方面进行了超前的、持续的探索，通过各试验区、试点县和有关部门的不懈努力，"增加人口、不再分地"等一批农村改革试验成果先后得到中央肯定，进入了各级党委、政府的决策。现在，顶云人敢闯、敢试、敢为人先的精神，不仅成为改革开放初期贵州时代精神的象征，而且已经成为中共贵州省委、省政府带领贵州省各族人民不断大胆探索、大胆创新、大胆实践，把贵州各项改革推向纵深的宝贵精神财富之一。

再比如毕节试验区精神。1988年，面对贫困和生态恶化的双重难题，时任中共贵州省委书记的胡锦涛同志亲自倡导，并经国务院批准建立了毕节"开发扶贫、生态建设"试验区，开启了我党与统一战线团结奋斗、合力攻坚的"同心"实践的宏伟历程，确定将开发扶贫、生态建设、人口控制作为三大建设主题。胡锦涛同志在试验区成立大会上就坦然相告："必须向广大干部群众讲清楚，我们是在全国最贫困的地区搞试验，各级干部，特别是领导干部，要树立长期艰苦奋斗的思想，带领群众谱写毕节地区艰苦创业的历史。"经过 20 多年的改革探索，全区经济社会发展实现了根本性变革。经济总量从贵州省 9 个市（州）的末位跃升至第三位，人口少出生了 100 多万，森林覆盖率从 14.9% 提高到 40%。试验区人民在极其恶劣的自然条件和极其贫困的生活条件下，不断克服困难，坚持进行探索，初步走出了一条人与自然和谐相处、经济与环境统筹协调的科学发展之路。试验区工作在取得明显成效的同时，也孕育了宝贵的试验区精神，即：坚定信念、艰苦创业、求实进取、无私奉献。

还比如大关精神。贵州省罗甸县云干乡大关村距县城 16.8 公里，坐落在海拔 900 多米的崇山峻岭之中，土少石多，沟壑纵横，植被稀少。1984 年前，因其恶劣的生存环境而人迹罕至。村民人均收入不到 50 元，是典型的"三缺"（缺粮、缺钱、缺水）、"三靠"（吃粮靠返销、花钱靠借贷、穿衣靠救济）地区。改革开放以来，在中央解放思想、实事求是思想路线的指引下，大关村产生了"变"的思想。从"等、靠、要"的苦熬，变为"苦干光荣，苦熬可耻"。群众精神的解放，变成了改造山河的巨大力量。以何元亮为代表的大关村党支部带领全村农民自力更生，艰苦奋斗，坚持劈石抠土造良田，积极发展多种经营。经过十多年的努力，大关人硬是从石头缝里造出高标准稻田 1000 余亩，开出蓄水池、小水窖 200 多处，在此基础上发展养殖业、扩大森林覆盖面积，1997 年人均粮食 500 公斤、人均纯收入达 1100 余元。大关人在取得脱贫奔小康成就的同时，也锤炼出"自力更生、艰苦奋斗，坚韧不拔、苦干巧干"的精神。1997 年 2 月 16 日，《人民日报》刊登了《劈开千年顽石，造出千亩良田——大关苦干十二年挖掉穷根》一文并配发了"编者按"。"编者按"指出：大关的"这种艰苦奋斗精神，是中华民族的灵魂，是中华民族赖以生存和发展的支柱。这种精神，不仅战争年代需要，和平时期同样需要；不仅贫困地区需要，富裕地区同样需要；不仅农村需要，城市的各行各业同样需要。有了这样的精神，我们就一定能够有力量战胜一切艰难险阻，把建设有中国特色社会主义的伟大事业不断推向前进"。

还比如贵州精神。2010年春，我国西南地区遭遇了特大旱灾。位于贵州省黔西南州首府兴义市则戎乡的冷洞村，在村党支部书记朱昌国的动员带领下，全村群众推广用矿泉水瓶装水进行"滴灌"的技术，不仅保住了近2000亩金银花，更保住了全村增收的希望。2010年4月4日，时任国务院总理温家宝在冷洞村的石山坡上，实地详细了解土法滴灌的做法和效果后，高度称赞道："这个办法真的好，滴灌面积小，入土深度够，把水用到了最需要的根部，一点也不浪费。这我还是第一次见，这是被大旱逼出来的智慧……冷洞村的实践彰显了'不怕困难、艰苦奋斗、攻坚克难、永不退缩'的精神，这种精神比创造的财富还要宝贵、还要长远，这就是贵州精神。无论是抗旱救灾，还是改变贫穷落后的面貌，都需要这种精神。"

上述植根于贵州土壤中的宝贵精神资源，有鲜明的贵州特色，有极强的群众认同和实践基础，并且蕴含着社会主义核心价值体系的丰富元素，深入挖掘和利用这些精神资源，既有利于社会主义核心价值体系建设，又有利于地方经济社会发展。基于此，2011年10月，中共贵州省委十届十二次全会结合社会主义核心价值体系的基本内涵和建设要求，进一步明确提出要"培育和弘扬'开放创新、团结奋斗'的贵州时代精神"，在构建地域精神、推动社会主义核心价值体系当地化的过程中迈出了重要一步。2012年4月，在中国共产党贵州省第十一次代表大会上，中共贵州省委进一步强调："贵州条件艰苦，做成一件事，要付出加倍的努力，更需要有一种在逆境中求崛起的精神。有精神才会有力量。唯有'干'字当头，才能改变面貌；唯有拼搏奋进，才能后发赶超；唯有构筑'精神高地'，才能冲出'经济洼地'"。随后，时任中共贵州省委书记栗战书在《求是》撰文指出："构筑'精神高地'，建设精神家园，马克思主义理论是制高点，社会主义核心价值体系是灵魂。我们要以社会主义先进文化为引领，不断从优秀的民族传统文化中萃取精华，将彰显贵州志气、体现贵州奋斗精神的民族文化元素提炼升华，并使之内化为贵州各族人民的精神需求和行动自觉。一要弘扬自尊自重、自信自强的精神。二要弘扬改革创新、锐意进取的精神。三要弘扬不畏艰苦、百折不挠的精神。四要弘扬团结协作、互帮互助的精神。"① 这一论述进一步厘清了社会主义核心价值体系建设与地域精神构建、

① 栗战书：《构筑"精神高地" 冲出"经济洼地"》，《求是》2012年第12期。

贵州精神与贵州时代精神的关系。我们相信，只要全体贵州人以社会主义核心价值体系为灵魂，在继承"不怕困难、艰苦奋斗、攻坚克难、永不退缩"精神的基础上，进一步植入"开放创新、团结奋斗"的时代元素，不仅会大大丰富和发展贵州精神的内涵，实现贵州文化跨越发展，而且会更加有力地推动贵州早日实现经济社会发展的历史性跨越。

（二）切实用社会主义核心价值体系引领地域精神的品牌构建

如前所述，贵州是典型的欠发达、欠开发地区，按照省委领导的要求，"唯有构筑'精神高地'，才能冲出'经济洼地'"。① 但是要构筑"精神高地"，必须强化社会主义核心价值体系的引领作用。

一是要坚持马克思主义指导思想，确保"精神高地"构筑的正确方向。一方面，马克思主义的科学性要求在建设社会主义核心价值体系过程中不断追求"真理性"，并在与社会的互动中祛除价值体系中的虚假性成分，使社会主义核心价值体系真正反映人民群众的根本利益。另一方面，马克思主义的科学性要求用科学的态度与方法来看待意识形态问题。这就是要求从人们的物质生活出发寻找社会主义核心价值体系社会化的现实支撑，摒弃仅仅在意识形态领域里转圈的做法。2012 年前三季度，贵州地区生产总值增长 13.8%，主要经济指标增长继续位居全国前列，这样的发展速度和后劲在贵州历史上均属罕见，发展的自信开始重塑。曾经锐评"贵州现象"的清华大学国情研究院院长胡鞍钢指出，贵州已经具备了堪称天时、地利、人和的机遇和大局，只要坚持科学发展一定能书写生动精彩的"贵州故事"。② 这说明了，必须形成统一的指导思想，树立共同的理想信念，才能抵达地域精神的真正高地。

二是要基于"中国特色社会主义共同理想"塑造贵州理想。2012 年 11 月 10 日，中共贵州省委书记、省长赵克志在十八大贵州代表团开放讨论活动中表示，实现党的十八大提出的奋斗目标，实现贵州经济社会发展的历史性跨越，必须提振贵州各级干部加快发展、奋力攀高、跨越发展、同步小康的精气神。③ 只有生于斯长于斯的贵州人，才真正理解提振精神、鼓足

① 《贵州日报》2012 年 4 月 24 日，第 2 版。

② 王新伟：《多彩贵州　蓄势腾飞》，《经济日报》2012 年 11 月 7 日，第 15 版。

③ 《贵州的干部要激情干事　激情创业　给人民以信心》，人民网，2012 年 11 月 10 日。

干劲、反击贫困的内涵，才真正理解为什么在贵州地域上，要依靠这些精神推动发展、实现理想的实质。但仅仅依靠自身的文化资源构建贵州"精神高地"，是举步维艰的，唯有以社会主义核心价值体系为引领，基于"中国特色社会主义共同理想"，塑造出贵州理想，才能完善贵州地域文化多元性的融会贯通，才能实现贵州"精神高地"构建的不断自我创新，才能与时俱进地以先进文化建设引导好地域文化建设，点燃干事激情，增强发展自信，才能形成激情干事、激情创业的浓厚氛围，从而走出一条"坚持科学发展、体现贵州特色、符合时代要求、惠及人民群众的后发赶超之路"。

三是要以爱国主义为核心的民族精神和以改革创新为核心的时代精神贯穿"精神高地"构建始终。一个国家、一个民族的崛起，离不开精神力量的支撑。以爱国主义为核心的民族精神和以改革创新为核心的时代精神，是凝聚中华民族的牢固精神纽带和促进中华民族发展壮大的强大精神力量。党的十七届六中全会通过的《中共中央关于深化文化体制改革推动社会主义文化大发展大繁荣若干重大问题的决定》指出："爱国主义是中华民族最深厚的思想传统，最能感召中华儿女团结奋斗"。《决定》还指出："改革创新是当代中国最鲜明的时代特征，最能激励中华儿女锐意进取"。时代精神激发了中华民族的生命力、创造力。中华民族历来注重革故鼎新。《礼记·大学》中提到："苟日新，日日新，又日新。"中华民族五千多年的文明史，就是一部改革创新史。各种改革创新，推动了不同历史时期经济社会的发展。历史实践表明，什么时候注重改革创新，经济社会进步得就快；什么时候封闭保守，经济社会就停滞不前甚至倒退。贵州欠发达、欠开发，改革滞后、开放不足。大力推进改革创新、全方位扩大开放，是贵州的强省之路，是推动跨越的支撑点。因此坚持以爱国主义为核心的民族精神和以改革创新为核心的时代精神，贯穿"精神高地"构建的始终，是凝聚贵州省各族人民的智慧和力量，积极推动贵州跨越发展的根本保证。

四是要通过践行社会主义荣辱观倡导社会文明风尚。以"八荣八耻"为代表的社会主义荣辱观，创造性地概括了社会主义主导价值体系与价值目标，是在确认了个体权利基础上提出的道德规范，是对中国传统道德伦理精华在新背景下的汲取与超越。构筑贵州"精神高地"，需要通过践行社会主义荣辱观，倡导社会文明新风尚，形成社会良好的基本道德规范。构建"精神高地"，需要大力实施文明素质工程，把社会主义核心价值体系融入到国民教育、精神文明建设和党的建设全过程，在创新工作的载体和手段上做文章，增强针对性、贴近性和实效性，不断夯实贵州省各族人民团结奋斗的共同思想道德基础。

　　总之，精神要素是催化剂，也是黏合剂，能刺激各生产要素组合起来共同发力。长期处于贫穷落后的贵州，在过去的一个时期中，人还是那些人，条件还是那些条件，而且也曾遭遇电煤不足、投入不足、用地不足、人才短缺诸多困难，但凭借"不甘垫底，奋力爬高"的精神支撑，却在2011年创造了20年来最快发展速度，多项指标增速位居全国前列。实践证明，能不能实现跨越式发展，主要取决于我们有什么样的目标追求、发展思路和精神状态。"贫穷落后"不是贵州的代名词，更不是贵州的固有标签，只要我们以社会主义核心价值体系指导"精神高地"构建，打破传统思维定势、不自甘垫底、不争论、不折腾，真正把思想统一到发展上，把心思集中到发展上，把力量凝聚到发展上，完全可以实现后来者居上。

五 开发红色资源，在市场化路径中 建设社会主义核心价值体系

社会主义核心价值体系建设必须贴近地方发展需要，虚功实做，努力与不同地方的发展要素紧密结合，修补地方发展不足，才容易获得普遍的大众认同。在这方面，开发红色资源，在市场化路径中建设社会主义核心价值体系无疑是有效的选择。

红色资源是中国共产党领导全国各族人民在长期的革命和建设实践中形成的物质资源、制度资源和精神资源的总和，是在适合中国国情的指导思想的正确指引下，将特定时期中华民族的共同理想、民族精神、时代精神与荣辱观念凝结为一体，并以物质、精神、制度三种形式呈现出来的先进文化遗存和宝贵精神财富。"每一位革命志士，每一件珍贵文物，每一处革命遗址，每一个革命事件，都以无可辩驳的事实再现了革命先辈英勇斗争的革命历程，都以不容置疑的证据诠释了革命先辈的爱国爱党情怀、革命信念、革命精神和革命道德诉求"。[①]

红色资源具有物质与精神价值的二重性。一方面，90 年来，党领导人民的革命史、奋斗史、创业史，培育铸就了长征精神、遵义会议精神等，蕴含着宝贵的精神财富，值得大力弘扬。另一方面，90 年来，党领导人民在革命建设和改革中留下的红色资源，是我们发展旅游产业、文化产业的重要资源，值得科学开发和利用。因此，大力开发红色资源，无疑是贴近地方发展需要，推进社会主义核心价值体系虚功实做的有效路径。

（一）红色资源集中体现了社会主义核心价值体系

红色资源不是一个静止的概念，随着党领导全国各族人民建设社会主

---

① 李水弟、傅小清、杨艳春：《历史与现实：红色文化的传承价值探析》，《江西社会科学》2008 年 06 期。

义宏伟事业的不断推进，它的涵盖面将越来越广，涉及的内容也将不断推陈出新。而在这一发展的过程中，红色资源与社会主义核心价值体系从构成要素及目标指向上来看，都存在很大程度上的共通性。

第一，指导思想的统一性。马克思主义揭示了人类社会历史的发展规律，是无产阶级和广大人民群众认识世界和改造世界的正确的立场、观点和方法，是我们立党立国的根本指导思想，是社会主义意识形态的伟大旗帜，更是社会主义核心价值体系的灵魂。回望我国革命、建设、改革的全部历史过程，没有马克思主义的正确指导，就没有新民主主义革命的伟大胜利，也就没有新中国的成立，更谈不上用中国化的马克思主义指导中国特色社会主义的伟大实践。红色资源是中华民族宝贵的精神财富，它自始至终都以马克思主义为指导。

新民主主义革命时期，中国共产党在众多思想中选择了最为科学的马克思主义，经过28年艰苦卓绝的浴血奋战，推翻了帝国主义、封建主义和官僚资本主义的反动统治，实现了民族独立和人民解放，建立了人民当家做主的社会主义新中国。可以说在这段可歌可泣的伟大历史中留下的每一件革命事迹、每一处革命遗址都折射出中国共产党带领全国人民坚持马克思主义的指导地位、坚定共产主义理想的正确决断。

在社会主义革命和建设及改革开放的历史新时期，中国共产党坚持把马克思主义基本原理同中国的具体实际相结合，确立了社会主义基本制度，并在一穷二白的基础上建立起独立的比较完整的工业体系和国民经济体系；开创了中国特色社会主义道路，为全面建设小康社会、实现中华民族的伟大复兴奠定了坚实基础。尽管这段时期形成的物态的红色资源在整个红色资源体系中占不了多大比例，但其必然存在的制度形态及精神形态的红色资源，永远支撑和激励着继往开来的马克思主义者为社会主义和共产主义事业奋斗终生。

第二，理想信念的共通性。理想信念是提振全国各族人民奋发向上，有效凝聚各方智慧和力量的思想基础，是中华民族团结奋斗不断取得发展进步的精神支柱和动力支持。当前，我国正处于经济体制深刻变革、社会结构深刻变动、利益格局深刻调整、思想观念深刻变化的关键时期，牢固树立中国特色社会主义共同理想，对于形成团结和睦的社会氛围、化解发展进程中不可避免的国内矛盾、凝聚全国各族人民致力于中国特色社会主义伟大事业的建设，有着不可忽视的意义和价值。我们一如既往的共同理想，即是在中国共产党领导下，坚持走中国特色社会主义道路，实现中华民族的伟大复兴。

红色资源与社会主义核心价值体系共同的创造主体——中国共产党，从建党伊始，就自觉肩负起实现中华民族伟大复兴的庄严使命，勇敢承担起团结带领全国各族人民完成民族独立和人民解放的历史任务，并将实现共产主义作为自己的崇高理想和奋斗目标。在对理想和目标不懈追求的过程中，通过对中国国情的现实考量，又科学作出了从新民主主义到社会主义过渡、最终实现共产主义的伟大设想。党的十一届三中全会以来，中国共产党带领全国各族人民在改革开放的伟大实践中探索出建设中国特色社会主义的正确道路，取得了现代化建设的辉煌成就。事实雄辩地证明，坚持中国共产党的领导、坚持中国特色社会主义道路与中华民族的伟大复兴有着必然的联系，朝着实现中华民族伟大复兴这一共同理想持续奋进的过程也即是红色资源不断形成的过程。因为创建主体的同一，故红色资源中所体现出的勇于献身革命事业的社会责任感和历史使命感等理想信念方面的内容，是中国共产党开创中国特色社会主义道路的动力源泉；而社会主义核心价值体系中对中国特色社会主义共同理想的科学阐述，又是新时期中国共产党人坚定正确理想信念的理论支撑。

第三，精神力量的一致性。崇高的精神与民族心理和文化传统相结合就会形成一定的民族精神，与时代特征和社会发展要求相结合就会形成一定的时代精神。民族精神是以爱国主义为核心，以团结统一、爱好和平、勤劳勇敢、自强不息等作为具体体现的一种精神；时代精神是标志一个时代的精神文明，代表时代发展潮流并对社会生产的发展产生积极影响的精神，是每一个时代特有的普遍精神实质，是一种超脱个人的共同的集体意识。中国共产党90多年的奋斗历程，培育形成了一系列彰显政党性质、反映民族精神、体现时代要求、凝聚各方力量的伟大精神。

不难理解，爱国主义是红色资源的题中应有之义，红色资源中蕴含了丰富的爱国主义思想。以爱国主义为核心的民族精神，既植根于我国优秀的民族文化传统中，又同我们党领导人民在长期的革命、建设和改革中形成的优良革命传统相结合。我们的祖国在近代曾经饱受外国列强的侵略和欺凌，许多爱国志士为了国家和民族的前途和命运，进行了不屈不挠的斗争。中国共产党的成立，成为这种斗争从失败转向胜利的历史性标志。正是在党领导全国各族人民进行救亡图存、争取民族独立、维护国家主权的斗争中，涌现了一批伟大人物、留下了一批革命遗址遗迹、传颂了一段段革命佳话，共同构成了红色资源活的灵魂。

而以改革创新为核心的时代精神，同样是红色资源中必不可少的精神构成元素。中国共产党历来重视培育时代精神并积极发挥其对社会和人自身发展的动力作用，在领导中国人民进行革命、建设和改革的历史进程中，培育出了井冈山精神、长征精神、延安精神、抗战精神、西柏坡精神、雷锋精神、"两弹一星"精神、大庆精神、抗洪精神、抗击非典精神、载人航天精神、抗震救灾精神、抗雪凝精神、北京奥运精神等与特定时代发展相适应的时代精神。这些体现了特定时代改革创新需求的时代精神，留下了太多革命者的历史足迹、凝聚了太多的民族情感、彰显出共产党人钢铁般坚毅的意志。

第四，基本道德规范的本源同一性。荣辱观是社会道德意识的集中体现，是人民道德信念和道德人格的生动表征，能为全体社会成员提供基本价值准则和行为规范。以"八荣八耻"为主要内容的社会主义荣辱观，集中概括了当代中国社会最基本的价值取向和行为准则，是社会主义核心价值体系的基础，是对革命荣辱观的继承和发展。

以"八荣八耻"为主要内容的社会主义荣辱观具体表述为：以热爱祖国为荣、以危害祖国为耻，以服务人民为荣、以背离人民为耻，以崇尚科学为荣、以愚昧无知为耻，以辛勤劳动为荣、以好逸恶劳为耻，以团结互助为荣、以损人利己为耻，以诚实守信为荣、以见利忘义为耻，以遵纪守法为荣、以违法乱纪为耻，以艰苦奋斗为荣、以骄奢淫逸为耻。

在革命战争年代，毛泽东同志就曾对共产党人的荣辱观从内容上进行过确定："共产党员无论何时何地都不应以个人利益放在第一位，而应以个人利益服从于民族的和人民群众的利益。因此，自私自利，消极怠工，贪污腐化，风头主义等等，是最可鄙的；而大公无私，积极努力，克己奉公，埋头苦干的精神，才是可尊敬的。"① 在这种革命荣辱观的引导下，我们党领导全国各族人民以忠诚革命事业为荣、以背叛革命事业为耻，以勇于牺牲为荣、以贪生怕死为耻，以密切联系群众为荣、以脱离人民群众为耻，涌现了一大批如刘胡兰、张思德、江竹筠这样的革命烈士。延安时期，毛泽东同志还坚决支持法院对黄克功、肖玉壁等一批违法乱纪的革命蛀虫处

---

① 《毛泽东选集》第二卷，人民出版社，1991，第522页。

以极刑。正是无数共产党人对革命荣辱观的模范践行，才推动了中国革命最终取得胜利。

对照革命荣辱观与社会主义荣辱观的具体内容，我们不难得出这样的结论：二者对道德观念的坚守虽体现了不同时期不同的时代需求，但从产生本源上看，都继承和发展了中华民族的传统美德，都是中国共产党人的精神创造，是引领社会文明风尚的重要旗帜。

（二）红色资源是推动地方发展的重要资源

红色资源是各地发展旅游产业和文化产业的重要资源。科学利用红色资源，坚持把社会效益放在首位，坚持社会效益与经济效益相统一，以保护、传承红色文化遗产为前提，以创造红色文化精品为基础，以满足人民群众日益增长的精神文化需求为出发点和落脚点，以产业化、市场化为重要途径，不断优化产业布局和产业结构，完善市场体系和政策保障，促进红色产业与其他产业有机融合，无疑会大大促进红色资源富集地区的经济社会发展。

以贵州为例：贵州红色资源十分丰富，早在 20 世纪 20 年代，一批仁人志士纷纷出省出国寻求进步思想和救国救民的真理，如荔波的邓恩铭、铜仁的周逸群、镇远的周达文、思南的旷继勋、安顺的王若飞、锦屏的龙大道等，成为中国革命的先驱者或贵州早期革命者。1929 年起，中国共产党在贵州建立组织并开展活动，留下了大量的革命遗址遗迹。土地革命战争时期，中国工农红军在贵州开展革命活动形成大批遗址遗迹，成为了贵州红色资源的核心。从 1930 年到 1936 年，先后有红七军、红八军、红三军、中央红军、红二军团、红六军团在贵州开展革命活动，足迹遍及贵州 88 个县（市、区、特区）中的 68 个，创建了黔东、黔北、黔西北和滇桂黔边区等革命根据地，特别是中央红军和红二、红六军团在贵州长征期间，召开了以遵义会议为标志的系列中央重要会议，进行了强渡乌江、四渡赤水、甘溪突围、乌蒙山回旋战等著名战役。

对比全国其他省份，红军长征在贵州活动地域最广，经历时间最长，产生影响深远。中央红军长征总历时一年零二天，在贵州活动时间就长达四个月零十天。红军在贵州期间，贵州各族人民不畏艰难、勇于牺牲，大力支援红军，在扩红中有 16000 多名贵州籍各族青年参加红军，壮大了革命队伍，从而使得贵州成为中国革命的转折之地和休养生息之地。从贵州红色资源数量及类别分布情况的角度看，贵州省重要革命遗址共有 2078 处，数量位居全国前十。其中从 1919 年到各地解放前形成的革命遗址共 1465 处，其他遗址 140 处，剿匪斗争遗址 473 处。在 1919 年到各地解放前形成的 1465 处革命遗址中，重要历史事件和重要机构旧址共 268 处，占总数的 18.3%；重要历史事件和人物活动地共 767 处，占总数的 52.4%；革命领导人故居共 62 处，占总数的 4.2%；烈士墓共 208 处，占总数的 14.2%；纪念设施共 160 处，占总数的 10.9%。① 这些革命遗址遗迹，是党和人民一笔宝贵的革命历史财富，也是对广大人民群众特别是青少年进行爱国主义教育和革命传统教育的重要阵地，更是推动社会主义核心价值体系社会化的优质载体。

总体上讲，贵州有全国性乃至世界性影响的红色文化，比如长征文化资源；从组合性来看，贵州丰厚的红色资源与良好的自然生态、多样的民族文化交相辉映，共同绘就了多彩贵州的绚丽图景；从持续性来看，贵州红色资源具有可再生性、无污染性，既可循环利用，又可多样利用，更可多层次利用。近些年来，贵州省红色资源开发利用情况呈现良好势头，一批列入国家重点文物保护单位和红色旅游重点景区（点）的红色文化遗址已经或正在建设成为红色旅游经典景区（点）。如遵义会议纪念馆、黎平会议纪念馆、猴场会议旧址、四渡赤水纪念馆、遵义红军烈士陵园、娄山关战斗遗址、荔波邓恩铭故居、安顺王若飞故居、铜仁周逸群故居等，在中央财政及各级党委、政府的大力支持和投入下，一些红色资源得到较好的保护、建设和利用，成为红色旅游的热点景区（点）和当地机关、学校、部队开展学习教育活动的重要场所。自"十一五"规划实施以来，贵州红色旅游经典景区接待游客数量、红色旅游综合收入年均增长都在 20% 以上，发展的速度喜人，态势喜人，表明发展红色旅游确实是一个前景可观、空间较大的新兴产业。加强红色文化遗产的挖掘、整理、研究和开发，走文旅融合之路，必将为贵州经济社会加速发展、转型发展、跨越发展开辟新的增长点，同时也为社会主义核心价值体系的传播开辟了新的渠道。

（三）以红色资源开发推动社会主义核心价值体系建设的路径探讨

红色资源开发是一个系统工程，其中发掘保护是基础，研究宣传是关

---

① 中共贵州省委党史研究室 2010 年贵州省革命遗址普查数据。

键，市场化运作是落脚点。

第一，深入挖掘和提炼红色资源，并以此为依托适时开展社会主义核心价值体系教育。开发的前提是挖掘和保护。由于各方面因素的制约，不少地方的红色资源仍处于闲置状态，相当一批重要的革命遗址损毁、流失严重，急需得到抢救和维修。中共贵州省委党史研究室 2010 年贵州省革命遗址普查统计数据显示，贵州省从 1919 年到各地解放前形成的 1465 处革命遗址中未列入县级以上文物保护单位的共有 1135 处，占总数的 77.5%，这部分红色资源的保护利用状况堪忧。在保护的基础上，还需深入挖掘和提炼红色资源的精神内涵，不断提高其文化品位，才能彻底杜绝在市场经济大背景下红色资源开发利用中的庸俗化、功利化、形式化问题。要以中国特色社会主义先进文化为指导，提炼和丰富贵州红色资源的精神特质和科学精髓，把红色资源开发利用与建设社会主义核心价值体系的双重需要紧密结合起来，创造性地进行提炼、归纳和总结，探索和构建出一条集物态、事件、人物、精神为一体的红色资源教育内容体系。

第二，进一步凸显相关机构的研究、宣传和教育职能，推动红色文化的理论研究和推广工作。加强研究、推介是开发的智力支撑。无论是物质形态、制度形态还是精神形态的红色资源，都需要进行更深层次的整合、开发和适度创作，并在此基础上拓宽和创新传播途径，才能增强红色资源的吸引力和感染力并提升其理论的高度，使其能够与社会主义核心价值体系这个抽象化的理论体系形成平滑对接。各国家级爱国主义教育基地或省级爱国主义教育基地是开展社会主义核心价值体系教育的良好实践基础。各级党委、政府要继续加大对这部分红色资源财政投入的力度，在条件成熟的地方探索建立社会主义核心价值体系教育基地，将红色资源的开发利用与社会主义核心价值体系教育内容有机整合，为社会主义核心价值体系教育提供坚实的实践平台，为红色资源的保护传承增添新的路径。

以贵州为例，中共贵州省委党史研究室作为贵州地域上研究红色文化的主体力量，于 2012 年 7 月 5 日成立了贵州红色文化发展研究中心，并明确了该中心发掘研究、开发保护、宣传普及三项职能。贵州红色文化发展研究中心自成立以来，不仅出版发行了一批宣传介绍贵州革命历史及红色文化的书籍、画册，而且制作播出了一批革命历史题材的影视作品，还在近段时间持续开展了党史教育基地挂牌调研工作，并将报刊、杂志、电台、电视台和互联网等多样化媒体充分利用起来，打响了"贵州红色资源"的品牌。在下一步工作中，可继续利用红色文化发展研究中心聚合了贵州省红色文化界精英人才的良好平台，尝试突破红色文化研究的传统思路，打造一批从红色资源保护利用视角入手，探寻社会主义核心价值体系建设新路径的精品力作，真正做到紧随时代步伐，认真履行"以史鉴今，资政育人"的历史使命。在此基础上，还可组织一批专家、学者带上理论研究的新成果，深入机关、学校、社区、军营进行宣讲，让广大受众从可感可知内容的具象红色资源切入，逐步领会社会主义核心价值体系建设方面的相关内容，使他们能够在此过程中建立起红色资源与社会主义核心价值体系二者间的密切联系，在聆听革命传统文化教育并深受鼓舞的同时，还能增进对社会主义核心价值体系的了解和认同。

第三，深化红色资源市场化开发，丰富推动社会主义核心价值体系建设的空间。产业化运作是开发的落脚点。要实现红色旅游的大发展，还要有好的统筹、规划、协调和管理，要力求在运作上有所创新，以大统筹格局实现大力度发展。要进行大产业谋划，要用大项目带动，建成大产业。以贵州为例，大产业的谋划应该包括两个层面。一个层面是红色旅游内部，要整合资源点，有规模、有层次、有体系地开发，力避地区和部门的山头主义。比如国发〔2012〕2号文件中提到的，"加强以遵义会议纪念体系为重点的经典景区基础设施建设"。显然这不应该理解为只开发"遵义会议会址"，它的意思应该很丰富，既强调遵义会议纪念体系是"重点"，又强调遵义会议纪念是一个"体系"。既然是重点，显然就不是全部。同时既然是体系，显然就不只是一个会址可以涵括的。而就体系来看，黎平会议、猴场会议、鸡鸣三省会议、苟坝会议，包括这期间的一系列重要战斗都可以纳入遵义会议纪念体系。如果这样，我们便可以整合很多个点，进而可以把"遵义会议旅游"做大。另一个层面是红色旅游外部，要整合红色旅游与相关产业发展，实现一、二、三产业联动。一则，要坚持"以绿带红、以红促彩"，就是把红色文化和生态文化、民族文化结合起来开发。二则，要紧扣红色旅游发展，谋划好相关的交通和公共服务体系建设，尤其是要谋划好革命老区的基础设施建设，改善当地贫困人口的生产生活条件。三则要紧扣扶贫开发攻坚区建设，谋划好革命老区的红色旅游扶贫项目的设计和开发，推进产业扶贫。四则要紧扣红色旅游发展的需要，谋划好相关的农特产品、特色旅游产品的设计、生产和开发，尤其是要按照市场要求，推动农业、工业部门标准化、低成本地生产和制作旅游商品。

　　我们相信，在开发红色资源、发展红色产业的过程中，只要坚持社会效益优先，社会效益与经济效益相统一的原则，我们就一定能在推动地方经济发展的同时通过红色产品的市场化路径实现社会主义核心价值体系的大众化。

六　推动文化繁荣，在大文化格局中建设社会主义核心价值体系

社会主义核心价值体系应当浸透在大文化的建设格局中，只有如此，才能通过宣传文化系统的组织保障和项目运作，增强其影响力和实践性；同时也只有在大文化建设的格局中，才能走出小文化的视野，在更广的层面上支撑当代中国发展，同时使自己转变成大众认知和大众行动。

（一）社会主义核心价值体系建设是文化大发展大繁荣的核心话题

任何社会的主流文化都可以分为核心层与载体层两个层面的内容。所谓核心层就是价值观层面的东西，具体说就是指这个社会的核心价值观。所谓载体层就是承载了社会核心价值观的文化表现形式，就是核心价值观的载体。没有核心价值观的文化是没有灵魂的文化，没有具体的文化形式予以承载和表现的核心价值观是没有现实生命力的价值观。这一特定的二元关联决定了，今天社会主义核心价值体系建设是文化大发展大繁荣的核心话题。党的十七届六中全会明确提出推进社会主义核心价值体系建设，打牢全党全国各族人民团结奋斗的共同思想道德基础，正是抓住了这一核心话题的根本，立足于对两者关联的以下多层内涵的准确把握。

第一，社会主义核心价值体系建设是文化大发展大繁荣的核心目标。巩固马克思主义指导地位，坚定中国特色社会主义共同理想，弘扬以爱国主义为核心的民族精神和以改革创新为核心的时代精神，树立和践行社会主义荣辱观，作为社会主义核心价值体系建设的基本内容，是今天中国特色社会主义文化建设的核心和灵魂，在中国特色社会主义文化建构中居于统帅地位。建设社会主义核心价值体系，就是在建构中国特色社会主义文化的核心层，这既是文化大发展大繁荣的内在组成，更是其核心目标。

第二，社会主义核心价值体系建设是文化大发展大繁荣的基本引领。作为文化建设核心层的社会主义核心价值体系建设，自然也是文化大发展

大繁荣的方向保证，只有把社会主义核心价值体系建设贯穿在中国特色社会主义文化建设的始终，以社会主义核心价值体系建设引领文化建设，才能确保中国特色社会主义文化沿着正确的轨道实现大发展大繁荣。尤其在当今世界，文化呈现多样性特征，不同文化之间的竞争关键在于不同文化中所蕴含的核心价值间的竞争。中国特色社会主义文化，对内必须要有整合力，统摄多样性的文化形式，引领多样性的社会思潮；对外必须要有竞争力，在经济全球化的背景下不断提升自己文化的影响力和传播力。而这一切都有赖于通过社会主义核心价值体系的建设，不断强固中国特色社会主义文化的核心层，以引领文化的大发展大繁荣。

（二）文化繁荣发展是建设社会主义核心价值体系的重要路径

马克思主义指导思想、中国特色社会主义共同理想、以爱国主义为核心的民族精神和以改革创新为核心的时代精神、社会主义荣辱观，党的十七大上概括出的社会主义核心价值体系的这四个层次内容的理论认知体系，如何内化为广大民众的精神、衍生为广大民众的行动，是当前社会主义核心价值体系建设最现实和紧迫的任务，而这显然是提出了对文化大发展大繁荣的路径需求。

回顾自古以来百姓对于传统美德的养成和延续，靠什么？除了靠长辈的言传身教，很重要的就是靠文艺作品。老百姓许多基本的道德观，相当一部分从民间说书、戏曲中来。说古皆说忠孝节义，道今皆道善美诚真，这无不体现了文化建设对于人们道德观形成的路径价值。正是从这个意义上说，社会主义核心价值体系的建设过程，也是文化的建设过程。具体的路径需求表现在以下方面。一则，社会主义核心价值体系建设需要具体的文化表现形式。社会主义核心价值体系作为中国特色社会主义文化的核心层，不能仅仅停留在抽象的价值观层面，它必须通过具体的文化表现形式予以表现，比如一部书、一首歌、一幅画等等，只有具体化的价值观才容易被人理解和接受。二则，社会主义核心价值体系建设需要丰富的文化表现形式。价值观是抽象的、单一的，而现实生活是丰富的、多样的。因此，社会主义核心价值体系需要借助丰富的、多样的文化表现形式予以表现，比如文学艺术、社会行动、工业产品等等，只有丰富的文化表现形式才能使社会主义核心价值体系发挥更为广泛的影响力。三则，社会主义核心价值体系建设需要优秀的文化表现形式。人民群众的物质生活和精神生活需要在不断增长，社会主义核心价值体系不能靠简单的说教来传播，需要借助优秀的文化表现形式去感染人、影响人、塑造人。

尤其要引起重视的是，要把社会主义核心价值体系建设纳入到大文化建设的格局中来考量。众所周知，文化可以作狭义的理解，也可以作广义的理解。广义的文化指"人类社会历史实践过程中所创造的物质财富和精神财富的总和"，狭义的文化指"社会的意识形态，以及与之相适应的制度和组织机构"。既然文化有广狭之分，那么对文化的建设也应有广狭之分。其实纵观美国等发达国家，其核心价值观不仅仅在书上、在影视作品里，甚而也在一瓶饮料、一套衣服、一台电脑等工业化产品中，这些国家在向世界输出本国产品的同时也在输出本国价值观。因此，今天必须突破就文化抓文化的狭义的文化建设思路，努力建构一种大文化的建设格局，把工业化、城镇化、信息化、农业现代化纳入文化建设的视野，让其因文化的注入而得到品质的提升。具体说就是要加强文化建设，为工业化、城镇化、信息化、农业现代化提供源源不断的人才支持、技术支持、舆论支持、思想支持，让其走向高端化、高新化、生态化、美学化、民生化和品牌化，同时也让其品质在提升的过程中更多地、更深地承载社会主义的核心价值观，真正使我们在输出中国产品的同时输出中国价值观。

（三）以文化的繁荣发展推动社会主义核心价值体系的大众化

从理论上的高屋建瓴到实践上的落地生根，是社会主义核心价值体系建设亟待解决的现实问题，也即是当前亟待作出突破性探索的社会主义核心价值体系的大众化问题。毋庸讳言，当前我国社会主义核心价值体系的大众化需求已形成相当层面的共识，而大众化的实践则有着较长的路要走，面对实践推进中明显存在的对社会主义核心价值体系的大众知晓率覆盖面不够、认同率内生性不强、践行率广泛度不高等问题，如何尽快促进社会主义核心价值体系从理论形态向社会心理形态转化，从价值评价向价值行为转化，从价值规范向价值示范转化，是一个十分繁重的任务。党的十七届六中全会关于推动社会主义文化大发展大繁荣的指示精神，为我们提供了明确的思想指导，以文化的大发展大繁荣推动社会主义核心价值体系的大众化，便是这一思想指导下必须全力以赴的行动。

第一，必须用强大的文化动力激发社会主义核心价值体系建设的主体动力。巩固马克思主义指导地位、坚定中国特色社会主义共同理想、弘扬以爱国主义为核心的民族精神和以改革创新为核心的时代精神、树立和践行社会主义荣辱观，作为社会主义核心价值体系建设要实现的四个层次的客体内容，需要承载于相应的实现主体的价值追求。

一方面，作为推进社会主义核心价值体系价值实现的领导力量的中国共产党，一切从人民利益出发，全心全意为人民服务，反映的就是中国共产党的价值需要。由此也决定了，马克思主义理论、共产主义远大理想，理应成为中国共产党及其广大党员所必需的价值追求。另一方面，作为推进社会主义核心价值体系价值实现的基础力量的广大人民群众，他们期望的是能够享有民主平等、公平正义、诚信互助、和谐安定的社会环境，尤其在现阶段社会阶层的不断分化和利益格局的不断调整过程中，人们对社会公平正义的要求尤为强烈。这便决定了，在构建社会主义核心价值体系的过程中，注重对人民群众公平正义观的正确引导，使公平正义真正成为人们内在的积极的价值诉求，从而在全社会生成共同创造富裕生活的群体力量，是对广大社会民众层面而言最重要和紧迫的任务。而在此层面上，倡导弘扬民族精神、时代精神和树立社会主义荣辱观，无疑是最迫切的需要。

显然，无论从推进社会主义核心价值体系价值实现的领导力量这一主体，还是从推进社会主义核心价值体系价值实现的基础力量这一主体，我们都不难看到，只有在各个层次建设主体的价值追求得到充分实现的情况下，社会主义核心价值体系建设才可能取得实质性的成效。这期待着我们要在文化大发展大繁荣过程中，用具体的文化载体实现各层面建设主体的文化动力的激发和集聚。尤其贵州经济社会发展滞后，文化动力相对不足，社会主义核心价值体系建设主体动力的激发，更期待着文化跨越发展中的文化动力集聚。

第二，必须用丰富的文化载体实现社会主义核心价值体系建设的大众化目标。社会主义核心价值体系大众化的繁重任务决定了，社会主义核心价值体系建设的大众化目标的实现，不可能一蹴而就，文化所具有的地域性、民族性、历史性、教化性和全覆盖性特点决定了其理当借助于文化发展中丰富的文化载体的生成。

其一，文化既是推动社会发展的重要手段，又是社会发展进步的目标，中国之大，不仅存在东、中、西不同发展梯次的不平衡，即便是同一梯次、同一省区，社会发展、文明进步都存在差异性。同一性的相对和差异性的绝对，决定了文化统一目标下的地域性特点，从而可为社会主义核心价值体系大众化目标的实现提供丰富的地域性载体。

其二，文化是通过历史的演进和积淀而形成的人们共同体的集体记忆，是一个民族历史可以传承再现，并引领其去创造未来的精神力量。在中华文化多元一体的结构中，56 个民族都做出了自己的贡献，形成了你中有我，我中有你的格局。这种多民族文化共生繁荣的格局，是中华文化的优势和特色，它决定了文化具有民族性，也决定了社会主义核心价值体系大众化目标实现中的多民族载体价值。

其三，文化作为历史文明的积淀，它能解决我们"从哪里来，到哪里去"的问题。文化如山，日积月累；文化如水，川流不息。每一个历史时代在特定的地域都有自己的主流文化、特色文化、大众文化等文化形态。文化本身具有与时俱进的特点，它会经过时间无意识淘汰和人们有意识地选择而激浊扬清、永葆活力，这就决定了文化是一个历史的范畴，也决定了社会主义核心价值体系大众化目标实现中的丰富的历史载体价值。

其四，文化是凝聚人心的精神纽带，文化的存在与发展直接关系民生幸福。不同阶层和不同利益集团、不同价值取向的人，都需要文化来满足自身精神的需求，满足提高自己认识世界、认识自己和改造世界、改造自我的能力需求，是人们普遍追求的幸福指数之一。正是因为这种教育人、引导人功能的存在，文化无疑可为社会主义核心价值体系大众化目标的实现，提供多层面的教化载体。

其五，文化与经济、政治、社会发展相融合，与人的全面发展息息相关。文化软实力与经济、科技相交融产生的竞争力已成为一个国家和地区最根本、最持久的竞争优势。因此，文化具有全覆盖的特点。没有一个国家、地区和一个人能超越文化，不受文化的影响。从一定意义上来说，人类的每一个进步，都是文化的进步。文化的这种全覆盖的特点决定了文化大发展中丰富的文化载体的生成，将有利于社会主义核心价值体系大众化目标的实现。

显然，文化的大发展大繁荣将有利于生成能够充分体现出上述文化的地域性、民族性、历史性、教化性和全覆盖性特点的丰富的文化载体，这必将大大推动社会主义核心价值体系大众化目标的实现。

第三，必须以深入的文化渗透实现对社会主义核心价值体系的自觉践行。社会主义核心价值体系是集中华历史文化、中国特色社会主义现实文化并能与世界多元文化和平共处、繁荣共生的民族文化精华，是中华民族实现和平崛起和伟大复兴的旗帜，它蕴含着真理的价值，洋溢着文化的凝聚力、吸引力和辐射力，彰显着科学理性与实践理性，反映了执政党的执政目标、理念与广大人民群众根本利益的一致性，同时也反映了物质文化、制度文化、精神文化在社会变革中的先导性、辩证性。它需要从上到下与从下到上的自觉践行，其必然经过一个从他律到自律、片面到全面、被动到主动的过程，而这必然是一个文化不断渗透的过程。通过深入的文化渗透来实现对社会主义核心价值体系的自觉践行，这显然已成为今天社会主义核心价值体系建设背景下文化的重要使命。

　　文化大发展大繁荣，呼唤文化从内容到形式的创新。以人民至上的理念去发展文化、创新文化，我们就会避免曲高和寡的现象，缩小理论与实践的落差。面对不同层次、不同需求的文化消费和文化吸纳群体，需要在一元化的指导思想下，创造和生产多层次、高品位、贴近现实、贴近生活、贴近群众，特别是贴近占国民大多数的农民的优秀文化食粮和精神产品。让这些优秀的文化食粮和精神产品在指导人们践行社会主义核心价值体系中更好地起到春风化雨、润物无声的渗透作用，是文化大发展大繁荣路径选择中实事求是之所需。

附　录

　　本部分收录了课题研究所依据的访谈资料实录、问卷分析报告、重要文章、社会各界对"春晖行动"及本课题的评价等原始资料，旨在给读者一个跳出本研究框架，从更加宽泛和更加自主的视角审视"春晖行动"，探讨社会主义核心价值体系大众行为化多维路径的可能性。

一 访谈资料实录

访谈一

访谈对象：徐静（时任贵州社科联副主席、研究员）
主持人：王小梅
访谈时间：2010 年 10 月 8 日
访谈地点：省社科联

目前，由省社会科学界联合会副主席徐静牵头，省社会科学联合会正在筹划申报"春晖行动"国家研究课题，期望对"春晖行动"的中国诠释进行深入研究探讨。

主持人：您从一开始就全面参与和关注"春晖行动"系列活动，如何看待"春晖行动"这一公益活动？

徐静：1905 年，马克斯·韦伯在其《新教伦理与资本主义精神》一书中，探讨了欧洲新教伦理与资本主义制度之间的内在联系，认为由于受加尔文宗教改革的影响，许多欧洲人将财富的积累与上帝的信念结合起来，从而在世俗生活领域中产生了资本主义的文化冲动，结果便创造了现代的商业文明。而像中国这样的东方国家，由于没有类似的文化动力，也就没有相应的社会变革，所以便长期停滞在农业经济的状态之中。如果说马克斯·韦伯的这本《新教伦理与资本主义精神》的一个重大贡献在于明确了精神资源对于社会进步的强大动力，那么孕育于中国西部贵州大地上的"春晖行动"，则以其特有的地域生成特点、文化滋养特色、时代回应特征，诠释了中国不仅不是缺乏文化动力的国家，而且根植于中华民族优秀传统文化的丰厚精神资源，是中国经济繁荣和社会进步的强大动力。

主持人："春晖行动"对于贵州的意义？

徐静：贵州，一个以资源丰富著称，以发展滞后著名的神奇之地，追问缘由，区域性的生存环境先天脆弱与总体性的发展要素积累不足，是重要的地域性原因。占国土总面积73%的喀斯特地貌比例，造就了若干国际环境专家们眼中最不适宜人居住的地方，如 20 世纪 80 年代生成了劈石造田的大关精神的罗甸县云干乡大关村，更有今天令温总理动容而提出了"不怕困难、艰苦奋斗、攻坚克难、永不退缩"的贵州精神的兴义市则戎乡冷洞村。而偏偏就是在这若干最不适宜人居住的地方，不仅历史地创造了人的生存奇迹，而且正现实地创造着地方的发展奇迹。而这生存和发展奇迹背后，相当程度内聚的正是如"春晖行动"这类在贵州地域上生存的精神资源载体所承载的强大动力。这种精神资源动力，它修补了贵州发展要素不足、发展积累不够的短板，生动地体现了精神资源对于地区经济社会发展的要素功能价值，从而更深刻地诠释了中国不仅不是缺乏精神资源的国家，而且适应于不同区域发展而生成的具有区域特色的丰富精神资源，正在汇集成中华民族伟大复兴的强大动力。

主持人："春晖行动"为何能在短短的几年时间，形成巨大的"文化回波"？

徐静：回望"春晖行动"从2004年2月开始创意策划，渐行渐近历时6年，之所以能带着泥土芬芳走向全国乃至世界，是因为它不仅契合修补贵州发展要素不足的现实需求而生，更在于它根植于中华民族优秀传统文化的土壤而长。在"春晖行动"中涌现出的众多回报故土的成功人士、社会贤达乃至普通百姓和学生，他们之所以能热情、积极地投身其中，其动力基础是这样两个文化上的认知：一是对"心忧天下"、"扶贫济困"等中华民族自古以来的传统美德的深刻体认。基于这种体认，他们对于贫困地区的反贫困事业从心底产生了一种使命感和责任感。二是对"回报桑梓"、"反哺故土"这种有针对性的道德要求的深刻体认。基于这种体认，他们将自己参与反贫困的行动，要么落脚在自己的故乡，要么落脚在自己曾经工作和生活过的地方，即第二故乡。总之，他们所帮助的地方都不是一般意义上的贫困地区，而是和自己有着特殊关系的地域和人群，因而他们的深情厚爱既是一种兼及天下的"博爱"，更是一种情有独钟的"偏爱"。

而上述两个层面的文化认知，正反映了中华民族优秀传统文化的两个不同层面的价值诉求的一体化。中华民族典型的"家国一体"文化，倡导由对家庭的爱扩大到对故乡的爱，进而扩大到对国家的爱，提倡由对父母的孝心扩展到对国家的忠心。从这个意义上来讲，"回报桑梓"、"反哺故土"是"心忧天下"、"扶贫济困"的动力源泉和逻辑起点，而"心忧天下"、"扶贫济困"则是对"回报桑梓"、"反哺故土"的逻辑演绎和精神提升。正如春晖使者郑传楼在《我爱那片生我养我的故土》中深情写道："从小学到大学，直至参加工作以后，记不清有多少次在文章中写到热爱祖国的话语。每写一次都会想起自己的家乡。因为热爱祖国不是一个抽象的概念，我的家乡是祖国不可分割的一部分。一个人倘若连家乡都不热爱，还谈何热爱祖国。"这段话便明确昭示了他本人对中华传统文化在上述两个层面的自觉认同。而正是由于有无数的春晖使者基于这样共同的文化认同，"春晖行动"一经启动便表现出了强大的生命力。显然这一强大生命力所彰显的，无不是流淌在中华儿女血脉中生生不息的精神力量。

主持人：如果说"春晖行动"的生命力在于孕育于一个有着特殊精神动力需求的地域，根植于中华民族优秀传统文化的土壤，而其生命的价值则更延于鲜明的时代回应特征。您怎么看？

徐静：中国在经历了改革开放30余年物质力量的迅速积累之后，对精神力量的需求又增添了新的时代回应的需要。一个经济大发展、社会大变革、生活大变化的时代，必然是一个思想大活跃、观念大碰撞、文化大交融的时代，也必然是一个对被赋予了新的时代内涵的精神力量产生最强烈需求的时代。随着改革开放的深入和社会主义市场经济的发展，我国经济社会生活的各个层面都发生了深刻变化，不论是社会经济成分还是组织形式，不论是就业方式还是利益关系和分配方式，都日趋多样化。这就使得不同社会群体在经济地位、社会角色、职能分工等方面的差异日益明显，使人们思想活动越来越表现出独立性、选择性、多变性和差异性，从而引起了人们思想意识和价值追求的日趋多样化。而在这样的国内背景下，中国改革开放30多年来与世界联系的日益紧密，使得国内外各种思想文化相互激荡、相互影响日益增强，特别是近年来互联网等新兴媒体的迅速发展，不仅深刻改变了人们的生产生活方式，而且使人们思想观念传播渠道日益多样和便捷，这一方面大大拓宽了人们的视野，推动了文化、理论等各方面的创新，促进了社会的进步，但另一方面也难免鱼龙混杂、泥沙俱下，使一些错误的思想观念同步滋长。对此的积极引导，便催生了新时期新的精神力量的要素生成。2007年党的十七大上，社会主义核心价值体系的完整内涵得以确立。

而内涵了四个层次内容的社会主义核心价值体系，即马克思主义指导思想、中国特色社会主义共同理想、以爱国主义为核心的民族精神和以改革创新为核心的时代精神、社会主义荣辱观，只有衍生为支撑大众行为的大众精神，才可能有其价值的真正实现。这便提出了对促进社会主义核心价值体系从理论形态向社会心理形态转化、从价值评价向价值行为转化、从价值规范向价值示范转化的大众参与平台搭建的需要。而作为社会主义核心价值体系价值实现最主体的广大普通民众，他们符合社会主义建设大业的团结奋斗的共同价值理想的生成，是社会主义核心价值体系价值实现的最基础层面的推动。正是在这个意义上可以说，"春晖行动"这一人人可为的载体，无疑为社会主义核心价值体系价值实现的可贵平台。

访谈二

访谈对象：陈昌旭（中共毕节市委副书记、毕节市人民政府市长，共青团贵州省委原书记）

主持人：王小梅

访谈提纲：徐正奎

资料整理：徐正奎

访谈时间：2012 年 9 月 13 日

访谈地点：贵州师范大学

访谈背景

2012 年 9 月中旬的一个晚上，和陈市长约好在贵州师范大学内的一个小院子里一起聊聊"春晖"。坐在照壁山下的一个小院子里，静谧的环境仿佛与华灯初上的城市遥隔两重天。已经进入初秋的贵阳温润中慢慢带来了一丝寒意，伴随着抽丝般的小雨，在橘黄色的灯光下充溢着浓浓的乡愁。天公作美给了一个浓郁的氛围，我们和他一起走入"春晖"的世界。

时间回到 2004 年初，时任共青团贵州省委副书记的陈昌旭在团省委分管青农工作，了解到贵州省农业厅的一位干部回乡当起了"名誉村长"这回事。当时只有 30 出头的郑传楼为了让家乡村民过上美满的生活，利用休息时间常年来往于贵阳和正安县安场镇偏远的自强村，这一往来就是十几年。在村民的强烈要求下，他当起了"名誉村长"，带领乡亲父老修公路、引水渠、推广农业实用技术等来增加经济收入，改善了乡亲们的生活状况，使得众所周知的贫困村成为了远近闻名的小康村，当地一句有名的谚语"有女不嫁自强村"也变成了"嫁女要嫁自强村"。

郑传楼反哺故土的感人事迹让陈昌旭和他的同事们感到十分震惊，同时也从中得到了启发。郑传楼的这种精神正是当代贵州发展中所需要的一种精神。郑传楼连续多年对故乡勤耕不辍，这种用对故土的责任和对乡亲的情感书写的实践历程，为如何实现城乡良好的互动提供了很好的启迪，他这样的星星之火是可以成就燎原之势的。

通过一段时间的探索、走访，陈昌旭和他的同事们发现贵州省各地还有很多类似的帮扶家乡发展的典型事例，于是把这一扶贫现象进行总结、提炼，并通过共青团组织加以推广，活动借唐代著名诗人孟郊《游子吟》"谁言寸草心，报得三春晖"的诗句，形成了如今以游子"饮水思源、尽孝感恩、反哺故土、回报桑梓"的大型公益活动——"春晖行动"。

无论是一个漂泊者还是一个坚守者，在其内心深处都有一个依依不舍的家园，在那里有自己的父母、师长、亲人、同学和朋友，乡土是情感之根。从中华民族几千年的情感美德中可以看出，以亲情和血缘为中心的伦理道德依然是整个社会伦理道德的基石，是一切伦理道德的源泉，这种伦理道德集中体现为"孝道"。而"春晖行动"本身就是一种弘扬孝道的行为，"春晖行动"以情感为纽带的反哺活动，既传承了中华民族传统美德，又在实践中对传统文化加以创新。因此，"春晖行动"是对中华民族传统文化的"根"和"孝"的集成和弘扬。

如今，因为组织的正常工作调动，陈昌旭已经不在共青团贵州省委工作了，对于"春晖行动"具体事务的管理也不在其工作职责之内。虽然他的身份也渐渐转变为这段历史的亲历者和记录者，但谈到"春晖行动"时，他依然侃侃而谈，如同所有的事情都在昨天发生一样。他说，"其实我的心一天也没离开过'春晖行动'，等哪天退休了，还要继续'春晖行动'"。

访谈记录

主持人："春晖行动"是 2004 年 10 月由共青团贵州省委组织发起的一项大型社会公益活动，至今，已经走过了 8 个年头，这 8 年"春晖行动"不断壮大，从个人到集体，再到社会，整个社会的公益氛围越来越浓。您是一步一步看着春晖壮大起来，请问"春晖行动"是在怎样的一个背景下，以怎样的动机发起的？

陈昌旭：我在正安任县长时，听说过郑传楼的故事。郑传楼 10 多年来，利用休息日往返于 300 多公里以外的家乡正安县自强村，帮助村民脱贫致富，村民还自发聘请他担任自强村"名誉村长"，使自强村成为远近闻名的小康村。2004 年初，我在团省委任副书记，正好分管青农工作，通过各种渠道以及和他本人的交谈了解到他这些年来往返省城和家乡，为家乡经济发展不辞辛劳的过程和成果，随着了解的深入，觉得里面大有内容可以挖掘，我和蒙忠等同事通过大量的调研，发现贵州省各地还有很多类似的帮扶家乡发展的典型个案，把这些反哺家乡的情感回归现象进行总结、提炼，逐步形成了一项以游子"饮水思源"、"反哺故土"、"感恩亲人"、"回报桑梓"为主题的大型公益活动，并取意"谁言寸草心，报得三春晖"这样的千古名句，取名为"春晖行动"。活动 2004 年初开始创意策划，2004 年 10 月 18 日正式实施。"春晖行动"实施这些年来，团省委党组高度重视，时任团省委书记廖飞，副书记腾红、夏庆丰、胡吉宏以及后来进班子的于池、马雷、张文强等大力支持，整个活动一直坚持以"亲情、乡情、友情"为情感纽带，以"亲缘、地缘、业缘"为社会网络，以"志愿、公益、互动"为原则，以"饮水思源"、"回报桑梓"等传统美德为理念，动员在外乡友参与贵州新阶段扶贫开发和新农村建设，为促进农村经济发展提供财力、智力、物力等各方面的支持。

主持人："春晖"是一个很广泛的用词，具体到贵州，"春晖行动"主要在哪几方面重点开展工作？

陈昌旭：我们并没有给"春晖行动"划定一个限制性的边界，凡是有利于贵州发展、有利于家乡建设、有志于提高父老乡亲生活水平的都是"春晖行动"的范畴，随着"春晖行动"的不断开展，我们工作涉及的面也会越来越宽。现在我们工作的中心主要集中在以下几个方面：通过聘请在外乡友游子担任春晖"经济""技术""法律""信息"使者，来增强基层工作的力量，共同推进家乡社会经济文化的发展，现在通过各种形式聘请的春晖使者已达到 3 万余名；开展"春晖感恩教育"，围绕"感谢父母养育我、感谢老师教育我、感谢他人帮助我，感谢祖国培养我"四个方面开展丰富多彩的体验式教育实践活动，引导青少年在实践中发现"感动"，心存"感激"，学会"感恩"，养成青少年健康的心态，塑造青少年的健全人格；开展"春晖助学"，发动关心家乡教育事业发展的在外乡友捐助助学金，让成绩优秀的学生和家庭特别困难的学生得到帮助，完成学业，并要求受到资助的学生完成学业后"回报桑梓"，从而形成爱心接力；利用在外务工青年节假日回乡探亲之际，通过召开座谈会、播放"春晖行动"电视专题片、发放宣传资料等形式，礼聘春晖使者，宣传"春晖行动"理念，营造热爱家乡、反哺家乡、建设家乡的良好氛围，同时利用大学生假期回乡之际，力所能及的为家乡父老传授科学技术、信息、管理等各个方面的知识，加强对村情、乡情、县情的了解，培养和增强社会责任感；实施"春晖家园计划"，以家园建设为中心，以春晖使者为桥梁，以组织化动员和社会化动员为主要运作方式，通过春晖理念将农村发展需要的各种生产要素整合起来，平滑地转移到农村家园建设的各种项目上；成立"春晖扶贫互助社"，有效缓解贫困农户发展资金短缺，完善财政扶贫资金使用管理新机制、新模式提高贫困村、贫困农户自我发展、持续发展能力；实施产业带动，充分发挥"春晖行动""亲情、乡情"的情感纽带作用，利用返乡青年具备一定资金、技术、经验的优势，以产业带动的模式发展地方经济；开展亲缘招商，充分发挥世界各地的春晖行动联络处的招商作用，采用亲缘关系招商的方式，以贵州在外商会为突破口，吸引国内外有实力的企业来贵州家乡投资兴业。

主持人： 从一个人、一件事，到一个公益团体，再升华为一个具备一定行政能力的政府公益机构，"春晖行动"的队伍逐渐在壮大，"春晖行动"的号召力也越来越强，"春晖行动"能够一直持续下来并不断强大的核心动因是什么？

陈昌旭： 我觉得最大的动因还是情感的力量，还是中华民族的一种传统的美德。《孝经》上说，"夫孝，德之本也，教之所由生也。"孝道是道德的根本，是一切爱心的教化的开始。孝是"春晖行动"的一种源动力。从一个人，就是因为孝敬父母，热爱家乡，到一件事，到一个民间团体，都是围绕中华民族反哺故土、回报桑梓这样一个主线践行道德情感，这也是为什么"春晖行动"能够持续下去的一个重要原因。而很多公益活动不能持续，只能是阶段性地开展也是这个原因。而情感这个东西恰恰是永恒的。人都有爱心，重感情。从孝的角度来看，从汉唐时期到明清，都讲求"以孝治天下"。社会主义也要讲孝道，也要讲家庭和睦。为什么"春晖行动"能一直坚持下来，从个体来讲，有这样的情感需求，从团体来讲，也是弘扬中华民族的传统美德。

主持人： "春晖行动"是如何有条不紊地组织好"春晖行动"的后勤保障和一体化管理的？

陈昌旭： 我们组建了春晖行动发展中心，并建立了春晖行动发展基金会。中心的成立得到了省编办的批准，省民政厅等相关部门还专门下文件，将春晖行动发展基金会列为免税的公益基金组织。"中心＋基金会"的路子，给"春晖行动"一体化管理提供了保障。在"中心＋基金会"的基础上，我们不断完善组织化保障体系和社会化运作体系，使基金会运作资源的工作与中心协调组织的工作牢牢结合起来产生"1＋1＞2"的效果，共青团组织化的保障使得基金会社会化的运作的蛋糕越做越大。我们对春晖使者的管理模式也通过出台《春晖使者礼聘和管理办法》的形式固定化，通过按"村、乡、县、市"四级管理和评定，以进一步规范春晖使者礼聘程序，增强了春晖使者的荣誉感，调动了春晖使者的积极性，推动了"春晖行动"向纵深发展。我们还建立了春晖使者关爱制度，对其居住在礼聘单位所在地的家属或在其"春晖使者礼聘日"等特定时期，邮寄"春晖慰问卡"，彰显组织的关心和慰问，合理地设置了春晖使者激励机制，定期向春晖使者反馈春晖资金的使用情况及项目落实情况，真正让"春晖使者"放心，让受惠群众满意。

主持人：提高"春晖行动"的感召力是公益行动的内在动力和需求，如何能最大程度的扩大社会化功能，"春晖行动"是怎样做的？

陈昌旭：第一，从组织化动员的角度来说，共青团是党的助手和后备军，省、市、县、乡、村、机关、学校、企业都有共青团组织，是一个庞大的组织体系，这个庞大的群体又可以辐射更多的人和团体，这样"春晖行动"在组织动员层面上的效应就有了保证。第二，从公益基金的角度来说，公益不分民族、不分男女老少、不分信仰、不分国界，是一个平面的东西，抓住每一个人的爱心，对父母的孝，对家乡的爱。社会的面能够拓展，社会化功能能够得到充分的展示。第三，我们拓展了"春晖行动"的宣传模式，建立起动态宣传机制，通过QQ群、网络论坛、微博、春晖联络员等方式，将家乡的发展变化及时与"春晖使者"对接，开展交流，激发他们投身家乡建设的热情。礼聘春晖宣传使者，有了他们的反馈，家乡来自外界发达地区的信息越来越多，致富渠道也越来越宽。

主持人：您在共青团贵州省委任职的这几年看着"春晖行动"从一个襁褓中的婴儿到一个活力四射的青年，这其中有许多不为人知的故事，也有许多别人体会不到的快乐。一路走来，您最大的感受是什么？讲一讲一路走来的感人故事和心路历程。

陈昌旭："春晖行动"是一个全新的创意，并没有现成的理论基础。没有过多的实践探索，也没有固定的模式，完全是摸石头过河一步一步走过来的。这一路走过来很艰难，不像一般的按照常规办事，从理念到机制再到工作的载体都是带有创新性的，对春晖的主线把握不了，对形势判断不了，就有可能走偏。走回头路，就会受折腾。这几年的工作下来，回过头去看，我们对形势的把握还是比较准的，没有走多少冤枉路。

"春晖行动"在起步的时候就两三个人，经费上也存在很大的问题，没有资金来源，公益无从谈起。在起步过程中，我最感谢我的老乡王为民，他是第一个支持"春晖行动"的人。当时困难重重，我只能发动我的老乡来支持"春晖行动"。王为民在贵阳做企业，当时企业的规模其实很小，一年下来效益好也就几十万的收入。几个乡友闲聊时，当时他说他准备捐助15万元修缮老家村子里的小学。4月份，我从北京开会回来，当时一分钱没有，要想启动"春晖行动"可想而知，筹措资金的困难让"春晖行动"遇到了瓶颈，很多人都劝我放弃了。我想到了上次和我说要捐钱到村里修小学的老乡王为民，又和他谈到想要启动"春晖行动"，问他在资金上能不能支持一点。他说，上次你给我介绍的那个"春晖行动"，虽然你还没开始开展，仅仅是一个概念，但我对这个事非常看重，我决定把我捐给家乡的15万元修建学校的钱捐给春晖，我觉得你们干的这个事情是很好的，能造福更多的人，我要修的那个学校也就是两三百人，以后赚钱了我再捐给家乡，但是现在你这个事是当务之急。之后两三天之内他就把钱汇过来了。当时他的行为真的是不简单，当时的15万相当于现在的50万以上，也正是因为这一笔钱，作为"春晖行动"的第一笔启动资金，"春晖行动"才得以启动。没有老乡的鼎力资助，也就没有"春晖行动"今天的成果。"春晖行动"开展这几年来，有时候回头想想自己走过来的路，真不知道当时是怎样挺过来的。

主持人：故乡对在外的游子是一种永恒的思念，但很多时候因为各种各样的现实原因只能把这种思念深深地埋在心里。"春晖行动"怎么去激励这些在外的游子突破重重阻隔、能够源源不断地加入"春晖行动"中来？能不能举一个事例说明。

陈昌旭：艾青先生曾说，"为什么我的眼里常含泪水？因为我对这土地爱得深沉"。在外的游子对于故乡的思念会随着时间的久远日渐浓郁。故土对于他们就如同母亲对他们的呼唤一样，无时无刻不在敲打着漂泊的心。过去，因为条件的限制，在外的人只能逢年过节回家看一看，有些甚至数年未曾回家一次，想为家乡做点事却苦于没有一个可以支撑的平台。"春晖行动"的开展，给这样的游子圆了他们内心对故土殷切的祝愿和关怀，同时春晖工作人员随时给他们这样的春晖使者反馈着家乡日新月异的变化过程。所以越来越多在外的游子会源源不断地加入到"春晖行动"中来，共同为家乡发展献一份力。

生于贵州省黔东南州三穗县的胡德芳先生，小时候因为家庭贫困没钱上大学。成年后就出去闯荡，事业有成后首先想到的是家乡父老乡亲的子女们能不能上学，带着一份感恩的情怀，在 2005 年的时候通过"春晖行动"的平台拿出 50 万捐给自己的家乡，随后又陆陆续续地支持了不计其数的孩子圆了大学梦。同时，他还为家乡的基础设施建设贡献自己的力量，这些年来修路、建垃圾场等工程都少不了胡德芳先生的身影。胡德芳先生和我说，尽管现在事业有成了，但是对家乡的思念一刻都不曾放下过。如今，他把母亲也接到了深圳，家人全都在外地。但他依然不忘故土，回报桑梓，这正是应了"多情最是春归燕，万里云天恋旧窝"。胡德芳先生把中华民族的传统文化、把发自内心的宽广的人文精神和他的实际行动在故乡的土地上汇合。对于胡德芳先生感恩故土的善举我感到由衷的敬佩，尤其让我感动的是胡德芳先生把我们"春晖行动"的理念融入到他公司的企业文化中，让公司的每一位员工都了解春晖、能够成为春晖使者，把春晖的种子播撒到全国很多城市的角落，胡德芳先生对故乡的爱洒遍了黔山秀水。胡德芳先生是一棵树，但是他背后是一片森林，他不光自己一直关注家乡的建设和发展，还把他的朋友、客户、生意伙伴带到贵州来，这是一个了不起的壮举。

主持人：2007 年以来，北大青鸟集团加强与共青团贵州省委的合作，以"春晖行动"为载体，弘扬"春晖行动""感恩、反哺、回报"理念，开展春晖助学活动，合作实施"春晖行动——致公学生培养计划"。能不能简要介绍一下这项活动及其取得的成果？

陈昌旭：北大青鸟集团副总裁、中国青年企业家协会副会长李明春先生来贵州招收学生时了解到"春晖行动"后，给董事长许振东先生建议可在贵州免费招收困难家庭的孩子，于 2007 年与共青团贵州省委合作在贵州招收了 16 名家庭贫困、品学兼优的初中应届毕业生到北大附属实验学校就读高中，所有费用全部由北大青鸟集团提供。在北大附属实验学校就读的三年中，16 名贵州学子在学校的关心培养下，艰苦努力，自强不息，2010年 7 月份毕业后，全部被国家一类本科院校录取，其中工富民同学以 648 分的成绩被上海交大录取，兰文刀同学以 619 分的成绩被同济大学录取，他们以优异的成绩回报了支持和关心他们的社会各界人士。

在前期取得成绩的基础上，又通过致公党中央宣传部副部长范承玲

（贵阳人）的牵线搭桥，加强与北大青鸟集团的密切沟通，优化合作模式，最后形成了由致公党党员许振东同志为首的北大青鸟集团资助，由中共贵州省委统战部、省教育厅、共青团贵州省委、致公党贵州省委、北大青鸟集团共同打造的大型公益助学慈善项目"春晖行动——致公学生培养计划"。2010 年北大青鸟集团捐资 1350 万，启动"春晖行动——致公学生培养计划"。2010 年 8 月初，根据备忘录精神，共青团贵州省委下发了《关于下发"春晖行动"——致公学生培养计划招生方案的通知》，2010 年 8 月中旬，北大青鸟集团、北大附属实验学校和各级团组织，本着公平、公开、公正原则，经过严格初审、复审、笔试和面试，最终从农村贫困家庭子女、下岗职工家庭子女、在城务工家庭子女中遴选出品学兼优的小升初学生共 53 名到北京北大附属实验学校完成六年初、高中学业。2011 年北大青鸟集团再捐资 1600 万，按照 2010 年的招生模式，在贵州招生 70 名。之后 2012 年，又捐资 2300 万，招生人数达到 100 名。"春晖行动——致公学生培养计划"项目成效显著，社会反响强烈，有力地助推着贵州基础教育的发展。

主持人：是什么原因促使要把"春晖行动"从一项活动做成一个公益事业？

陈昌旭：那些在外游子反哺故土的行动深深地感染了我，结合贵州的实际环境和当前公益活动开展的情况，通过大量的调研、咨询、考察，越来越感觉到贵州的扶贫还有另外一条路可以走，贵州的公益还可以换个角度做。春晖行动发展中心的成立为那些在外意欲回报家乡的游子提供了一个可信、可用的平台。同时借助这个平台的力量和其他各方的力量唤醒更多游子对家乡的热爱、对故土的思念，让他们加入到"春晖行动"中来，共同为家乡的发展献言献策、出工出力。

活动发起之初，为了能一直坚持做下去，就有了把"春晖行动"做成事业的想法。我认为再好的创意，如果没有一个保障，就会慢慢地消亡，时间长了就没人干了。再好的理念也需要人来执行。为了能把中心建立起来，当时找到了时任省编办主任的李报德同志，跟他讲了"春晖行动"是共青团贵州省委创新社会管理的大型公益活动，这项活动的核心就是传承美德、弘扬中华民族的优良传统，这个活动一石激起千层浪，感召了无数的游子回报家乡，和中央提出的工业反哺农业、城市支持农村的精神是一致的，关键是这些人实实在在给贫困的家乡办了实事、办了好事，解决了很多实际生活中的问题，这个活动也得到了团中央的肯定和在全国范围内的推广，中共贵州省委也把"春晖行动"纳入党的工作报告；我们贵州因为贫穷出去都被人看不起，都觉得我们经济文化落后，"春晖行动"开展以来，我们得到了团中央的大力支持，这个活动增加了我们贵州青年的文化自信和文化自豪感，这个影响力是很大的，如果这个活动没有编制没有机构，活动就会随着时间逐渐淡化或面临着消亡，若干年以后我们是承担不了这个历史责任的。我还说，"春晖行动"是取自"谁言寸草心，报得三春晖"的意境，而李主任您的名字又叫"李报德"，多么巧合，是缘分啊！报德主任听后很感动，专门安排副主任陈玉芬同志来团省委调研，最后认为这项公益活动确实需要机构编制，于是给我们批了"贵州省春晖行动发展中心"，给了自收自支的事业编制18人。

主持人：如何进行广泛的社会发动、学界深度研讨、基础性研究、社会活动和媒体文化传播等实现"春晖行动"在国内外的品牌建构的？

陈昌旭：2005年，贵州省社科联主办的一个构建社会主义和谐社会的论坛，我也是其中的发言人之一，当时"春晖行动"刚起步，需要一定的理论支撑，而论坛上肯定有很多方面的专家参会，这个必将是"春晖行动"提升理论层次的一个好时机。借此机会，我把"春晖行动"和社会主义和谐社会的构建融合到一起来做发言，发言的主题和内容引起了社科联的重视，社科联当时正在筹备一个反贫困论坛，首讲的题目还没有确定，在听完我关于"春晖行动"的发言后，时任省社科联党组书记、主席徐圻同志，副主席徐静同志觉得"春晖行动"的主题是最适合作为反贫困论坛的首讲，这个也奠定了"春晖行动"最开始的理论基础。

在具备坚实的基础之后，现在完全是把"春晖行动"作为一个品牌性公益活动来打造的。春晖行动发展中心现在有网站、有杂志、有三本理论文集，还请专门的机构制作了专题片、音乐电视。2009年7月还和时任博鳌亚洲论坛秘书长的龙永图先生在贵州电视台做了一期以"春晖行动"为主题的贵州卫视《论道》节目——寸草报春晖。同时，在北京、贵阳分别召开两次理论研讨会，邀请杜维明等一大批专家学者参与到"春晖行动"的理论研究中来。尤其在2010年，"春晖行动"的理论研究引起中宣部社科规划办的重视，"社会主义核心价值体系建设的大众行为化模式研究——基于贵州'春晖行动'的实践探索"被立项为国家社科基金特别委托项目，中宣部常务副部长雒树刚非常关心该课题研究，给以了肯定和指导。著名乡愁诗人余光中、中央农村工作领导小组副组长陈锡文、北京大学原校长吴树青、中国作家协会副主席叶辛、著名作曲家杜兴成、著名歌唱家谭晶、著名导演黄湘、中央电视台万千、中国网络电视台邱纯等也为"春晖行动"的开展给予了大力支持。

为了强化"春晖行动"品牌效应，在宣传上，中宣部三次下文件宣传"春晖行动"，评价"春晖行动"是"伟大但人人可为的行动"，《新闻联播》、《人民日报》、新华社、《中国青年报》等多次头版头条报道"春晖行动"；在政策激励机制上主要体现在两个方面，一个是"春晖行动"被评为全国十佳示范公益奖，去年被民政部表彰为第六届中华慈善最具影响力慈善项目，今年又获得一个创新奖。此外，团中央还于 2006 年初在贵州召开了"春晖行动"参与新农村建设的现场推进会，同时省委组织部、省委宣传部、省委统战部等 10 家部门联合下文件，两年表彰一次的百名优秀春晖使者等奖项，这些奖励激励我们更好地把"春晖行动"开展下去。

主持人：我们现在正处在一个日新月异、变化万千的时代，很容易就会忘记了来时的路，而"春晖行动"强调的是回到中华民族的传统美德。您觉得"春晖行动"的开展在当今社会有怎样的时代意义？

陈昌旭："春晖行动"是基于中华民族大家庭几千年沉淀下来的最基本的传统美德上应运而生的，它是这个时代的调和剂，也是社会的需求，是符合当今社会发展需要的。从文化的角度，弘扬中华民族的传统美德；从经济的角度，工业反哺农业，城市支持农村，有效地支持了基层，促进了经济的发展；从政治的角度，春晖使者下到群众当中办实事办好事，密切了党和人民群众的血肉联系。

主持人：从团省委书记到州委副书记兼瓮安县委书记再到毕节市委副书记、市长，在"春晖行动"中您的角色有无改变？若有的话，请举例说明。

陈昌旭：工作职能不一样，工作方向也不一样，所以肯定有角色上的改变，在团省委的时候，有关"春晖行动"的工作很多时候都可以亲力亲为，也有各个方面的困难需要自己去克服、解决，既要在面上掌控全局，又要在点上突出重点。如今重新到基层工作，对于"春晖行动"不再像以往事必躬亲了，但"春晖行动"在我心目中的地位从未动摇过，之前从事"春晖行动"的工作经历对我自己重新回到基层工作很有帮助，在瓮安当县委书记期间，我充分利用"春晖行动"的理念动员瓮安县的众多在外乡友及本地企业捐资 1000 万元用于助学。到了毕节任市长后，为贯彻好中央

"思想上同心同德，目标上同心同向，行动上同心同行"的"同心"思想，又做了"同心谋发展，赤子报春晖"返乡农民工创业园，为返乡农民工提供了一个创业平台。

主持人：作为一个地地道道的贵州人，"春晖行动"的开展给贵州带来了哪些实实在在的看得见摸得着的变化？

陈昌旭："春晖行动"所带来的家园计划项目有好几百个，这些项目计划带给整个贵州的改变是显而易见的，乡亲们的生存环境和生活环境较以前好了很多，他们都是这个变化过程中的一份子，环境在变化，他们也在变化。所以，我想说的是变化其实更多地体现在精神层面上和感恩情怀上，"春晖行动"带来的理念打破了原有的陈旧观念，通过中华民族传统美德中"孝"这样最基本也是最深厚的观念入手，将以往贫困山区只有走出去才能致富的观点转变为"既要走出去个人致富，也要走回来带领父老乡亲共同富裕"，借助"饮水思源、回报桑梓"为扶贫开发打开了一条新的路子。帮扶要先帮志。贫困地区除了自然环境的制约和历史的原因以外，还有人的自身因素。那就是"等、靠、要"思想比较严重，没钱不干事。只有解决父老乡亲的主观能动性，使他们变苦熬为苦干，变"别人要我富"为"我要富"的意识，由救济扶贫转变为开发式扶贫，这样的帮扶才能产生较好的效果。这也是我认为"春晖行动"给贫困山区的群众带来的思想上的变化。同时，"春晖行动"的开展对唤醒人们"古朴"的爱老、敬老的记忆也大有裨益，增强了"家"的氛围、和谐了群众关系，增进了社会团结。

主持人：现在贵州还有很多山区的孩子上学难。据我了解，您自己也是从一个贫困的山村走出来，通过自己一步一步的努力才走到了今天。在您自己的人生经历中，无论贫穷，或是富有，母爱对您的照拂和故土给您留下的印象肯定是无与伦比的。这样深沉的记忆也必定在您内心埋下了"春晖行动"的一颗种子，能聊聊您的故乡和少年时代吗？

陈昌旭：现在出差到一些偏远的乡村看到那些孩子每天走几公里的山路上学就想到了我自己的小时候，我出生在贵州省绥阳县的一个小山村。父亲是一个民办教师，母亲是农民。记得12岁的时候，我从小学毕业考到县城一中，要走30公里的山路，我母亲给我装了两瓶辣椒，自己背上30斤大米，沿着崎岖的山路，要走上六七个小时。高考的时候因为种种原因，第一次高考落榜了。父亲是一个没转正的民办教师，收入很低。母亲把家里养的猪，才100多斤就卖掉了，又向很多亲戚朋友借了钱，才让我有了复读的机会。可以说我是掉着泪复读的。在读书期间，很多次回到家看到母亲卧病在床，她把自己买药看病的钱慢慢地从衣袋里拿出来给我的时候，我心如刀绞，噙着泪水从母亲手上接过那些皱巴巴的钱，后面我就没有再复读了。1988年10月参加了乡干部的招考到边远的基层工作，而且当时不转农村户口为居民户口。所以，看到这些孩子，又想到自己的童年，我们贫困山区的孩子想要读书多么艰难。

主持人：随着社会的发展，公益的概念在民众中越来越被熟知，怎样才能将"春晖行动"彻底地融入到社会管理当中去呢？

陈昌旭：近几年来，在各级团组织的推动下，"春晖行动"实现了覆盖省、市（州、地）、县各个社会层面的网络延伸，适时准确地了解社情民意，达到了与社会管理的无缝链接。2011年5月10日，时任中共中央政治局常委、中央书记处书记、国家副主席的习近平同志在贵州视察指导工作时，对"春晖行动"给予了充分肯定。历任省委书记、省长、分管领导及其他省级领导和团中央领导也多次对"春晖行动"做出重要批示。

在组织管理上，"春晖行动"坚持"县指导、乡负责、村为主、户落实、群众参与"的组织模式。在组织领导上，层层建立的以党政领导为组长、相关部门为成员的"春晖行动领导小组"，建立健全各级组织协调机构，为推进工作提供组织保障；在运行方式上，建立党委政府领导、团组织协调、有关部门配合、乡镇和村主办、社会各界支持、群众广泛参与的科学运行机制。

现在，马宁宇书记他们班子高度重视"春晖行动"，明确提出了"春晖谱新篇　建功十二五"的具体目标和措施。正积极参与贵州省26集大型电视连续剧《春晖》的拍摄工作。参加国家社会科学基金特别委托项目"社会主义核心价值体系建设的大众行为化模式研究——基于贵州'春晖行动'的实践探索"课题研究。与CNTV（中国网络电视台）、人民网、腾讯等网络媒体的合作，利用新媒体覆盖、引导、服务和影响广大团员青年。还积极在中国香港、中国台湾、美国等地开展宣传推介活动，感召更多的华人华侨参与"春晖行动"，回报祖国，反哺家乡。

主持人：在春晖使者中，不乏社会各界名流和海外同胞，而且越来越多这样的人将会加入到春晖使者的队伍当中来，怎样的核心价值能够促使他们参与其中？

陈昌旭：中华文化的核心价值之一就是"仁"。要行"仁"，其核心就是孝。孝的观念在中国有非常深厚的理论基础和实践经验。记得杜维明先生曾说过：孝首先是对父母，但又推己及人，从父母到至亲好友，乃至到社会、到国家、到天下。"春晖行动"就是扎根于中华文化的核心价值，而向世界文化各个方面推展的。"春晖行动"能够使得不仅是国内，乃至海外的游子都能对自己的父母亲、对自己的乡土，乃至对自己的国家、社会有一种深厚的报恩之心，那他所体现的人文精神就非常宽广。一方面是个人身心的整合，一方面是使得社会和个人之间有一种良性的互动。再有就是人类和自然之间有一种持久的和谐，所以"孝"的理念非常大。通过孝，我们不仅尊重敬爱父母，也能够对国家、对社会有深厚的感情，乃至对天地万物，都可以从孝的理念里推展出来。

主持人：在您忙于"春晖行动"的这几年，您的工作时间和业余时间基本上都花在这上面了，在对家人的关心和照顾方面是不是比一般人要少很多？

陈昌旭：我在共青团贵州省委工作的这段时间基本上是"春晖行动"起步、发展的阶段，很多事情都是没有一个规范的程式可以照搬，只能和同事们一起去摸索，经常不分黑白的忙，和女儿基本上见不到面，记得当时每天晚上都要忙到十一二点才回去，回到家女儿都睡了，第二天早上她要去上学又起得很早，很少和女儿交谈。有一天回去得比较早，女儿问我："爸爸，你今天怎么回家这么早，你没有去搞'春晖行动'啊？"问得我都不知道怎么回答。去年，组织上委派我到瓮安县当县委书记，我回家给女儿说："雅笛，这次爸爸要调走了，"女儿说，"那你调走了还要搞'春晖行动'不？"说得我心里酸酸的。

主持人：从一个共青团单一活动成为一项组织推动的具有事业编制的团体从而具备体制性保障的行动，"春晖行动"看似达到了自己的成熟发展期。您怎么看"春晖行动"未来的发展？您的愿景是什么？"春晖行动"是一个"伟大而人人可为的行动"，在不同领域、不同岗位、不同生活形态下的人们，如何去认知和具体参与她？把她带到更大的世界里去作为生命的体验？

陈昌旭："春晖行动"是一个与时俱进的公益活动，现阶段主要以扶贫为主，但以后还可以做其他的，它是遵循社会主义核心价值体系的。"春晖行动"的空间拓展范围非常大，已经跨越了国界，实际上是一种对人类精神和谐的贡献。不仅仅局限在某一个地方，可以归纳成不在本土的爱国者，比如在德国掀起了回家热，呼吁公务员、企业家回到故土建设家乡。这其实和"春晖行动"的本质一模一样，"春晖行动"的文化名片是通用的，不存在东方文化和西方文化的差别，完全可以搭建一个东西方文化文明对话的一座桥梁。

正是基于中国传统文化中"仁孝"这一大众认同的核心价值体系，"春晖行动"一开始便直达人们的心底。源于对中华传统文化和乡土的认同，"春晖行动"启动之初就得到贵州各级党政和民间的广泛认同与参与，在对核心价值的一致认知下，"春晖行动"打破了不同领域、不同岗位、不同生活形态下的人们之间的认识，实现了对春晖公益的统一感知。

"春晖行动"驻美国联络处主任、美国奥克兰大学国际教育交流中心主任李乐东博士说："'春晖行动'让我们看到了中国人爱家庭、爱家乡、爱国家的价值观，以及它强调的人与人之间相互帮助的人人公益的巨大魅力，开展此活动，将进一步促进美国与贵州之间的交流与合作。我是一个不在母亲身边但爱母亲的人，是一个不在祖国但爱祖国的人，'春晖行动'让我找到了为家乡做事的平台，我将继续努力，充分发挥'春晖行动'美国联络处的作用，宣传'春晖行动'感恩、反哺理念，感召更多华人华侨报效祖国、反哺家乡。"

传统的中国，曾是一个以家庭和宗族为核心的乡土社会，在这样的社会纬度中，社会交往的网络多是以同乡、同族、亲戚等关系织就，这区别于今天的城市交往方式。"春晖行动"的出现也是中国乡土社会的基层结构和人际关系在现实需求中表现出的生动体现和创新。"春晖行动"又是具有超越意识形态、宗教信仰，它对社会主义核心价值体系实现性的穿透是一个非常重要的平台。它具备大众的普世价值，没有普世价值的东西是不能在世界的范围内推广的。"春晖行动"在近 8 年的时间里，从爱心慈善、农村扶贫、公益行动等社会认同，已经走向春晖"文化力"巨变，并带着特有的文化价值走向全国乃至世界。

访谈三

访谈对象：郑传楼（贵州省农委高级农艺师）
主持人：王小梅
访谈提纲：张新雨
资料整理：张新雨

访谈时间：2012 年 9 月 21 日

访谈地点：贵州省农委办公室

访谈背景

正安县安场镇自强村党支部书记任强说，一提起"名誉村长"，村子里的老老小小就会说起郑传楼这个人。50 多岁的郑传楼，是贵州省农委高级农艺师。郑传楼自 1988 年回乡过春节看到仍然贫穷的乡亲们时，他就再也坐不住了，二十多年来，他利用所有节假日，往返奔波于省城贵阳至自强村数百公里的路上，用一种常人难以想象的执着，反哺故土的养育之恩。

2004 年，受郑传楼"名誉村长"模式的启发，共青团贵州省委在全省启动了"春晖行动"。以"名誉村长"的扶贫模式，组织离乡在外的游子关注家乡的扶贫开发及精神文明建设等。郑传楼荣获 2006 年度全国"三农"人物十佳提名奖，被共青团贵州省委授予"优秀春晖使者"。

访谈记录

主持人：作为从一个贫穷落后的小山村里走出来的"城里人"，很多人都以摆脱农村为荣，而你却反其道而行之，在城里有一份忙碌而稳定的工作的同时，还利用周末和节假日奔波于家乡、工作地，是一种怎样的情愫让你甘于奔波、乐于劳累，而且二十多年一如既往？

郑传楼：1988 年，我在农业部门工作，被单位安排到沿河自治县去扶贫。那年，贵州省共有 9 个系统 20 多个单位 58 名扶贫队员奔赴到各市（州）开展扶贫工作。我愿意付出，虽然我的孩子还很小，也义无反顾服从组织安排，而且最希望到最基层去了解老百姓。沿河县大丫乡地处重庆和贵州交界，多数地方不通电，是一个"三无乡"。我想正好可以发挥我的长处，要去就去最贫穷的地方，那里需要我们。我们扶贫组到这个乡，实实在在地办了 14 件实事，包括劳务输出等。劳务输出不像今天那么好做，那个时候还要做一番工作，父母亲都不放心孩子出门。我们还捐款捐物、修路办学校等，办了很多实事。同时，由于我带的这个组干的实事比较多，我被省委省政府推选为优秀扶贫队员。

通过这一年的扶贫经历，引发了我的很多思考。沿河不是我的家乡，是国家级贫困县，我作为一名党员一名干部，理所当然要去，可是我已经去了一年，扶贫工作已经结束。而正安是我的老家，我却视而不见，充耳不闻，却是卫生厅等其他相关部门去帮扶我的老家。那些干部不一定了解我的家乡，至少不像我从村里走出的家乡人那么了解村民的需求。我扪心自问，他们去还要调查、走访，才知道需要做什么，这样的扶贫成本太高。村里都是我熟悉的人，我的举手之劳，对他们的贫困，我就可以开出一个药方，像是给他治病。而沿河得什么病，需要怎么样的扶贫，我一开始并不清楚，还要调查研究。

我的扶贫工作就这样开始了。

我老家有年迈的老奶奶，重视教育，培养出我的父亲是自强村方圆三个村的第一名大学生。他出来读书，是走着出来，走到遵义读师范，走两天两夜。后来读师大，到北京师范大学进修，留校了，这个走出来的大学生给村里的人很大动力，大家都想要把教育弄好。

来到贵阳工作后，几乎每年我都要代表贵阳的家庭去看奶奶，看自己最亲的人，随身带三把面条、20个鸡蛋、两斤白糖，去走亲访友。

我走访村里的亲戚，带上一些礼物，看着他们这么多年还是贫困，就总是想，扶贫不能仅仅是情感上关爱，一定要有意识地引导他们走出贫困，更重要的是借助感情交流的机会，有意识地给他们提供发展的观念、理念，并为走出贫困指路子。

一次，我回老家，召集村里面的支部书记开会，我给他讲："你把父老乡亲召集起来，我想给他们讲话。"我发现村里"等、靠、要"的思想比较严重，还有一个小富即安的思想，只要有大米稀饭吃了，就满足了。而且，大家对外界信息不灵，很多老人到死那天，都没到县城去过。

主持人：1989年开始担任家乡的"名誉村长"，并开始反哺乡土，当时是在心中早已盘算还是一个偶然的机会让你有这样的想法并实实在在的去实施？

郑传楼：我每年都要出去开两次会。一回到家要给家乡父老传播先进的信息。还给大家谈我在沿河扶贫一年的体会，和大家讨论怎样能够摆脱贫困。我给大家讲，可绝大部分父老乡亲都认命，他们说生活和城里的生活有差距，要认命。命就是贫穷。我感觉到家乡人的一种无奈，命运决定我们那儿就是这样的生活方式，它和发达的中部西部差距太大了。这些不断被传播的信息还是激发了他们。开完会；所有的父老乡亲全体推选我为名誉村长。那一瞬间，那些眼神，一下子刺激了我。没有称谓，没有黑字落在白纸上。我一下子想到12岁离开老家的那个场面。

我12岁那年离开老家。同龄小朋友拉着我的衣角不让走。父老乡亲背着我们家很简陋的木箱、被子来送，一边走一边流着眼泪，叮嘱我到了省城不要忘记他们。大家一句话都没有，不停地流泪。唯有奶奶说了一句话："乖孙子，你在省城好好读书，长大了给人们办事，给家乡人办事。"

随着时间的推移，读初中，到高中，每次写热爱人民、热爱祖国，我自觉不自觉地都会想到那个场面。我意识到，一个不热爱父母的人，谈何热爱家乡？一个不热爱家乡的人，谈何热爱祖国？我决定一定要尽职尽责地当好这个名誉村长。

他们说要我当名誉村长，我从内心完全答应他们的要求。答应了就要落到实处。要做的事要取信于民，让他们认可我，我第一件事就是解决村里的自来水问题。我们父老乡亲喝不干净的水几百年，一定要解决他们饮水的问题。自来水源头很远。如何引水是我考虑的关键问题。我给县里争取资金，向父老乡亲集资，大家投工投劳，获得奖金一万元，村里每户集资30元，大家都不情愿，他们不知道自来水从高处流下来，尽管要翻一个小山包，到各家各户其实很不容易。我把家里供应的30斤糯米做成汤圆，把大锅洗干净煮成汤圆，把父老乡亲召集起来，边喝甜酒水边给他们说要给他们搞自来水，也才做通了95%的人群的工作。

后来，修桥筑路，工程难度较大，全长6公里的路，路途中要修筑一座18米高、33米长的桥，由于地势险峻，工作量之大难以想象，我又发动全村300多名劳动力自力更生，父亲和幺叔还经常到现场指挥。乡亲们一边搞生产一边修桥筑路，通过一年零五个月的战斗就竣工通了车。通车以后，村里的生产、生活资料和农产品，可用车直接运进村，年节省劳力两万多个。

主持人：治贫先治愚，在改善家乡生存、生活条件的同时，你不忘家乡娃娃的上学问题，通过上下奔走，积极争取，修建希望学校，解决了本村乃至周边村寨娃娃的上学难，建设这个学校一共花了几年时间？修建这个学校遇到了哪些问题？

郑传楼：教育质量如果不改进，素质就上不来，影响了一代人。1983年，我们村的学校垮塌，80%的学生投靠亲友到别处上学去了。有的没条件的孩子就都不读书了。1993年9月，我利用自己9天的休假时间，回去调研，召开村、组长干部会，发动群众投工投劳，平整地基。同时，又向社会呼吁集资筹款，通过一年的努力，利用过年放假一个星期时间，利用大年初二放了一个开工炮，一个星期就打出1000多平方米的平台，逐渐恢复了原有的小学。学校修了 3 层楼，有 8 间教室，增设了初中，学校成为 8 个村的中心点。如今，在校学生已由过去的 130 多人增加到 550 多名。

1994 年 9 月 1 日，自学校启用以来，已经培养了 500 多名高中生、中专生和 80 多名大学生，其中，很多都是一本的大学生。前年考上了一个清华大学生。填补了正安县 10 年没有清华生的断档。今年考上了一个北京航空航天大学的大学生。全村形成了一个家家户户重视教育的良好氛围。

水有了，交通有了，学校有了。搞这样的公益事业，这样齐心，只有自强村。

主持人：为了解决村里灌溉问题，当初只身探险到几百年无人进去过的马鬃岭半山腰崖洞寻找水源，在当时科技条件还很落后的情况下是相当危险的一件事，当时有过害怕的感觉吗？当发现暗河的那一刻是不是心里的喜悦如雨季崖洞的水一样喷涌而出？能不能详细说说这个过程？

郑传楼：为了寻找水源，方圆 20 多里的地方洞穴我都去了。开始我怕，老百姓说洞里有妖怪。小时候听传说下冰雹，哄小娃娃说冰雹是个胡子老师，他抱起冰雹在那里撒。听说有一股水从山里洞穴的九龙寺流出来，我请地矿局的人一起去，到悬崖上去探水，我们还约了 5、6 个小伙子，大家都不敢下去。走起路脚有点打战，都是悬崖。转进去 80 多米深，一个小洞，大家就怕进去出不来，进去怕有妖怪。我进去给别人壮胆，也给自己壮胆。上亿年形成的一个像喉管一样的洞穴，有水，我决定把水接出来。那时，40 多天在山里打转，为了寻到水真是像疯了一样。梦中都想打出水。后来，打了 3 公里半的排洪沟，终于把水引到了村里。

我又帮助村里调整产业结构。引导相对规模大的产业，同时推广优良品种。我把种子找好，种植、养殖等方面的凡是有优良品种，我都推广到那些地方去。将过去的单一种植水稻、玉米的农业产业结构，调整为粮、猪、果、菜的多产结构。带动村里种植野木瓜 1000 亩，养殖商品猪 500 多头，商品菜 100 多亩，并将 30% 的坡耕地还林、还草，现已经成林的植被 2000 多亩。同时，还大力推广良种，使农产品产量和群众的收入逐年增长。

我下决心一定要把通讯的问题解决。自强村成为贵州解决电话最早的村，共有 15 门电话，沿途过 3 个村都共享，总共投入 23 万元。每个座机费用 18 元。沿途三个村均衡地分配 5 个电话。

接着是抓村里的精神文明建设，每年春节在村里搞春节团拜文艺晚会，让娃娃有表演机会，父老乡亲们很欢乐。年年都搞，这 20 多年，我年年都回去，给他们送去文明和精神。每年的 12·9 活动，我们孩子在 10 多个学校中进行文艺演出，县里每年表演村里的孩子都拿前几名，通过这些活动，他们得到很好锻炼。我们举办的活动，有两年都上了中央电视台。

自强村走到今天，省部级领导考察已经上百人。特别是暑期，有 3000 多名大学生去实习。通过和他们实实在在打交道这么多年，我对三农工作的中心有了核心领悟。为老家办事的想法，最初想办了三件事就算了。把水的问题、交通问题和学校的问题办了，就结束，就好了。结果就一发不可收拾，最后，把好朋友、同学、单位同事，认识的朋友，都发动起来了。

主持人： 做思想的巨人，也是行动的巨人，做一个决定往往很简单，然而二十三年如一日持之以恒却难上加难，当初想过自己能坚持这么久吗？

郑传楼： 美丽的家乡既是我热爱的地方，也是我忧虑的地方。家乡的基础设施薄弱，严重影响了父老乡亲的生产、生活。家乡的困难突出表现在六个方面。一是吃饭难。1979 年春节前夕，我利用大学寒假，回家乡看望年迈的老奶奶，亲眼目睹了父老乡亲分配救济粮的情景。天未黑，村干部们就喊开分救济粮的会，父老乡亲听说分救济粮，也早早来到开会地点。400 斤救济粮谁都想要，但谁也不便启齿。一米高的一堆柴火快要燃为灰烬时，一位乡亲提议，干脆"抓阄"啰，这样还比较公平。这个提议得到了大家的赞同。但是，几户比较困难的农户又没有抓到这个阄。看到父老乡亲们失落无助的表情，我心里一阵阵酸痛。

二是饮水难。父老乡亲祖祖辈辈喝田里的水，要喝水质好的水，就要到 3 公里远的河里挑。为了节省挑水时间，父老乡亲便在田边地角挖一个 2 米深的坑，就取名叫水井。其实这井里的水全是屋檐水和牛粪水。每到气温炎热的夏天，水井里密密麻麻的摆头虫，谁也不敢喝生水，一喝就要腹泻几天，严重的要死人。因为饮水质量太差，每年染上肠道疾病和肝炎病、肺结核的乡亲就有 10 多例。一旦染上这些疾病，就会丧失劳动力，家庭就要背上沉重的经济负担。

三是修房难。父老乡亲为了解决吃饭问题，没有多余的钱改善住房条件，砖木结构的房子修不起，全村绝大部分的房屋是干打垒的土墙房和茅草房，房屋低矮黑暗，谈不上采光，就是这样质量的房子也很窄。低矮的茅草房，一不小心就遭火灾。每年都有人家被烧得无家可归。有一个老乡自己动手建起来的茅草房，他的孙女煮饭时，不小心把茅草房给烧了，仅有的 300 多斤粮食被烧个精光，全家 6 口人无家可归，只好借住在邻居家里过日子。贵生二叔家，7 口人居住在 60 平方米的茅草房里，3 个儿子到了结婚年龄时，每次女方访亲时，都因住房条件差而没看上，找不到媳妇，几个儿子发奋了好多年，房子有所改善后，才先后成了家。

四是行路难。行路难是家乡的一大障碍。全村每年 200 多万斤农用物资和农产品运进运出，全靠肩挑背驮，到镇上赶个场交换农副产品都得起早贪黑。特别是春夏之交、河水猛涨季节，父老乡亲就与外界隔绝了。有一个夏天，一位 40 多岁的汉子张德兵突然得了疾病，正值河水猛涨，家人急得团团转，组织人绕山绕水多走了 20 多公里的山路，从天黑抬到天亮，好不容易抬到镇卫生院，因耽误了最佳治疗时间，不幸离开了人世。

五是读书难。一所干打垒（泥巴石头房）的村校，1984 年在山体滑坡中倒塌，因地方政府财力有限，群众也筹不起钱，无力恢复，130 多名学生分散在七八家农户上课，外地的老师因吃住不方便，纷纷调走，学生娃娃读书从此无着落。有条件的人家，只好把娃娃送到亲戚家去寄读。而绝大多数学生娃娃只好辍学在家。因此，那个时候文盲半文盲的青壮年多得很。40 多岁的路生兄弟，一谈到他小时候想读书的情景就感慨万分。他说，我当时想就近读书无学校，到远的地方去住宿读书，家里又送不起，小学读完就没有读书的机会，儿时想读大学的梦只好寄托在子女身上。

六是就医难。村里没有卫生室，乡亲们有个伤风感冒都得到镇的卫生院去看。因路途远，经济又困难，绝大部分的父老乡亲只好小病扛、大病拖，拖不好就去求神拜佛。30 多岁的王坤才，脚底被划了一寸长的小伤口，没有钱治疗，就一直拖，结果拖感染了高烧不止，他的母亲去求神拜佛，结果人财两空。因就医难，每年大人、小孩因发高烧医治不及时，死亡的就有五、六例。

围着自强村，我想制作一朵扶贫的花朵出来，做一件很好的事。在家乡扶贫 20 多年是一个艰辛的过程，时间跨度太长。力量从何而来？我的脑海里不停闪现 12 岁离开老家那个场面，心里就马上兴奋起来。遵义到正安，县城到镇上，18 公里要走个把小时。我从贵阳坐火车到遵义，换车到正安，再转坐破烂的北京吉普乡镇公交车到村里，要两天时间才能走到村里。报废车上放两个长条木凳子坐 12 个人，少一个都不走，夏天 30 多度气温，等坐满 12 人才走，闷热得衣物都要湿透，然后要走一个多小时到村里，已是深夜。这样的路程持续了 5 年，每一次都是这样的艰难，如今想起都觉得是一个奇迹。

路途太遥远，太痛苦了，练就了我要走二万五千里长征的精神。编织袋跟随我已经有 10 年了，几次被误会我是去广东打工的。我说我还没有你们打工的本事，我在省农业厅打工。他们笑我。编织袋跟随我 10 年，每次我都要带一包衣物回去给村里的乡亲。就是这样的要给家乡做点事的决心，让我坚持下来的。

主持人： 做出回乡帮忙建设家乡这个决定的时候，便注定了一生都在忙碌中度过，陪家人的时间肯定少之又少，当时家人对你的决定理解吗？

郑传楼： 出门时间太久，家人也有情绪问题，家人有精神上的孤独。有一年，我过年回村了，女儿读大学带同学到山东去玩，老外婆在家，电话里就哭起来。

我回去给父老乡亲带去欢乐，家属却承受孤独的痛苦。议论两句也正常，要有一种博大的胸怀去对待这个怨气。

主持人： 对于春晖这样的一种扶贫公益活动，和以往的传统扶贫模式完全不同，开辟了一条扶贫的新道路和新思维，你认为这是一种怎样的模式？

郑传楼： 实践证明，"春晖行动"一是有利于弘扬中华民族传统美德，构建社会主义和谐社会，切实贯彻《公民道德建设实施纲要》。二是有利于坚持科学发展观理念，以感情杠杆来统筹城乡经济社会发展，缩小贫富差距。三是有利于对当前政府主导扶贫工作的有益补充，是以志愿精神整合民间资源和社会力量共同解决"三农"问题。四是有利于引导公民有序进行公众参与的新途径。

帮扶实践使我深深地体会到，我们没有任何理由不关注农村，因为那里居住着难以忘怀的父老乡亲。我们没有任何理由不关心农业，因为农业是国民经济的基础，基础不牢，地动山摇。我们没有任何理由不关爱农民，因为没有农民的小康，就没有全国人民的小康。

"春晖行动"的"亲情、乡情、友情"是构筑精神高地、构建和谐社会的有效途径，让人与人之间的关系得到浇注。找一个什么样的突破口来构筑精神高地，让世世代代都得以延续春晖精神？我听说腾讯网络愿意来做助推工作，这个活动省里面领导认识到，它是贵州不可多得的文化品牌，并且已经走向世界了。媒体都来积极参与，还需要继续传播"春晖行动"的价值。

访谈四

访谈对象：曹以杰（贵州青蓝紫富硒茶叶有限公司董事长）
主持人：王小梅
访谈提纲：张新雨
资料整理：张新雨
访谈时间：2012 年 9 月 24 日
访谈地点：开阳县禾丰乡马头寨云山茶海

访谈背景

曹以杰，一个扎根本土的春晖使者。没有太多漂泊者的乡愁，却有太多游子的春晖情。扎根本土、尽洒乡情。

访谈记录

主持人：先介绍一下最近您在做的事情吧，如何把"春晖行动"价值与帮助乡村、回乡建设家乡的理念结合起来？

曹以杰：现在在观景台下面重新修一条路，8 公里到修文。这是第四次修了，刚才你们上来的路是没有的。现在这条路去修文是 8 公里，到我们茶山是 5 公里。

现在准备将这条路打造成旅游路，把路灯和防护栏也建起来。沿线有很多村民，他们可以经营农家乐。我的茶园可以带动他们发展，人家上我这里来喝茶、住两天之后游客又可以下山去吃农家乐或者住农民客栈。

主持人：现在有接待能力的农户多吗？

曹以杰：目前我们已经联系了三、四家，他们家房子是传统的木房子，我们已经开始督促他们做一点简单的装修、打扫一下卫生，可能明年就可以接待游客了。我们旅游区的打造主要是平寨到水头寨这一片区域。水头寨有十多户，平寨也是，可以发展农家乐。农家乐已经初具成效，每年都会搞一些村民培训，主要是"以赛待训"，比如折被子比赛、炒菜比赛等等。有点结果，老百姓训练起来才会有兴趣。今年还预计栽两千亩到五千亩茶园，估计能完成两千亩。这两天茶园主要在修剪和施肥。主要采用公司＋农户的形式。

目前我们通过招商引资，进来了几家公司。现在主要是配合公司把征地、修地等工作顺利完成。河边，水头寨对面，有一家搞农业旅游的公司都已经完成房屋和基地的建设了，都是我们引进来在这里发展的。

现在我们全村的茶园加起来一共 8000 亩。果园虽然这几年栽得多，现在有三千亩了。主要是琵琶、梨子和板栗，这是规划。基建这块，我们所涉及的 15 个村民组，组组通油路，每家每户能喝到自来水。我们村还有专门的保洁员，乡里面解决两个人的工资，其他我们自己负责。在村寨里面，我们属于好的，卫生有保障。现在的农户，只要有打工的地方，一天就有最低 60 块的收入。

主持人：这个村有多少户人家和多少人口？

曹以杰：我们村一共 600 户，总共 2300 多人口，将近 2400 人口，有 9 个寨子，15 个村民组。以汉族、布依族和苗族为主。人均占有土地 3 亩多，不一定占土，可以是荒山。现在基本全村参与茶园建设，还辐射到其他村寨和县。

主持人：农户除了种茶有收入，相关产业带动收入有好多？怎么带动？

曹以杰：一种是公司加农户的形式，农民出土地，我们出茶苗和技术，给他栽种和管理，然后他将茶青卖给我，这种有 3000 ~ 4000 元的收入，根据每年天气情况而浮动；还有一种是"反租倒包"，看承包多少。我们租农户的土地，自己种植，然后请他管理，我们就开工资给他们。还有一种是松散式的，农户把土地给我们，他们在茶园种茶、采茶，我就把他们招来作为我公司的固定工人，解决他们的养老保险问题，包吃住，这种的一个月工资是在一千五以上。

主持人：现在在山上打工的农户有多少当地的农户？

曹以杰：全部是当地的。平均每天是一两百人在茶园工作，夏天采茶高峰期最多时候可以达到七八百人。我们实行日薪制，每天发钱。因为有的农户可能会等不到月底才发工资，如果不这样，他们就不愿意来做工。忙的时候每天都能看见排队领钱的人。

关键是这个茶园还帮助安顿了一批留守的老人和儿童。农村不像城里，上了年纪的老人退休了可以有退休工资，在家里养老，不愁吃穿；但是在我们这里，许多老人是不可能有这个条件的，儿女挣钱少的，老人基本生活都难保证。有了一个茶园在这里，他们帮我们采茶，我们给他们提供吃住，就解决了老人的安顿问题。我们这里每年都有五六十个工人住在这里。

主持人：您这个就很好，解决了找不到人采茶的问题。

曹以杰：这就是一个经济杠杆。如果你提供给农户的工资高于他们出去打工的所得，那他们为什么不干呢？而且我们实行从开采到关园都一个价格的规定，这样农户觉得有保障，有安全感。首先就是要考虑农户的利益。采取公司加农户的形式，我们与每一户都签订收购价，如果市场给他的价格超过我给的20%，那么农户可以选择卖给别人，但如果在百分之二十以内，就不可以。因为农户的茶苗、技术等都是我提供的。

主持人：出去打工的人多吗？

曹以杰：不多，五六年前可能有五百多人，现在最多就一两百人。现在都在家里打工了，开农家乐什么的，还有做养殖、种植的。村里面发展好了，其实没有任何人想要离乡背井。

主持人：您也算社区精英，能帮助那么多人，特别好。很多人回来就可以靠您的企业，解决生计问题。作为春晖使者，其实是和您的产业结合起来的。他们知道您是春晖使者，怎么看您呢？

曹以杰：他们都知道。其实老百姓不会管你是什么使者，只要你能带动他们，他们就愿意跟随你。

主持人：您是支书，担当一个连接多媒介的角色，社会资源很多，这个很重要。

曹以杰：是的。特别是村里的软件建设方面，硬件是可见的，但是村里还有很多不可见的事情，需要去做去协调，比如最近在搞的道路建设、水利设施建设等等。

主持人：现在你所听到的村民对您的评价中，您比较认可的有哪些？都有哪些评价？

曹以杰：最多的评价，就是说我带领农户致富；第二就是说我清廉，不贪污。我当了8年村支书，从来没有过这方面的谣言。我每天耗在村里的时间很多。尤其是修路期间，因为修建公路占用农户土地，而当时政府是没有提供农户土地赔偿款的。但是不可能不赔啊，于是我们通过各方渠道，终于筹集到100多万资金，按照很低的标准赔偿农户，很多农户不理解，赔钱少不同意。为了让农户签字、同意修路，我们每天晚上都到农户家，给他们做思想工作。对于家庭状况实在太差的人家，我们承诺给他们提供其他额外的补偿，比如帮他们指定一个3~5年的脱贫计划，帮他们解决低保等等。这才基本上征求到了全部170户相关农户的同意。

主持人：都是您亲自一家一户去说服的吗？

曹以杰：是的。因为村支书出面，村民会觉得有威信。第一他们会觉得你不可能害他们，是为了大家好；第二他们认为村支书、领导有公心，不会把钱揣进自己荷包里。

主持人： 其实一个地方的发展也需要社区精英们作为精神支柱。比方说您就成为了这个村里其他外出打工人的榜样，他们会认为回乡建设挺好的，同样有前途，曹总就是这样的。

曹以杰： 是这样。我 1994 年退伍的时候，有几个战友是温州的，他们说，"贵州那么穷，你和我们去温州吧。再穷每个月都可以保证有两千块的工资"。我当时就说了一句话，"我在部队的时候比你们强，回到家乡干活一样强过你们。我这身体就算拉板车也能拉出钱来"。我觉得做人一个是要有信心，再有就是要坚持，不管做什么。

主持人： 现在你们村里，通过"春晖行动"感召回来建设家乡的人多不多？大多是做什么行业的？

曹以杰： 目前大多数回来的都是初级阶段，所以带动农户的发展也不多。回来做农家乐的最多，农家乐还是有好处，小的可以解决两三个人的就业问题，大的可以解决十来个。我们村有一个邵安兵，之前在深圳打工，在制衣厂，回来之后就自己开了一个服装厂，解决了二十几个村民的就业。还有办果园的等等。我想如果有相同的技术，在家里打工总是好过在外面的，因为说实话，在家里是天时地利人和都占据了，而在外面什么都没有，很困难的。

当村支书 8 年以来，我们村马头寨的古建筑群被列为全国文物保护单位，村被评为全国农业旅游示范点和全国企业文化名村。村的布局是两条，一是沿河有 9 个村民组，二是山上有 6 个村民组。

主持人： 的确，这个村好像就是这两年突然出名了。这一个是因为天然资源很多，第二就是和你们做的这么多事情分不开。

曹以杰： 马头寨这个地方可能在 2006 年之前都没有人知道，许多开阳本地人都不知道。后来我搞了茶山，许多外地的朋友还有当时的县委领导知道了，就来看。当时他们很注重乡村的农业、旅游发展，来我这里看了之后聊出了不少东西和愿景，现在都还在发展的初级阶段。

主持人： 把旅游和茶产业结合起来，就能很快带动你们村的发展。

曹以杰： 对。今后 5～10 年的规划就是，我想把茶园上面的几个村寨打造成为国际度假中心，主要是结合茶园旅游来做。第一，旅游可以带动茶园的销售；同时，茶园可以为游客提供观光的地方，相辅相成。现在省里也很重视我在做的事情，我们村已经被评为乡村旅游示范点。目前在贵州做茶的很多，但是正儿八经修茶园、开发旅游的并不多。我们还有一个天然的地理优势，这里离贵阳只有 1 个小时的车程，很方便贵阳人来这里度周末；等轻轨开通，从广州到南江峡谷只要 4 个小时。一个地方的旅游业要发展，周边的环境很关键。

主持人：当初"春晖行动"为什么会推选你为春晖使者呢？

曹以杰：我想主要是因为我做的事情和春晖的理念是相符合的吧。一个是回乡创业，再一个是带动发展、致富，回报家乡、父母、亲人。其实我觉得我给父老乡亲的并不多，而他们却给了我很多。他们给了我精神上最大的支持。

主持人：您就在平寨长大的吗？

曹以杰：我出生在平寨，在那里长大。家里六姊妹，当时很穷。初中毕业之后，只有两条路选择，要么当兵，要么考高中。后来因为家里经济状况不好，加上本人学习不好很调皮，就没念成高中。在安顺当了两年兵后又到云南当了两年。1994 年退伍之后在许多地方打过工，当过保安、老师、民警，也做过公司经理，卖过机电，一直到 1998 年回到家乡。当时我得知这里有个知青茶园，是 70 年代知青来的时候建的，知青走后承包给了一个农户。我就跑去和村里协商，以 4 万的价格给他承包下来了，作为我公司的基础。我们从 2001 年冬天开始，大面积开荒山。

主持人：这过程很艰难吧？

曹以杰：很难，2002 年的时候，当时村里小学有 30 多个学生，冬天都没有袜子穿。当时村里刚知道有保暖内衣这东西，我给孩子们一人买了一套穿，也是从这个时候开始资助失学儿童，资助学费。带着农户修路这个说来很轻松，实际上是挺难的。当时现在的这条路根本就没有，全是泥泞的土路，牛马走的，车子根本走不了。当时我许多朋友听说我在这里投资建茶园，都说我是疯子。2003 年是最艰难的时候，我手上有 4 个工人，当时已经 3 个月发不出工资，公司账户上只有 500 块钱，我自己家里有 2000块。当时我就给我爱人说，先把家里的钱拿 1000 元出来给工人发一个月的工资。后来有个工人给我说了一句话，他说："我们饭是有得吃的，烟可以省掉不抽，就给我们十块钱够理发就行了。"这让我很感动。后来 2004 年茶园开始投产，就要好多了。当时我们有四个村寨严重缺水，我们就又筹集了几十万，再加上政府给的一点钱，一共 65 万，在山上修了水库，已经覆盖了这 4 个村寨。做实业的人，成功之前的那种艰辛，真是难有人理解的。

主持人：后来是什么契机，您又去清华和香港进修了呢？

曹以杰：我虽然初中毕业，但是从小就爱看书，什么书都看。我至今保留了一个习惯，每天都要看新闻、读报纸、浏览网页。2004 年我进了市委党校中专班，学的是农村经济管理，读了两年；后来又去读省委党校大专班，学的行政管理。毕业之后去清华进修，后来才去到香港理工大学进修 EMBA。其实学 EMBA 就是去见世面，形成一个圈子，资源共享。

主持人：你们还是一直在关注教育这方面的吧？

曹以杰：是的。以前我们都是松散式的，没有什么计划，一般是哪个学生找到我们，我们都提供帮助。从今年开始我们以基金会的形式来帮扶，今年 8 月举行了捐款仪式，支持 6 个学生，资助他们学费，对其中家庭尤其困难的学生，我们除了赞助学费之外，还给每月三百元的生活费。我就希望他们好好读书，其他什么都不要管，有其他的困难我们帮他解决就好了。

主持人：你们还在持续给中小学的学生捐助校服这些吗？

曹以杰：这个是一直在做的。2007 年我就联系云岩区工商联，帮我们把学校的课桌椅都换新了；今年我们又联系了贵阳实验二中，帮我们提供了全部的校服。学校要弄多媒体教室，没有电脑，我就自己捐钱，发动村民捐钱，然后又去县城和他们交涉，鼓动政府资助，最后给学校装了十几台电脑。

主持人：村里总共有多少个学校？

曹以杰：我们有一个村级小学，200 名学生，7 个老师。为了安抚这 7 个老师，让他们留下来，我们也是下了不少功夫。还有一个中心学校，但这个国家支持得比较多，不用我们考虑太多了。

主持人：目前一共帮扶了多少学生？

曹以杰：没有统计过。都没有想过别人会回报，所以没有记。我一直给帮扶的学生们说，以后能回报家乡是最好，不能回报，至少也要遵纪守法，做个好人。

主持人：你们村出去了多少大学生？

曹以杰：这个也没有统计过，但是几十个是有的。最好的一个是北大毕业的双博士，现在在美国，但是他很少回来，基本没有做过什么贡献。

主持人："春晖行动"也是为了带动更多的人去实践，村里成立基金会其实也是实现了春晖精神的可持续发展。您曾经也说到应该建立一个有关春晖理念的中心和聚点，具体有什么想法？

曹以杰：我觉得"春晖行动"不能仅仅是因为政府需要和政府宣传才去做，它是和中国的传统文化内涵息息相关的，有很多值得深层次挖掘的价值在其中。所以应该开展一些常态化的活动。目前"春晖行动"虽然已经深入到许多村寨，但在操作的过程中仍然有被动的时候，应该定期举办一些活动来保证行动的可持续性，比如定期举办优秀春晖使者的评选，每年推出新的使者。人都是需要激励的嘛。

在贵阳和其他的县城、乡镇，都应该有固定的春晖中心作为聚点。我的茶园就是一个，已经授牌了的，只是我这里比较远，不方便。有了一个聚点，才能凝聚各方人和资源，许多思路和想法都是在人与人的交流中发生的。没有聚点就不会有交流，没有交流就不会有行动。

主持人：您的三个身份，村支书、企业老总和春晖使者，春晖的理念是怎么融入到您的这三个角色之中的？

曹以杰：这看似是不同的角色，但实际上做的都是一件事情。无论是当村支书、"春晖使者"还是企业老总，都是为了带动农民发展，建设家乡。

访谈五

访谈对象：胡德芳
主持人：王小梅
访谈提纲：徐正奎、张新雨
资料整理：张新雨、胡德芳
访谈时间：2012 年 9 月 24 日
访谈方式：资料整理、电话、网络

访谈背景

胡德芳，一个在外打拼的贵州人，一个真正的游子，以其实际行动诠释了"慈母手中线，游子身上衣。谁言寸草心，报得三春晖"的感人意境。

访谈记录

主持人：您最初是怎么知道"春晖行动"的？又是什么契机让您参与到"春晖行动"中来的？您个人对"春晖行动"的理念和价值怎么认识？

胡德芳：2007 年我回了趟老家贵州省三穗县，看到家乡与经济发达地区有相当大的差距，就想帮家乡做点什么。回深圳后与家人商量，决定从扶持考上大学的贫困学生做起，当年将仅有的 50 万现金捐赠给三穗教育局，明确用于资助贫困学生，让那些优秀学生完成学业，改变贫困学生家庭状况，从而可能改变家乡的整体落后面貌。2008 年时任共青团三穗县委书记的向运华给我打电话，向我介绍"春晖行动"，并要聘请我为春晖使者，从此我就加入到"春晖行动"中来。

"春晖行动"我个人觉得特别适合于贵州的现实，既为在外游子创造回报家乡的渠道和平台，也解决了贫困地区的一些实际困难，是帮扶贫困地区的有效方法。

主持人：您在成立拜特公司之前都有怎样的经历，在哪些地方工作过？

胡德芳：我 1983 年从贵州无线电工业学校毕业后分配到深圳爱华电子有限公司工作，一直从事技术开发工作，从技术员到工程师，再到高级工程师；从研究室主任，到二级公司副经理。2000 年所在的公司关停后，才与几个同事创办拜特科技公司。工作期间，持续在职读书，先后获得大专、本科、研究生学历。

主持人：能否简单聊聊您的创业经历？创业过程中遇到过什么困难？目前的拜特公司正在做些什么？

胡德芳：到现在工作差不多 30 年了，在第一家企业工作 17 年，自己创办的企业也有 12 年了。在国有企业工作时，我主要从事软件开发，在公司是比较有名的，由于业绩突出，工程师、高级工程师都是破格评聘的，自己从未想过要去创业。直到上级通知所在的公司将暂停营业，要合并到其他公司，我又热爱所从事的软件行业，因此才与几个同事创办公司。

我是技术出身，不懂管理，更谈不上公司营运，因此在公司成立前几年，我仍然专心开发我的产品，大约在 2003 年非典期间，公司出现内乱，差一点运营不下去了。到这时，我才意识到创业不是件容易的事，也好好反省自己。从此安排出时间去参加一些管理课程的培训，多学点企业管理方面的知识。

创业选择合作伙伴太重要了，据统计 90% 以上的企业合作伙伴都可能出问题。当出现问题时，不要害怕，去面对，想办法去解决，办法总比困难多。我是软件专业毕业，又长期从事金融软件研发，因此我创办的拜特科技专为大型企业集团、政府事业机构提供资金管理方案以及实现资金管理模式的软件系统。拜特科技现已成为中国提供资金管理解决方案的领头羊。

主持人：您是国内最早从事资金管理研究的人员之一，都出版过哪些著作？有人称呼您为"中国资金管理第一人"，能否谈一谈当时是出于什么想法做了这么多利于资金管理行业发展的事情？

胡德芳：先后自己或与他人合作出版过《企业集团财务结算中心与计算机系统》（电子工业出版社，1999 年）、《结算中心案例研究》（经济科学出版社，2004 年）、《资金集中管理研究》（广东科技出版社，2010 年）。

深圳是中国的改革开放试验区，深圳市政府相关机构于 1993 年下文要求企业集团加强资金管理，提升企业集团的资金管理效率与效益。深圳地区许多企业集团的资金管理经验值得全国其他地区借鉴，加上我也从 1993 年开始专门研究企业集团资金管理，并在当时爱华公司领导鼓励下，开始编写资金管理方面的专著。我所著的资金管理方面的书籍，对推动中国资金管理行业的发展确实有较大帮助，目前这方面的专业书籍很少见。

主持人：您在成为"春晖使者"之后，具体都做过哪些回馈社会、建设家乡、改善家乡经济状况的事？社会的反响如何？

胡德芳：大致几个方面，一是捐资助学，主要有持续资助大学生、帮助烧巴小学建立饮水工程、改善学校设施、感召身边的同事朋友捐资助学、零星资助贫困学生；二是帮助家乡发展经济，发动并资助村民成立专业合作社，建设食品加工厂房，道路硬化；三是传播春晖理念，在公司网站开辟"春晖行动"专栏，在中国资金杂志开辟"春晖行动"专栏，利用各会会议包括"春晖行动"推介会演讲春晖理念。"春晖行动"在我的家乡开展后，《中国青年报》、《中国扶贫》、《当代贵州》、《贵州日报》、《黔东南日报》、新华社、贵州电视台、春晖电视剧组先后多次到三穗采访报道，这对提升三穗的知名度，号召更多在外游子回报家乡起到积极的宣传作用。

主持人：您个人都获得过哪些荣誉？

胡德芳：2008 年共青团三穗县委、黔东南州委表彰为优秀春晖使者；2009 年 4 月，三穗县委、县政府表彰为优秀农民工代表；2010 年 11 月，中共贵州省委组织部、贵州省文明办、贵州省教育厅、共青团贵州省委、贵州省农委表彰为优秀春晖使者。

主持人：身为春晖使者，又是企业老总，您认为春晖的价值理念从什么层面指导（或者说帮助构建）了您公司的企业文化？

胡德芳：主要是感恩，这是中国传统的美德。

主持人：至今您资助了多少名大学生？

胡德芳：据三穗教育局提供的资料，至今批量资助126名大学生，还零星资助一些，人数记不清。

主持人：能否简单介绍一下由您牵头启动的"春晖家园计划"项目？一共投资多少，您个人投资多少？目前，这个项目在您的家乡三穗烧巴村实施进展如何了？

胡德芳："春晖家园计划"在我的家乡现做到第三期了，第一期我捐资2万元，建设篮球场以及供村民活动的基础设施；第二期我捐资10万元，主要是从村民各家各户的门口到310省道的道路硬化；第三期我捐资37万元，帮助村民成立大头菜农民专业合作社，目前大头菜加工厂房已投入生产。第二期和第三期项目从烧巴村扩大到附近的司前村、唐洞村。

主持人：与其他的春晖使者互动多吗？在深圳或者您的公司内部是不是有专门的"春晖行动"的交流平台或聚点？您公司的员工对春晖价值有怎样的认识？

胡德芳：我经常参加春晖相关活动，与许多春晖使者有交流与分享。我公司网站、公司杂志经常发表与春晖相关的文章，许多员工也成为春晖使者，将春晖理念传播到他们的家乡，并力所能及帮助他人。

主持人：是否考虑过今后"春晖行动"还需要做些什么？如何以"春晖行动"为平台，带动更多人参与到家乡建设中来？

胡德芳：在以后的日子里，我会继续帮助我的家乡，重点是教育和农村经济；我也会继续利用各种渠道传播春晖理念，感召更多的人参加"春晖行动"。当然我的重要责任，是将我创办的拜特科技做强做大，有更多的资源承担更多的社会责任。

主持人：您平时经常回乡吗？多少时间在贵州？

胡德芳：我经常回贵州，每年的清明节必回老家。2011年差不多有一半时间在贵州，主要是做些发展农村经济的事。

访谈六

访谈对象：杨文学
主持人：王小梅
访谈提纲：张新雨
资料整理：张新雨

访谈时间：2012 年 9 月 24 日

访谈地点：贵州师范大学

访谈背景

杨文学，一个特殊的春晖使者——在贵阳背"背篼"的农民工。8 年来，他用当"背篼"挣的 13 万元血汗钱为家乡修路，他却说，这只是做了自己该做的事情。

访谈记录

主持人：现在在贵阳主要干什么？一天平均可以挣多少钱呢？

杨文学：主要还是背背篼，最多的时候一天可以挣两百来块钱，一般都是一百多块吧。有许多老家的同伴和我一起的，我们没有固定的聚点，主要就是在中心的地方。除了背篼也打混凝土，做小区的屋面和路面这些，可以打电话接活路。这个是长期的。

主持人：你爱人也在贵阳和你做工吗？平时谁看孩子呢？

杨文学：也一起做工。孩子很少在家里，都在学校。晚上都是他们自己随便买点包子啊面条这些吃，我们照顾不了。

主持人：现在那条路是什么情况？动工了吗？

杨文学：路还没有动工。目前筹到资金的情况是这样的：贵州省春晖行动发展基金会资助了 10 万，已经拨到了团县委；我自己捐了 13 万，在媒体报道之后，社会各界人士和政府都给予大力支持，省财政厅又专门拨款 31.7 万到县里，都不经我的手。（那由谁监督这笔钱保证一定用在修路上呢？）现在县里要求统一拨到乡里后由乡政府和县交通局监督和指导。在我去年拿到"全国五一劳动奖章"之后，谌贻琴领导专门给省公路局写了一封信，大概意思是"这种精神难能可贵，值得全社会学习。修路资金不足的问题，请解决"。等我去省公路局找他们的时候，公路局张处长才告诉我说这件事情不用我跑了，领导已经签字做了批示。

主持人：你当时是怎么想到要修这条路的？初衷是什么？

杨文学：是这样的。去年正月十四我们一家回去过大年。那几天天气很冷，村里路不好走。我们已经很多年没回去了，寨子里的乡亲们都很高兴，来和我们聊天。期间一些老人家就说："这几年你们出去了好呀，我们已经老了出不去了。我们就盼着什么时候这里通了一条路就好了"。我们村是这样，每年一到冬天就要背煤，男女老少大家一起背，所以路变得很重要。当时我回来是准备用存下来的钱装修房子的，后来听见乡亲们这么说，我就去找乡里，一问呢知道乡里没有项目实施，加上我们村很穷，基本没有经济来源，就没有经费修路。我就决定把装修的钱先拿来修路，自己就去找挖机了。有两户人家因为修路要占他们土地怎么都不同意，后来我联合乡政府人员费了很多口舌，给了他们点经济补偿，终于把他们说服了。

主持人：你家人同意你用装修的钱修路吗？

杨文学：一开始我老婆还是不同意的。（你怎么说服她的？）我就告诉她，我们一家在外面打工，常年不在家，父母都是 60 多岁的人了，还在背煤；我们不在家的时候父母如果身体不好背不了我们还得拜托乡里乡亲们帮忙。现在路也不通，修一个漂亮的房子在这里也没有用啊，不如先把路搞通，再修房子。这么一说，我老婆也觉得对。从乡里到我们村里就 12 公里路，我们坐摩托车要花 50 块钱，从贵阳到乡里坐车也就 30 块。主要是这条路太窄，客车过不了，走路要一两个小时，很不方便。如果路能修通，不仅为村里百姓提供了便利，物资比如种的土豆和玉米也方便运出来卖，我们也方便从外面拉点米进去吃。

主持人：现在鸡坡村的情况怎么样？

杨文学：非常贫穷。其实有一条道通村里的，但是只过鸡坡村边，有五个寨子都不通，我们一共九个寨子。1993 年的时候我回到村里当村民组长，当了三年，看到村里的情况，我也是痛在心里。当时找乡里想解决道路问题，但是没有用，上面也没有钱啊。

主持人：那村里主要就是务农为主？

杨文学：是。主要就是种玉米和土豆，没有其他的。

主持人：村里多少户人家，多少人口？外出打工的人多吗？

杨文学：将近 500 人口，百分之六七十都出去打工了，主要剩老年人在家里务农。我们村全是苗族，很多年纪大的都不会说汉话。

主持人：村里有学校吗？

杨文学：有一所小学。几年前村里有个人在乡里工作，看到村里很穷，学校里只有 6 个学生。他就回到这里从 6 个学生开始自己办学，到现在学校里已经有将近 700 学生了。一共 6 个年级。

主持人：你之前的经历是什么样的？念过几年书？

杨文学：我初中还没毕业就辍学了。小时候在村里的鸡坡小学念一二年级，又在另一个村子的河头上小学念到四年级，后来到岩洞口村的岩洞口小学念到小学毕业。毕业之后在三搪镇念中学，但是初二那年遭遇冰雹，家里的庄稼全部被打死了，没有了经济收入，交不了学费，就辍学了。辍学之后就决定出门打工，下到六盘水背煤，很苦。一天背将近 20 背，差不多 100 公斤一背。（有没有坚持不下去的时候？）没有，一直都坚持。实在累得不行了就回去歇歇，再出来继续背。

主持人： 你们家几兄妹？你是老几？

杨文学： 五兄妹，我是老大。所以当时就拼命做工，为了养家。现在兄弟姐妹都在贵阳打工，父母在家里。

主持人： 你是哪年到的贵阳？来之后都有什么经历？

杨文学： 我其实 1999 年就到贵阳了。当时是在金华的郭家村背煤，背了一年。有一次下贵阳买东西，发现贵阳有背篼，就想可能背篼还赚钱多一点。于是 2000 年就下来做背篼了。当时贵阳背篼还不多，活路很好做，找了点钱。但那时候老婆孩子都在老家，有时候孩子生病了就要跑回去，再跑回来，钱都花在车费上了，根本存不了。到了 2003 年，老婆孩子才一块儿都来了贵阳。

主持人： 你最初是怎么知道"春晖行动"的？他们是怎么联系到你的？

杨文学： 当时我跟着一个做包工头的老板打工，他有一个远房亲戚在王武监狱工作。有一天叫我一块儿吃饭，我就把困难告诉那个警官了。他提出去村里看看情况，让我和他去找乡里。果然乡里很热情很客气，答应协调土地。回来之后，这个警官的一个亲戚又正好在黔灵公园派出所上班，又约上我一起吃饭，当晚《贵阳晚报》的一个主编也在。听到我的想法之后他觉得这件事情很有新闻价值，于是第二天就派了一个记者来我家采访我。第三天，记者就和我去村里看情况了。所以第一篇报道是《贵阳晚报》出的。《都市报》的记者看到后，也派了两个记者去村里采访，出了第二篇报道。这就被贵州省春晖行动发展中心和基金会的同志看到了，立即请了蔡顺华副理事长和春晖行动发展基金会的工作人员班超去鸡坡村调研，最后决定为修路拨款 10 万。

主持人： 作为"春晖使者"，你怎么看待"反哺故土"的春晖精神？

杨文学： 我觉得这个理念很好。让更多在外打工的人回到家乡支持家乡的教育、经济建设。但是我们村目前除了我还没有回来的年轻人，因为他们都还没有存到足够的钱。

主持人： 有没有想过以后做什么？还一直做背篼吗？想过以后用别的

方式反哺家乡吗？

杨文学：我想等路修通之后，就安心在贵阳开一家劳务公司。把现在身边跟着我的乡亲都召集起来做，找更多的钱。

主持人：现在有多少人跟着你做？他们为什么那么坚定地跟着你？

杨文学：我们村有一百多个人在贵阳打工，目前跟着我的有二三十个。他们平时活路资源少，我的资源比较多，反正我一个人也干不了，就叫他们一起干。

主持人：他们对"春晖行动"了解吗？

杨文学：了解，他们也都知道我是春晖使者。（村里对你的评价怎么样？）评价还是比较高的，他们觉得如果这条路能够顺利修通，真是很感谢。现在又得到各级政府的大力支持，不仅村民高兴，我更高兴。

主持人：从一开始你一个人的努力变成了现在社会多方的共同努力，挺好的。

杨文学：是的。毕节市的陈昌旭市长还告诉我，如果修路差个十几二十万，就告诉县里，由县里支持；如果差得多，可以直接报到市里，由市里解决。

主持人：你都获得过哪些个人荣誉？怎么看这些荣誉呢？

杨文学：我被团县委聘为"春晖使者"，2011年获"中华优秀儿女特别推荐人物"表彰，今年5月又获得了"全国五一劳动奖章"。我特别感谢政府这样支持我，媒体报道之后也让我得到了更多的来自社会的支持，这让我更有信心坚持到底，把这条道路修通。如果能赚到更多的钱，如果其他地方也需要我，我也会毫不犹豫地去帮助他们。

主持人：你觉得"春晖行动"今后还应该做些什么，支持家乡的建设？

杨文学：我想不仅是修路，如果还能够在村里修一个文化广场，将各家各户的院坝重新建设，把房子修得漂亮一点就更好了。新农村建设在我们村都还没有开始，我希望能通过"春晖行动"的感召，让更多的人参与进来，建设我们的家乡。

主持人：你平时和孩子待的时间很少吧？怎么培养孩子呢？你希望他们长大后做什么？

杨文学：很少，我们也教不了他们。就叫他们好好读书，有能力有本事以后要回报家乡，帮助家乡的发展。

主持人：如果你有能力送他们去念大学，他们大学毕业之后可以找到一份很好的工作，你还希望他们回来吗？

杨文学：无论在哪里工作都可以，只是要让他们有回报家乡的心。不能忘了根。

访谈七

访谈对象：蔡顺华（《春晖》杂志执行主编）
主持人：王小梅
访谈时间：2012 年 9 月 21 日

主持人：从一名重点中学高中语文老师到全国知名的演讲家，再到《春晖》杂志的执行主编，你如何看待自己的这样一个人生历程？

蔡顺华："我们男子汉大丈夫，一旦诞生在这个地球上，就一定要留下一个巨大的脚印。"这是我的人生座右铭。我一直追求个人劳动价值的社会化和最大化。作为高中教师，即使我成为了特级教师，每堂课也只能影响几十名学生，而作为演讲家走上社会讲坛，每场演讲都影响和感召数百人乃至数千人。作为期刊主编，每期杂志则影响面更大。教书也好，演讲也好，办刊也好，都是教书育人，都是以文化人，都是传播正能量。

主持人：在你担任《春晖》杂志执行主编之前，你已经是《演讲与口才》的常务副主编。选择到一个刚起步的《春晖》杂志担任执行主编，这对你来说是再一次重大的抉择，是什么原因促使你来担任《春晖》杂志的执行主编？

蔡顺华：2009 年夏，我应邀在贵州大学等高校巡回演讲，一天晚上，时任共青团贵州省委书记的陈昌旭先生邀请我和一个朋友到阳明祠茶楼喝茶，他希望我们都关掉手机，听他讲讲春晖行动。面对两名听众，陈昌旭先生满怀激情演讲了春晖行动的起源、理念、模式和意义，从晚上 9 点一直讲到凌晨 1 点，整整 4 个小时。

作为一位正厅级干部，这样对待客人，对待事业，对待贵州，他的精神深深感动了我。而他宣讲的"尽孝、感恩、反哺"的春晖行动理念，深深感召了我。

我一直追求做一名"人民演讲家"，听了陈昌旭先生的演讲，我意识到，我过去的近千场演讲，还只是停留在"术"的层面，而"人民演讲家"的演讲，应该上升到"道"的高度，春晖行动的核心价值理念，恰好弥补了我演讲的不足，它可以使我的演讲真正具有思想的高度和灵魂的温度。当陈昌旭先生特邀我加盟春晖行动，经过一段时间的考虑，我答应了，立即着手创办《春晖》杂志，开始春晖感恩演讲。

事实证明，我的选择没有错。《春晖》的影响力越来越大，很快将公开出版发行，我演讲的思想性和感召力也明显增强，已经有很多人读了《春晖》，听了演讲，而积极参与春晖行动。

主持人：自担任《春晖》执行主编以来，春晖行动已成为你所有工作的中心。如何使《春晖》实现的"春晖行动"价值传播、社会化，从而形成大众值观？

蔡顺华：春晖行动理念好，我和很多人一样，就是被这个理念感召加盟其中的。春晖行动基础好，8 年时间，创造过辉煌，积淀了经验，积累了人脉。春晖行动前景好，习近平同志的肯定，文化大繁荣大发展的时代背景，都预示着"春晖天下不是梦"。当务之急是真抓实干，而今迈步从头越！

俄国寓言大师克雷洛夫有一句名言："现实是此岸，理想是彼岸，中间隔着湍急的河流，行动则是架在河上的桥梁。"天下之事，务实为要。古往今来，多少清谈的政客，误事误国误己，为人们所耻笑，而那些崇实务实的人，常被记起并誉之为"民族的脊梁"。事有千件，贵在实干。只有拿出踏石留痕的狠劲、滴水穿石的韧劲、九牛爬坡的拼劲，才能干有所成。

春晖行动，贵在行动。怎么行动，怎么实干，结合我负责的工作，集中精力做好几件事。一是办好《春晖》杂志，早日完成《投入地爱一次》，并以质量赢得读者，持续传播正能量。二是持续做好春晖感恩教育演讲，在更大的范围，更高的平台，感召更多的人参与春晖行动。三是办好春晖全国演讲大赛，不断扩大春晖行动的知名度和美誉度。四是持续办好"演讲中国·春晖天下"新浪博客和"微春晖·东方牧"腾讯微博，加强与春晖使者和潜在春晖使者的情感互动，利用新媒体传播春晖理念。

任他华年如流水，依旧豪情似大江。春晖天下，是我和所有春晖人的中国梦。为这个梦去拼搏，即使年过半百，我也无怨无悔！

访谈八

访谈对象：贵州师范大学春晖行动发展社（简称"春晖社"）
主持人：王小梅

访谈提纲：徐正奎
资料整理：徐正奎
访谈地点：贵州师范大学春晖社
访谈时间：2012 年 9 月 24 日
访谈方式：资料整理、网络

访谈背景

"露从今夜白，月是故乡明"。在农历八月的一天和贵州师范大学春晖社的一群同学聊起了"春晖行动"，一年一度的传统中秋佳节即将到来，只身在外的同学们无不思念自己的家乡、思念自己的亲人。贵州师范大学春晖社的创始人吕琦、吕庆称、陈蕊、刘佳艳等几位同学忙于学习、找工作，忙于"春晖行动"，已是许久没有回家。

今年夏天，吕琦、刘佳艳已经从贵州师范大学毕业，并顺利考入瓮安县一所中学当起了教师。吕庆称和陈蕊也已经大四，他们在师大春晖社的旅程已经或即将画上一个句点。现在的师大春晖社在校园内乃至高校间已是小有名气，学弟学妹的加入为春晖社注入了新鲜的血液。

但说起师大春晖社，最有感情的莫过于吕琦他们 4 个。带着一股初生牛犊不怕虎的精神，克服种种困难完成了师大春晖社的创建，并确定社团的方向和规则，还与时俱进地为社团创建了"官方微博"。开始的时候，有人讥讽有人嘲，几个学生娃娃能做什么啊，真是不知天高地厚。但当通过他们的努力，通过"春晖行动"的平台，募集到 120 万元的资金和财物帮助家乡修路、建春晖书屋的时候，这是对那些质疑者最好的回答。

吕琦说，"做公益是一种态度，与金钱的多少无关"。正如他说的那样，他用他自己的这样一种态度，为家乡修建了一条乡亲们多少年来梦寐以求的道路，回报了孜孜养育他的故土。

访谈记录

主持人：贵州师范大学春晖社是由学生自行组织和管理的一个学生社团组织。"春晖行动"是旨在"弘扬中华文明　反哺故土亲人"，充分发挥"亲情、乡情、友情"的情感纽带，激发赤子情怀，感召游子返乡，共同促进家乡经济文化发展，促进社会和谐进步的一项大型公益活动。师大春晖社和春晖行动中心所贯彻的目标是一致的吗？有没有存在一定的差异化？

吕琦：贵州师范大学春晖社是在学校团委的领导下倡导"弘扬中华文

明　反哺故土亲人"、"春晖行动"理念的学生公益组织，是历届师大学子集中反哺故土、奉献社会、报效祖国的主要阵地。

贵州省春晖行动发展中心和师大春晖社贯彻的总目标都是"弘扬中华文明　反哺故土亲人"，充分发挥"亲情、乡情、友情"的情感纽带，激发赤子情怀，感召游子返乡，共同促进家乡经济文化发展，促进社会和谐进步。但是作为高校，师大春晖社主要结合学生成长的实际情况和学校的发展状况，紧扣"感恩、反哺、成长"的组织精神，以集中师大人才资源、整合社会资源、反哺故土亲人、助推贵州发展、培养责任青年、锻造公益精英、探索公益模式、树立社会形象为基本目标。

主持人：贵州师范大学春晖社是在什么时候成立的？当时是怎样想到要成立这样一个组织？这个组织如何去获得学生群体的认可？

吕琦：贵州师范大学春晖社成立于 2011 年 6 月 28 日。师大春晖社是在"春晖行动""花开贵州、情动中国、香飘海外、灿若朝霞"的社会大背景下成立的。我和我的同学们通过"春晖行动"筹集了 120 万元为家乡修路建图书馆，并于 2011 年 4 月 28 日在威宁自治县吕家河村举行开工典礼，这大大鼓舞了我校"春晖行动"工作发展的信心，在学校团委的倡导下，决定成立师大春晖社来统一感召、组织青年学子参与"春晖行动"。

刘佳艳：师大春晖社在师大有着广泛的群众基础，注册与非注册的春晖使者共计 1600 多人。这些成果的取得有着历史和现实原因。

从历史原因来看，师大有着光荣的春晖历史，目前统计的就有 150 多次春晖队伍下乡纪录，涌现出了一大批优秀春晖使者，以我校春晖使者吕琦、吕庆称、陈蕊、刘佳艳等同学为代表，今年就获得了中华儿女年度人物的称号，吕琦还被中央文明办评选为全国优秀志愿者，以及中国大学生年度人物，这为我校广大学子鼓足了信心，同时也树立了良好的榜样！

从现实原因来看，师大春晖社以"感恩、反哺、成长"的理念来感召学子，并以大量的面向社会的春晖活动来带领广大学子积极奋斗，培养学子春晖情感、责任意识以及开展活动的幸福感，所以吸引了一批又一批的青年学子，取得了良好的社会声誉。

主持人：在社团成立的几年中，你们都先后到过哪些地方？做过什么样的项目？现在成果怎样？有没有进行后期的跟踪？

吕庆称：师大春晖社的成立有特殊性，因为我校"春晖行动"历史长，自 2005 年开始，就已经在校团委的直接指导下，以集中和分散两种形式开展各种形式的活动，由于我校学子分布较广，所以到目前为止，贵州师范大学的"春晖行动"走到了贵州的58个县（市）。

我们开展的工作形式多样，主要有以下几种活动：1. 春晖家园计划项目——贵州省威宁县草海镇吕家河村 G326 国道至新华组道路修建项目，共投资97.9万元；2. 春晖书屋——贵州省威宁县草海镇吕家河村春晖书屋项目，威宁县草海镇石龙小学春晖书屋项目，共22.1万元；3. 分布55个县市的春晖助学活动；4. 分布23县市的"春晖行动——大型捐赠仪式"；5. 分布58个县市的"春晖行动——我与家乡共发展"系列活动；6. 分布9个县市的"春晖行动——乡村民族文化节"、"春晖行动——春节联欢晚会"等活动；7. 分布5县市的乡村学习氛围培养工程以及若干春晖感恩宣传活动。

陈蕊：贵州师范大学"春晖行动"工作的开展取得了诸多可喜的成绩。一、共向社会奉献硬件资源累计资金210多万元，其中修建道路一条，资金97.9万元，春晖书屋建设22.1万元，其他捐赠物资折价90万元。二、共向社会开展各种文化活动130多场，春晖支教活动140多次，发放法律、卫生、教育等宣传单22万余份。

我们不是全部都进行后期跟踪，而是选择性的追踪。对于大项目、特别特殊的活动及活动地、有望继续开展下一项工作的项目将进行后期跟踪。对于那些较为分散的、常规的活动就没有进行后期跟踪。

主持人：你们这个社团中的团员肯定都是自愿义务参与工作，但春晖社作为一个学生社团组织，其还是有一定的运营成本，你们怎样去解决这个问题？

吕琦：资金问题对于所有的学生社团组织来说都是大问题，但作为师大的春晖社，建立之初我们就对这个问题进行了深刻的探究，解决这个问题最终从"春晖行动"的重点工作春晖家园计划项目"五位一体"的运作模式得到灵感，就是通过各种途径把学校、社会、组织、学生本人等4种资源聚集在一起，以筹集、捐赠、资助、参加活动的春晖使者自愿凑集等合法形式整合。

主持人：你们社团一般情况下有多少人？大家是一个松散的组织还是平时联系也比较密切？在这个过程中有没有什么难忘的趣事或经历可以给大家分享一下？

吕琦：社团人数一般不固定，可能时常有变化。师大春晖社的社员吸纳分为开学招新、平时定期招募、活动团队组建三种。常规 150—200 人之间变化，开展活动的时候将会由这一部分人通过亲情、乡情、友情等感召他们身边的人来做，所以会出现大的变动。

应该说是松散中紧密。因为社团的活动主要面对社会，那么活动就分两个阶段，第一阶段是策划与准备阶段；第二阶段是具体执行和实施阶段。所以我们都会把在学校的时间作为调查、策划、准备阶段，每一次的活动都准备得非常充分；把寒暑假作为实施、开展活动阶段，有好的准备，我们的活动都得到了很好的开展，效果特别好。

在过程里边有很多趣事值得回忆，我就列举一个吧！2008 年 4 月 28 日，是春晖家园计划项目——威宁县草海镇吕家河村 G326 国道至新华组道路修建项目的开工典礼，当时在预算前期计划用 5 万元来筹备开工典礼，但筹钱特别困难，主要用钱的地方就是开工典礼举办场地的搭建、音响设备以及活动氛围营造，后来我们与老百姓商量的时候，我们把困难给乡亲们说了，没有想到乡亲们说："这不是问题，我们不知道怎么做，你们出技术，我们出劳力，就不用花太多钱了！"这招真管用，除了音响设备是通过感化当地的一个家电超市获得赞助外，其他的就是我们与老百姓一同用了三天时间做成的，27 日当天，甚至忘记吃早饭，到了 28 日凌晨 3 点多了才吃 27 日的早饭，虽然筋疲力尽，但收获了很多，第一次让我们认识到了群众基础的重要性，也创造了 2000 元举办一场 5 万元规模大小的开工典礼，这就是学生春晖使者才能够创造的奇迹。

主持人：在开展"春晖行动"的过程中，贵州省春晖行动发展中心都在哪些方面给你们指导？

吕琦：在"春晖行动"的开展过程中，主要有学校团委和省春晖行动发展中心两个方面的指导。其中省"春晖行动"发展中心给我们的指导主要有活动开展形式、实施项目的步骤和方式、价值理念的宣传及传播等方面的引导。

主持人：在招募本校学生开展活动的同时，发展社有没有和外面的志愿者一起共事？或者和省内外乃至国外的一些公益社团和个人开展合作？

刘佳艳：首先我觉得师大春晖是一个极具凝聚力和包容性的社团，我们始终认为团结一切可以团结的力量，整合所有可以整合的资源反哺故土亲人，为广大农村建设做贡献，也正是这种价值观的作用，我们一直保持着与外界密切而长期的交流。首先是与其他高校之间的交流，日常开展一些交流会，引导部分刚建立的春晖社，等等，目前还正在筹备一项"贵州省高校春晖社交流会暨大型春晖演讲会"，目的就是为了加强交流，互通有无。其次是与一些公益机构的交流，为了交流经验，筹集资源，师大春晖一向与各种企业的公益部门加强交流。

主持人：作为贵州师范大学"春晖行动"发展社的创始人之一，你对于"春晖行动"是怎样的认识？在你作为春晖使者的这个过程中，你最大的收获是什么？如今，你已经从大学毕业，原来的社团现在的运营情况如何，你希望在你学弟学妹的带领下，社团能够达到一个怎样的高度？走出校门后，一切又将是全新的，但"春晖行动"在你心中已经留下了深深的烙印，在你接下来的路上，你还会扮演好春晖使者这样一个角色吗？你对下一步有何打算？

吕琦：目前，通过"春晖行动"的大量实践，我已经把它当作我的事业，我认为它既是一项公益事业，也是一项传统文化事业，它所倡导的理念与现代社会所推崇的社会责任感是一脉相承的，作为广大青年朋友来说，我们参与"春晖行动"、开展"春晖行动"，其实质就是在履行社会赋予我们的责任。

我最大的收获，当属影响我的个人价值观，从以前只求私利的那种价值现象中解脱出来，确立一个敢担当、敢奉献的价值观念，有以前的小爱到现在能拥有大爱。当然，作为青年能够从广大基层中去实践和探索"春晖行动"，这绝对是青年的一大笔财富，不仅提高个人能力，还直接影响到青年人在社会里实践的群众基础，将会对社会的核心与青年未来的事业产生极大影响。

师大春晖是师大学子反哺故土、报效社会的好平台，社团里春晖使者们满怀信心、充满活力，在大家的共同努力下，一切都生机勃勃，更加有力量。

对于社团未来的发展，我想年轻是我们最大的资本，师大学子风华正茂，但最关键来说应该是壮志青春。也就是学弟学妹们围绕"春晖行动"这个实践平台，要各自立志，立感恩之志，然后敢想敢做，大胆地想、大胆地做，因为很多东西只有我们青年才能那么做。我相信我们每一个师大春晖学子都在积极实践了，那就是我对社团的期望，也就会给我们展现一个社团新的高度。

离开大学校门，才真正知道怀念校园生活，怀恋那一段段美好的师生情、朋友情、春晖情。"春晖行动"在我年轻的时候在我的脑海里留下巨大的烙印，将会影响终生，广阔的祖国大地上需要青春的脚，担当是青年的时代使命，我选择在祖国的山山水水中作画，作春晖这个人间美好的情感画卷。

我已经大学毕业了，与很多因为各种原因没能够上大学的青年相比，我相信我是同龄人中最幸运的人，既然最幸运，那我就满怀信心，壮志青春，我相信赢在青春，那青年必赢。毕业后我再次立志，立感恩之志，感恩社会，报效社会，为广大群众做一些实实在在的事，立志让我找到了方向，但对于青年来说，最最可贵的是行动，所以我将会在工作岗位上永远扮演最好的春晖使者角色，把"春晖行动"坚持到底，目前已经从基层开始实践了，已经到了瓮安县牛场坝乡的很多村子做了调查，也不断团结了更多的青年和仁人志士，坚信能够把"春晖行动"做得更好，做得更有成绩。

对于未来的打算，就一句话：想把"春晖行动"坚持到底！

来到瓮安，我做的第一件事就是通过"春晖励志"演讲，感召瓮安广大优秀青年，特别是大学生和广大优秀青年教师。不断感召他们参与"春晖行动"，做春晖使者，同时又不断带动身边的人来做，良性循环下去，我相信"春晖行动"将会有一个更为广泛的群众基础，将会不断竖起春晖天下的大旗。

主持人：在人们传统的思维模式里，公益往往是那些经济条件比较宽裕的人干的事，而你在干这件事的时候还仅仅是一个从偏远山区来到省城上学的学生。对于这样的思维定向，你是怎样看的？

吕琦：事实恰恰不是这样的。中共中央宣传部对"春晖行动"的准确定位是"春晖行动是一项伟大但人人可为的行动！"也就说明"春晖行动"这项慈善事业是任何人都可以做的，其原因在于"春晖行动"是通过"亲情、乡情、友情"为情感纽带，运用情感的力量整合社会资源，从而实现反哺故土、回报社会的价值梦想，让富有的人更好地做慈善、让不富有的人也能做慈善。所以在"春晖行动"的意念里，慈善不是富人的专利，任何人都可以做慈善！

访谈九

访谈对象：马宁宇（共青团贵州省委书记）

主持人：王小梅

访谈提纲：徐正奎

资料整理：贵州省春晖行动发展中心

访谈时间：2012 年 9 月 29 日

访谈地点：共青团贵州省委办公室

访谈记录

主持人：作为"春晖行动"主管部门的主要领导，您是怎么看待"春晖行动"的？

马宁宇："春晖行动"是贵州共青团的自创品牌、珍贵品牌、宝贵财富，共青团贵州省委一直高度重视"春晖行动"工作，我于 2011 年 7 月到共青团贵州省委工作后，调研的第一个部门就是春晖行动发展中心。自"春晖行动"启动以来，在社会上引起广泛关注，这是共青团的骄傲，也是贵州的骄傲。一要把"春晖行动"将中华传统美德与民生问题有机结合，利用情感的力量感召在外游子关注家乡、建设家乡、热爱家乡，贴近老百姓的现实需要，其感恩、反哺的理念对正确引导个人树立人生观和价值观有很重要的作用。二要与时俱进，不断丰富和创新"春晖行动"的内容，"春晖行动"的宗旨是弘扬中华文明、反哺故土亲人，我们在构筑精神高地方面完全可以大有作为，继续扎实抓好春晖家园计划项目建设、春晖感恩教育、春晖助学、春晖亲缘招商等工作，在贵州省"十二五"开局之年，动员更广泛的社会力量参与到"两加一推"主基调、工业强省和城镇化带动主战略。三要进一步完善机制建设，坚持依法、依规办事原则，运用社会化和市场化手段，加大资源整合力度，充分调动大家创造活力。四要创新工作的方式和手段，了解社会和市场发展规律，要打破条条框框，创造出工作的新亮点。五是要把"春晖行动"发展成为一个锻炼干部的平台，要多团结人，多吸引人才，做到人尽其用，为培养"想干事、能干事、干成事、不出事"的干部搭建舞台。

主持人：在下一步的工作中，共青团贵州省委是怎么部署"春晖行动"工作的？

马宁宇：贵州是全国扶贫攻坚的重点战场，是全国贫困面最大、贫困程度最深的省份之一。省第十一次党代会提出了全力总攻"绝对贫困"、大力改善民生的奋斗目标，这是一场异常艰苦的攻坚战。在刚刚结束的共青团贵州省第十三次代表大会上，我们明确提出，未来五年，要深化拓展"春晖行动"，广泛动员社会力量参与扶贫攻坚。

按照中共贵州省委省政府提出的区域发展带动扶贫开发、扶贫开发促进区域发展新思路，以集中连片特殊困难地区为重点，充分发挥春晖使者的各自所长，以智力帮扶为主，教育帮扶、产业帮扶、社会帮扶等多措并举，着力提升"春晖家园计划"项目的实施效果，力争五年内春晖使者数量突破 5 万名，筹募资金 5000 万元，实施项目 300 个。同时，要进一步提高《春晖》杂志的办刊质量，争取成为公开发行、在全国有较大影响的公益杂志，为"春晖行动"可持续发展提供有力的舆论支撑。

结合共青团贵州省委十三大精神，各级团组织要深入、持久地推进"春晖行动"。一是要强调项目运作实效。组织实施好每年 40 个"春晖家园计划"项目，扩大参与式扶贫，让更多的百姓得实惠。继续开展好"春晖助学计划"、"春晖感恩教育"、"春晖行动——我与家乡共发展"等品牌活动，服务、引导和影响青少年，培养他们的感恩情怀，为贵州发展做出新的贡献；二是运用新媒体，努力提供"春晖行动"文化作品引导青少年及社会大众；三是拓展优化项目内容，与山区希望工程等结合；四是不断总结推进，适时召开"春晖行动"总结推进会。

主持人：作为共青团贵州省委独创的公益品牌，您认为"春晖行动"的公益模式对贵州共青团组织有哪些推动作用和重要意义？

马宁宇："春晖行动"以"亲情、乡情、友情"为纽带，以"反哺故土，扶贫济困"为理念，以"亲缘、地缘、业缘"为依托，组织动员在外乡友关注家乡发展、参与家乡建设，为新形势下共青团工作介入社会主义新农村建设探索了新路。

第一，"春晖行动"创新了共青团组织动员方式的途径。"春晖行动"在组织动员青年参与社会主义新农村建设中，大胆实践共青团工作的"项目化实施，品牌化打造，社会化运作，事业化发展"，积极探索新的社会化动员方式，以社会化动员与组织化动员相结合，最大限度地实现了对青年的组织覆盖和工作覆盖。"春晖行动"取得的显著成效，凸显了共青团改革创新的社会化趋势，昭示了共青团必须积极推进以社会化为取向的组织动员方式，努力提高运用社会化方式开展活动的能力，以促进青年工作向社会的延伸。

第二，"春晖行动"创新了共青团组织资源配置的方式。"春晖行动"

突破了原有的共青团组织内资源由上而下的单项配置，实现了共青团组织内外资源的多维配置、互联互动，形成了不同层级任务的合理分工与内外资源的有效配套，对创新共青团组织资源的配置提供了成功范例。"春晖行动"充分利用共青团组织系统健全、联系青年广泛、社会动员力强的优势，同时又积极调动和配置社会各方资源，使其在共建共享中共同参与社会主义新农村的建设。

第三，"春晖行动"创新了共青团教育引导青年的载体。"春晖行动"以弘扬中华民族传统美德来促进青年社会主义核心价值观的构建，是青年喜闻乐见并乐于参与的社会实践活动，开辟了在实践中教育引导青年的新载体，其思想政治工作的内容形式、方法手段和体制机制等均有新的突破。"春晖行动"着眼于在推动农村社会经济又好又快的发展中，不断提高青年的思想政治素质，把青年受教育、长才干与农民得实惠紧密相连，使青年能在服务中长本领、在实践中受教育。

第四，"春晖行动"创新了共青团参与扶贫开发的模式。"春晖行动"既是共青团找准当前社会建设的重点、积极介入其中、开拓工作领域的成功尝试，也是继承和发扬中华民族"扶贫济困，反哺社会"的优秀传统，完善我国扶贫开发模式的创新之举。"春晖行动"的扶贫开发模式，既不同于传统的政府主导和市场取向，也不同于一般意义上的社会捐赠，而是开辟了政府和市场之外的"第三条道路"，可谓开创了新时期新阶段我国扶贫开发工作的新模式。

主持人：作为共青团贵州省委书记，您是直接推广这个品牌的团省委书记，请问接下来您有什么打算？

马宁宇：下一步，共青团贵州省委要加大春晖行动工作的推进力度。第一，进一步挖掘、理解、深化春晖行动的内涵，传播正能量。春晖行动是中华传统美德的体现，是社会主义核心价值观的组成部分，要进一步挖掘春晖行动的理念、丰富春晖行动的思想内涵，把它从一个工作品牌上升成为一个道德品牌，更加深化、强大它的思想感召力。第二，特别发挥春晖社的作用。大学生群体是未来社会的建设者，在大学这个阶段，通过春晖社对传统美德和春晖行动理念的传播，能够影响大学生一生。高校春晖社既感召了其他省的学生到贵州来一起帮助贵州，也感召了他们回到自己的家乡去帮助家乡，这就是春晖行动理念的有效传播和感染。第三，通过春晖使者来传播春晖行动理念。每一个春晖使者，都是春晖行动理念的传播者，要通过不断礼聘春晖使者来传播理念，特别是注重春晖使者的典型。第四，把每一个春晖项目作为春晖行动理念的传播载体。要通过更多的方式，无论是做好宣传片，还是把项目作为载体，还是通过春晖社、春晖使者各方面的载体，开展各种活动，不断丰富、挖掘春晖行动的内涵，传播正能量。要多与春晖使者沟通，既充分发挥春晖使者的作用，也要帮助春晖使者完成他心中所思所想，让春晖使者的心里更充实，进而让更多需要帮助的人得到帮助。第五，加强保障机制建设。在省一层面有非常好的机制，组织部、文明办、教育厅、农委给了春晖行动巨大的支持和指导。在市州一级也有相应的支持。在县里、在乡镇，要形成相应的工作制度并完善。基层的制度是县指导、乡负责、村委组织、户落实、群众参与，这样的制度要不断夯实，不断完善。

春晖行动给我们这么一个例子：省级共青团也可以创建自己的品牌。只要把握时代的脉搏，抓住人内心深处想的东西，抓住群众所想，就能够形成社会功能，但更重要的是坚持，不论省也好、市也好、乡也好，希望春晖行动工作一代一代地传下去，坚持下去。

访谈十

访谈对象：贵州省春晖行动发展中心
主持人：王小梅
访谈提纲：徐正奎
资料整理：徐正奎
访谈时间：2012 年 10 月 15 日第一次访谈，2013 年 9 月 13 日补充访谈
访谈地点：贵州师范大学

访谈背景
贵州省春晖行动发展中心是直属共青团贵州省委的一个事业单位，与贵州省春晖行动发展基金会是两块牌子、一套班子，自 2007 年成立以来，成为推动"春晖行动"走向制度化、持续化的重要保证。

访谈记录
主持人："春晖行动"是共青团贵州省委于 2004 年根据唐代诗人孟郊《游子吟》的感人意境，创意、发起的一项大型社会公益活动，旨在"弘扬中华文明 反哺故土亲人"，充分发挥"亲情、乡情、友情"的情感纽带，激发

赤子情怀，感召游子返乡。活动到现在8年多了，主要在哪些方面开展工作？

　　春晖中心：8年多来，"春晖行动"主要开展"春晖感恩教育"、"春晖家园计划"、"春晖行动——我与家乡共发展"、"春晖助学计划"、"春晖亲缘招商"、"春晖产业带动"、"春晖使者礼聘"等工作，共感召32000多名春晖使者情牵故土、反哺家乡，在贵州省9个市（州）、88个县（市、区、特区）、1500多个乡镇和全国10多个省（区、市）得到不同程度的开展，相继在美国底特律、中国台湾、广东、江苏、上海、云南、香港等地设立"春晖行动联络处"，在北京、武汉设立办公室，形成了"花开贵州、情动全国、香飘海外、灿若朝霞"的发展局面。

　　主持人："春晖行动"最开始只是共青团贵州省委发起的一项公益活动项目，随着活动的开展，其产生的影响力远远大于活动创始之初的想象。活动得到了各级党政的高度重视和大力支持，引起了社会各界的广泛关注和积极参与，请你们介绍一下这个变化的过程。

　　春晖中心："春晖行动"实施8年多来，紧紧围绕党政中心，以四个机制建设为工作重点，以打造中国著名公益品牌为目标，不断向纵深发展。在组织管理机制上，贵州省春晖行动发展中心于2007年4月正式成立，根据《贵州省编制委员会办公室关于成立贵州省春晖行动发展中心的通知》（编办发〔2007〕51号）文件规定，其机构性质为共青团贵州省委所属正县级自收自支事业单位。贵州省春晖行动发展基金会于2009年3月成立，是由共青团贵州省委主管，经贵州省民政厅正式登记注册，具有法人资格的地方性公募基金会。贵州省春晖行动发展中心和贵州省春晖行动发展基金会实行一套人马两块牌子的组织架构，专门运作"春晖行动"；层层建立以党政领导为组长、相关部门为成员的"春晖行动"领导小组，对贵州88个县（市、区、特区）"春晖行动"工作领导小组办公室选配办公室兼职副主任，建立健全各级组织协调领导机构，为推进工作提供组织保障；建立党委、政府领导，团组织协调，有关部门配合，乡镇和村主办，社会各方支持，群众广泛参与的科学合理的运行机制。在项目运作机制上，持续开展"春晖感恩教育"、"春晖行动——我与家乡共发展"、"春晖助学计划"等系列主题活动，实施"春晖家园计划"、"春晖扶贫互助社"等项目；积极发挥春晖行动发展基金会的作用，在项目运作上以基金会运作方式扩大项目筹资功能，使基金会更好的服务于项目实施工作。在政策激励机制上，连续举办三届由省委组织部、省文明办、省农委、省教育厅、团省委等单位主办的"春晖行动表彰大会"。制定出台《加强"春晖行动"宣传工作的意见》，明确"春晖行动"宣传工作的奖励办法；制定出台《优秀春晖使者评选表彰制度》，对工作完成好的地区和单位，以及在活动中涌现出来的先进个人和优秀"春晖使者"进行表彰；联合省委组织部、省委统战部、省文明办、省农委、省扶贫办、省教育厅、省商务厅、省旅游局、省体育局制定出台《关于进一步加强"春晖行动"工作的意见》，调动全社会参与"春晖行动"的积极性。在宣传引导机制上，加强宣传载体建设，创建"春晖行动"网站并在2009年、2010年、2011年连续三年荣获"贵州省优秀文明诚信守法网站"称号，2012年获"贵州省知名网站"称号。邀请中国著名作家蒋巍撰写、贵州人民出版社出版发行春晖使者原型人物的报告文学《灵魂的温度》，创办《春晖》杂志；全新制作了专题片《报得三春晖》、音乐电视《忘不了你呀妈妈》和《游子吟》；充分运用新媒体加大宣传力度，开通腾讯、新浪微博，听众已达10万余人，相关话题近11300条，近百万人通过网站和微博关注"春晖行动"。

2006年，"春晖行动"荣获全国首届社会公益示范工程"十佳示范项目"奖；2010年，"春晖行动"被中宣部盛赞为"一个伟大但人人可为的活动"；2011年5月，中共中央政治局常委、中央书记处书记、国家副主席习近平同志在贵州考察指导工作时，高度评价了"春晖行动"；2011年6月1日，中共中央主办的机关刊物、国内最高理论思想阵地《求是》杂志刊文夸赞"春晖行动"为"我国社会公益建设的一道亮丽风景"，是"公益中国一亮举"；在2011年中共贵州省委十届十一次全会上，"春晖行动"被写入《中共贵州省委关于新形势下加强和创新社会管理工作的意见》；2011年7月，"春晖行动"荣获中国公益与慈善领域政府最高奖——中华慈善奖"最具影响力慈善项目"；2012年，"春晖行动"被国家行政学院政治学部和人民网评为中国20个"社会管理创新优秀案例"。从《游子吟》到"春晖行动"，这是人间最美好的情感跨越千年的共鸣与对话，这是中华传统美德穿过时空在今天的弘扬与传承。

主持人：工欲善其事，必先利其器。一个完善的运作机制是能够高效能完成工作的必要保证。春晖行动发展中心如何使组织内的各个单元最大限度地发挥其效率，"中心"是如何完善创新组织管理机制的？

春晖中心：在组织管理机制上，负责"春晖行动"的组织、策划、宣传、项目运作，通过中心充分体现组织化管理和组织化运作，在更大范围内会赢得组织渠道的支持。基金会体现在运用社会化的运作手段丰富"春晖行动"的工作载体，在更大范围内筹（募）集春晖行动项目资金，通过项目实施进一步传播春晖行动理念。这种中心＋基金会的公益模式在国内是一种创新，从体制内部署到体制外动员，然后又通过体制内实施下去，保证了基金的高效运作。

主持人：星星之火，何以燎原？每个公益项目之间是有联系的，一个公益项目能够衍射和孵化出更多的公益善果，但如何去发挥这种裙带作用，春晖行动发展中心是怎样考量的？

春晖中心：关于公益项目的放大效应，"春晖行动"开展的很多项目都会产生放大效应。比如我们在高校开展的春晖助学活动，我们给每一个贫困受助大学生资助4000元，同时与该学生签署爱心协议，协议中明确说明该学生大学毕业工作后，条件允许时也要拿出4000元来资助在校大学贫困生。这样就很好地把爱心传递下去，也产生了一个放大效应。又比如我们大力实施的"春晖家园计划项目"，它是以家园建设为中心，以春晖使者为桥梁，以组织化动员和社会化动员为主要运作方式，以春晖行动发展基金会、春晖使者、社会各界人士、地方党政相关部门、受益群众形成"五位一体"联动的公益模式为项目实施方式的一项具体工作。比如修建一条需花费20万元的乡村公路，由春晖行动发展基金会捐资5万元，在这5万元的撬动作用下，春晖使者、社会各界人士、地方党政相关部门各出资一点，受益群众投工投劳，就可以实现这条道路的贯通。除了实施好现有公益项目外，我们也在积极思考如何与其他基金会开展公益项目的合作，以期实现资源整合，放大其效应。

主持人：2009年，贵州省春晖行动发展基金会经贵州省民政厅正式批准成立，为"春晖行动"事业的深入推进搭建了筹资平台，畅通了筹资渠道，拓展了项目扶持的领域。基金会成立三年来，都开展了哪些项目？取得了怎样的成就？

春晖中心：春晖行动发展基金会成立以来，重点开展了春晖家园计划、春晖助学项目。2009年至2013年，实施完成"春晖家园计划"项目263个，内容涵盖道路交通建设、人畜饮水工程、文化休闲广场建设等方面，涉及9个市（州）75个县（市、区、特区）1040个村民组，整合资金4569万元，直接受益群众315320人，辐射带动人口775353人。

春晖助学方面。2010年由王振滔慈善基金会出资85万元，资助贵州省省属高校 210 名寒门学子，每人 4000 元；实施的"春晖行动——致公学生培养计划"主办单位是致公党中央、中共贵州省委统战部、致公党贵州省委、贵州省教育厅、共青团贵州省委、北大青鸟集团。目的是为了积极响应胡锦涛同志关于加强革命老区经济建设和加大扶持工作力度的讲话精神，贯彻国家扶持革命老区经济建设和人才培养相关政策，为国家和民族的伟大复兴培养输送更多优秀人才而联合发起的一项公益助学活动。旨在弘扬致公党的爱国传统、"春晖行动""反哺故土、回报社会"的理念，为国家培养输送更多优秀人才。从 2007 年开始，由致公党党员北大青鸟集团董事长许振东为主的北大青鸟集团捐助资金 7650 万，为来自贵州省各地 333 名品学兼优的农村贫困家庭子女、下岗职工家庭子女、在外务工人员子女，提供在北京的北大附属实验学校念完初一到高三共 6 年的学杂费、生活费、资料费及公共活动费。2012 年又申请了中央财政 30 万元资助了贵州省属高校 100 名贫困大学生，每人 3000 元，签署爱心协议。北大为明教育集团出资 3200 万元打造"春晖行动——为明教育集团培养计划"项目，连续 6 年不间断资助 30 ~ 50 名贫困学生在贵阳为明实验学校春晖班完成初高中学业，并出资 500 万元成立奖学金，资助优秀学生直到大学毕业。

主持人：饮水当思源。"春晖行动"唤醒了许多游子对故土的思念，面对故土的召唤，毅然踏上了回乡旅程，或通过各种各样的形式反哺故土。如燕雀筑巢般一点一滴铸就的"春晖行动"对贵州加快经济社会发展、提升贵州知名度有何现实意义？

春晖中心：贵州是我国扶贫开发攻坚战的主战场，尽管贵州的扶贫开发工作取得了很大成绩，但在发展过程中还面临许多困难和问题。做好扶贫开发工作，通过扶贫开发来推进贫困地区的新农村建设，是实现全国新农村建设目标、构建社会主义和谐社会的迫切要求和重要途径。在这个背景下实施"春晖行动"，可以说是共青团贵州省委立足实际促进贵州扶贫攻坚战、服务贵州社会主义新农村建设的新举措。这一举措很好地落实了胡锦涛同志关于"两个趋向"的重要论断和"坚持开发式扶贫方针"的重要指示，符合"工业反哺农业、城市支持农村"基本方针的要求。因此，可以说，"春晖行动"符合国情、省情、民情，是新形势下贵州省团组织参与扶贫开发工作和新农村建设的积极探索和生动实践，对贵州省的扶贫开发建设、建设社会主义新农村和实现贵州省经济社会发展的历史性跨越，都具有重要意义。

"春晖行动"积极开展春晖亲缘招商，感召在外游子建设家乡，整合社会资源助推"工业强省"重要战略目标任务的实现。如在春晖行动广东联络处的牵线搭桥下,春晖使者胡德芳宣传"春晖行动"感召深圳市"土包子"农产品有限公司投资 3 亿元新建原生态农产品物流交易中心及其配套设施项目落户三穗县。团桐梓县委在更新人才库过程中,了解到成都军区联勤部原政委陈开礼和四川省军区原副政委石治理两位将军是桐梓籍在外乡友,于是与他们积极联系,最终在两位乡友的牵线搭桥下,桐梓县春晖亲缘招商引资会在成都举办,签订意向性投资协议 8 个,总拟投资 8.95 亿元。上海市贵州商会、广东省贵州商会也在"春晖行动"的牵线搭桥下,纷纷回到家乡贵州来考察投资项目,2012 年 4 月 7 日,广东省贵州商会与贵州省黔南布依族苗族自治州签署贵州黔南深圳产业园投资合作框架协议等等。

为进一步运用新媒体强化"多彩贵州"文化品牌形象,与省委宣传部、《中国青年报》、腾讯微博等联合开展了"春晖校媒行"活动,从 2011 年、2012 年、2013 年连续三年举办了三届春晖校媒行活动,着力扩大"多彩贵州"外宣效应,推动贵州省旅游事业的繁荣与发展,激发贵州省各族人民热爱贵州、建设贵州的热情,并大力宣传"春晖行动""感恩、反哺"理念,进一步提升"春晖行动"的知名度和美誉度,吸引更多的华夏儿女积极参与到"春晖行动"中来,对提升贵州知名度有重要意义。

主持人:公益行动利在当代,功在千秋。开展公益是一个漫长的事业,不能一朝一夕完成。"春晖行动"在未来一段时间内有何规划?谈谈你对"春晖行动"下步工作的思考。

春晖中心:"春晖行动"在党政、社会各界的大力支持下,健康快速发展,8 年来取得了一定的成就。但是,作为一项具有生命力的公益事业,发展的每一个阶段具有其特点,在继往开来的今天,一是要制定"春晖行动"短期未来五年的发展规划和长期规划。二是以文化的力量促进"春晖行动"事业的发展。三是从社会管理创新的角度,增强"组织化动员与社会动员相结合"的独特公益模式的核心竞争力,实现"春晖行动"与社会管理无缝链接。四是加强"春晖行动"公信力建设,走特色公益之路。五是进一步加大"春晖行动"深入人心的宣传力度。六是继续巩固"春晖行动"品牌项目,七是服务好春晖使者。搭建春晖使者网络社交平台,组建春晖云战略平台,整合大数据,使"春晖使者"之间相互交流、互动,将会聚集和产生巨大的能量,这种能量我们又把它用在继续坚持和推广"春晖行动"公益事业发展上。

访谈十一

嘉宾： 徐　静（贵州省委党史研究室主任、研究员）
　　　　余福仁（贵州省委党史研究室三处处长）
　　　　吕亚洲（贵州省春晖行动发展中心主任）
　　　　丁凤鸣（时任贵州省社科联研究室副主任）
主持人： 王小梅（《贵州日报》首席记者）
时间： 2013 年 5 月 1 日

访谈背景

　　当前，中国梦已经成为全国上下讨论的热点。习近平同志多次就中国梦发表重要讲话，尤其在 2013 年 3 月 17 日，在第十二届全国人大第一次会议上进一步指出：实现中华民族伟大复兴的中国梦，就是要实现国家富强、民族振兴、人民幸福，实现中国梦必须走中国道路、弘扬中国精神、凝聚中国力量。2013 年初，省委书记赵克志在贵州省第十二届人大第一次会议上也强调：现阶段贵州的"中国梦"就是与全国同步小康，并号召大家要励精图治、奋发图强，为实现贵州的"中国梦"而努力奋斗。为此，就必须激发全体贵州人的责任和担当精神，切实把美好梦想转化为大众行动。

　　2013 年 4 月 30 日，国家社科基金特别委托项目"社会主义核心价值体系建设的大众行为化模式研究——基于贵州'春晖行动'的实践探索"预评审会议在贵州毕节召开。当天，来自中国社会科学院、中国人民大学、贵州大学、贵州省委讲师团等部门的专家学者组成的评审组，在认真阅读课题材料、听取课题汇报后，对课题成果给予高度评价。专家组认为：该课题紧紧抓住社会主义核心价值体系建设大众行为化这一关键问题，从社会行动理论的视角切入，以发端于贵州本土的"春晖行动"为案例，将社会主义核心价值体系、社会主义核心价值观、中国精神、中国梦等重大相关问题，在课题内在逻辑体系中进行了比较准确的定位和阐述，实现了理论研究对现实指导需求的积极回应。研究的选题价值大、时代性强、视角切入得当、个案选择准确、方法科学得当、阶段性成果丰富，已经达到了国家社科基金特别委托项目的质量要求和研究水平。

　　今天，该成果鲜明的社会行动视角和本土案例剖析特点，对我们探讨如何把现阶段贵州"中国梦"切实转变为大众行动，无疑有着积极的参考价值。基于此，本报就社会行动视阈下的贵州"中国梦"，专题约谈了预评审会议中的相关专家和领导。

访谈记录

中国梦的实现需要大众的责任和担当

主持人：实现中国梦，需要凝聚中国力量。"春晖行动"靠什么实现了对大众力量的有效凝聚，这对我们今天激发大众在中国梦实现中的责任和担当精神，有什么启示？

徐静："春晖行动"之所以能够激发参与者的责任和担当精神，根源在于这个行动有其深厚的道德和情感基础，简单地说，就是把道德情感化，情感道德化。通过道德的情感化以增强道德的感染力，通过情感的道德化以升华情感的厚重感，最终实现对参与者行为最大程度的感染、感召和升华。"春晖"虽源自《游子吟》，却不是仅指母爱，而是包括乡土之亲、人民之情、祖国之爱、民族之谊的"大爱"；也不仅仅是一种感情，而是由内而外、由精神到物质的扎扎实实的行动，是对于贫困地区的发展从心底产生出的一种使命感和责任感。如果说父母对孩子的爱是天然的不讲条件的，那么孩子对父母的爱，即"孝"却是一种不容推卸的义务、责任和担当。"春晖行动"中人们所表现出的对自己的父母、乡土以及国家、社会所持的报恩之心，其实就是一种责任心。"春晖行动"唤起了人们对家乡面貌改变的责任感、使命感和自觉性。爱国，实际上就是一种对于国家、民族的责任意识。所谓"亲情、乡情、友情"，其实正是这样一种爱的责任意识的具体体现。"春晖行动"正是以这样一种爱的责任意识作为导向，实现了人们由爱国之情到爱家之情的回归，由"扶贫济困"到"回报桑梓"的回归。在这一回归的过程中，爱家之情、爱乡之情、爱人之情逐渐得到强化。最终，当一个人有了爱家乡、爱亲人、爱友人这种情有独钟的"偏爱"情感，就会有爱国家、爱社会、爱全人类这种兼及天下的"博爱"精神。今天，实现中国梦，同样需要激发大众的责任和担当意识，而这也无疑需要一种道德化的情感的感染、感召和升华。从爱亲人到爱家乡，再到爱祖国，无疑是一种永恒的道德情感和行为逻辑，牢牢抓住这一关键，努力打造更多像"春晖行动"这样的实践抓手，无疑会有效激发大众对于中国梦的责任和担当意识。

"春晖行动"回应了"中国梦"的现实需求

主持人：当前，"中国梦"已经成为一个热点话题，而现阶段贵州的中国梦无疑是整个中国梦的重要组成。发端于贵州的"春晖行动",过去已经积极回应了贵州发展的需求,今后又将如何回应贵州的"中国梦"?

吕亚洲:"春晖行动"发端之初,主要就是针对贵州的反贫困问题而展开,近9年来感召数以万计的在外游子情牵故土、反哺家乡,参与贵州经济、文化、社会和生态建设,取得了显著成效。"春晖行动"因此得到了各级领导的高度评价,并获得第六届中华慈善奖"最具影响力慈善项目奖",第八届中华慈善奖"最具爱心慈善楷模奖",逐步成长为中国著名公益品牌。虽然现阶段的贵州"中国梦"是今年才提出的,但其内含着的奋斗目标早在"春晖行动"发起之日就开始践行了,因为贵州梦早已成为我们的春晖梦。今天,春晖行动再次处在了发展的节点,正确规划未来的发展很重要。一是作好战略发展规划。近期规划以党的十八大精神为指导,突出"理念传播"和"项目助推"两大功能,以思路创新实现体制的突破,夯实"春晖行动"自身造血功能;以方法创新实现传统格局的突破,夯实"春晖行动"的工作基础;以文化创新实现功能的突破,夯实"春晖行动"的工作载体。抓好宣传、项目和服务三大块工作,实现组织化管理、社会化动员、实体化运作、信息化传播的目标。二是要扎实抓好重点工作,以"尽孝"为主题重点抓好"春晖助老计划",以"感恩"为主题重点抓好"春晖助学计划",以"反哺"为主题重点抓好"春晖家园计划",以"回报"为主题重点抓好"春晖梦想计划",以大学生为载体抓好"春晖社团计划",以春晖使者为载体抓好"春晖云计划",依托在外乡友抓好春晖行动联络处。从更大的层面来看,还将依托春晖行动形象大使、春晖使者、海外春晖行动组织和各种媒体开展"春晖行·中国梦"全球性的宣传和推介,号召海内外中华儿女反哺家乡,回报祖国,汇聚中国力量,展示中国精神,共筑中国梦想。

让贵州"中国梦"成为大众的行动目标

主持人:贵州的"中国梦"是全体贵州人的梦,而"春晖行动"实现了大众的有效参与,对我们把贵州的"中国梦"具象为大众的行动目标有什么启示呢?

丁凤鸣:"春晖行动"以其伟大但人人可为的运作模式实现了大众的有效参与,确实对我们探讨如何增强贵州"中国梦"在实践中的可参与性,有积极的现实价值。经过课题组的分析,"春晖行动"伟大但人人可为的运作模式,具体表现在五个方面,即:以传统道德作为基本的动力支撑,以共青团系统作为基本的组织运作保障，以社会化动员作为基本的资源整合方式，以多样化的项目作为基本的行动载体，以服务本土发展作为基本的行动目的。这样一个完整的运作模式，以明确的奋斗目标、深层的道德支撑、较强的组织保障、较低的参与门槛，真正解决了大众的可参与性和参与的持续性问题。它避免了过去有的地方建设靠"组织"活动，停留在贴标语、喊口号、唱高调、一阵风、走过场，把扶贫任务当作一种被强加的任务来完成，耗费了行动者参加扶贫工作的潜在热情的可能。"春晖行动"的实践告诉我们，必须努力把贵州的"中国梦"转变为全体贵州人的梦，并让每个贵州人都能在这个梦里找到自己的位置，不仅知道自己该做什么，而且知道自己可以通过什么方式、平台、载体来做，才能真正使这个梦具有广泛的可参与性和参与的持续性，才能真正使贵州的"中国梦"转化为大众的行动目标。

中国梦是个体梦的行动"聚合"

主持人：只要个人梦和中国梦同频共振，中国梦就将成为个人梦的行动聚合，但如何实现个人梦和中国梦的同频共振呢？

余福仁：在"春晖行动"中，很多春晖使者都怀着一颗家乡梦——实现自己家乡脱贫致富的梦；但每个春晖使者在实现自己家乡梦的过程中，同时还实现了春晖组织者的"春晖梦"——整个欠发达地区的发展梦。这揭示出一个基本的组织学原理，即任何组织的发展目标都必须转化为个体的奋斗目标，这样，个体在实现自身奋斗目标的过程中，同时还会实现组织的发展目标，而这个过程就实现了个体目标与组织目标的统一，个人价值与社会价值的统一。因此，中国梦归根到底也要转变为每个个体的梦，这样，每个人在努力实现个人梦的过程中，同时就会汇聚起中国梦得以实现的强大合力。但是，如何实现中国梦到个体梦的转化呢？关键是要切实贯彻习近平同志在第十二届全国人民代表大会第一次会议上的讲话精神。一方面，就是要让每个人都有发展机会，努力实现机会公平。要让生活在我们伟大祖国和伟大时代的中国人民，共同享有人生出彩的机会，共同享有梦想成真的机会，共同享有同祖国和时代一起成长与进步的机会。另一方面，要切实把最广大的人民群众作为中国梦实现的主体力量、依靠力量，坚持发展为了人民，发展依靠人民，发展成果为人民共享。只有如此，我们全体中国人民才会有梦想，有机会，有奋斗，才会心往一处想，劲往一处使，才会把智慧和力量汇集起不可战胜的磅礴力量，才会创造出一切美好的东西。

二 问卷分析报告

负责人：贵州大学 庄勇

"春晖行动"在贵州发起，它在本质上反映了社会大众"感恩家园"、"反哺故土"、"心忧天下"、"扶贫济困"的精神美德。为了广泛深入地了解社会大众对贵州开展的"春晖行动"的实际认识和看法，进而更好地完善该活动，并进一步探索具有普遍意义的"社会主义核心价值体系建设的大众行为化模式"，本课题组于2012年9月对贵州省9个地州市的不同职业群体进行了问卷调查。

调查主要以村（组）、高校和机关为调查单位，共计发放问卷1900份，回收问卷1842份，其中有效问卷1813份，问卷回收率为96.95%，问卷有效率为98.43%。具体发放情况：问卷下发到贵州省9个地州市，贵阳市300份，遵义市、铜仁地区各250份，黔南苗族布依族自治州、安顺市、黔西南苗族布依族自治州、毕节地区各200份，六盘水市、黔东南苗族侗族自治州各150份。

（一）调查对象的基本情况分析

表2.1 调查对象的性别、户籍情况

		频次	有效百分比（%）
性别	男	928	51.2
	女	885	48.8
户籍	城镇	697	38.9
	农村	1094	61.1

根据调查统计，此次问卷有效调查对象共计1813人，从表2.1可知，调查对象男女比例较为均衡，而由于"春晖行动"的受益群体主要分布在农村，因此此次调查选取的农村户口的调查对象比重较大，达到61.1%。在调查对象中，受教育程度以大学本科、高中或中专、初中为主，其中大学本科占到41.3%（见图2-1）。就调查对象的职业身份而言，以高校群体包括高校学生与教师（共计32.9%）、农民（30.5%）和机关工作人员（共计23.4%）为主（见图2-2），选择多样的群体有助于我们更广泛地了

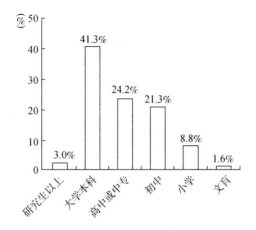

图 2 - 1　调查对象的受教育程度

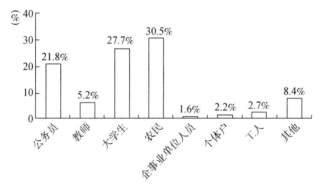

图 2 - 2　调查对象的职业分布

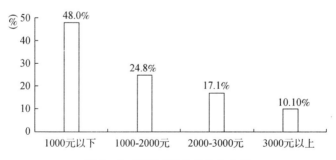

图 2 - 3　调查对象的月收入水平

解 "春晖行动" 在社会大众中的影响。而参与调查的对象以月收入 1000 元以下者居多，其次是月收入 1000 - 2000 元者（见图 2 - 3），究其原因，除了农民群体占到调查对象总数的大部分以外，还由于占总数相当一部分群体为在校大学生，目前他们大多没有自己的收入来源。

（二）"春晖行动"的主体支持调查结果分析

"春晖行动"之所以能够成为一个"伟大但人人可为"的平台，必定经历过一个艰辛的探索和提升的过程。由起初郑传楼同志反哺故土、报效桑梓、振兴自强村的个人事迹，到有计划、有组织地通过"亲情、乡情、友情"的纽带和"血缘、地缘、业缘"的社会网络，以"志愿、公益、互动"的原则，将离乡在外的成功人士和社会贤达吸纳进来，使其参与到自己故乡或第二故乡的经济社会发展的社会化反贫困行动中。"春晖行动"的系列活动在一定程度上，早已开始从个体行为转变为社会行动，"春晖行动"蕴含的精神文化也逐渐从精英意志转化为大众意愿，从而推动社会主义核心价值体系建设向大众行为化的不断转变。从这个意义上看，对促成"春晖行动"实现这一巨大转变的支持主体的调查探究也就变得尤为重要。下文拟从"经济"、"文化"和"社会"三个维度对调查结果进行分析、研究。

1. 经济收入与行动主体

对于调查对象对"春晖行动"的了解程度问题的分析，我们采取赋分值的方式，将"根本不了解"、"有一点了解"、"一般了解"、"比较了解"和"很清楚"这五个选项依次赋予 1－5 的分值。经均值分析，调查对象对"春晖行动"的了解程度的均值为 2.59，说明总体上，调查对象对"春晖行动"有一定的了解。

表 2.2 月收入＊您对"春晖行动"的了解程度是

		您对"春晖行动"的了解程度是					合计（%）
		根本不知道（%）	有一点了解（%）	一般了解（%）	比较了解（%）	很清楚（%）	
月收入	1000 元以下	12.3	49.9	26.7	7.7	3.3	100.0
	1000～2000 元	5.9	44.8	34.6	10.0	4.7	100.0
	2000～3000 元	5.5	34.5	29.3	22.8	7.9	100.0
	3000 元以上	5.8	30.8	30.2	15.7	17.4	100.0
合计		8.9	44.1	29.5	11.7	5.9	100.0

注：P＜0.001。

根据表 2.2 的分析结果显示，不同经济收入的调查对象对"春晖行动"的了解程度存在着显著的差异。对"春晖行动""根本不知道"的以月收入在 1000 元以下的人居多，而对"春晖行动""很清楚"的月收入在 2000 元以上的人占到了一半以上的比例。由此可见，经济收入水平越高对"春晖行动"等类似社会公益活动的了解程度呈增高的趋势。

表 2.3　月收入 * 您是否参加过"春晖行动"

		您是否参加过"春晖行动"			合计（%）
		经常参加（%）	偶尔参加（%）	没有参加过（%）	
月收入	1000 元以下	18.8	40.7	40.5	100.0
	1000～2000 元	23.9	42.5	33.6	100.0
	2000～3000 元	27.7	45.3	27.0	100.0
	3000 元以上	25.4	50.9	23.7	100.0
合计		22.2	42.9	34.8	100.0

注：P < 0.001。

根据表 2.3 中"经常参加"和"偶尔参加""春晖行动"的调查对象数据统计，比例超过半数（占 65.1%），而其中不同经济收入的调查对象参加"春晖行动"的情况又存在显著的差异。分析结果在总体趋势上显示，经济月收入水平越高，参加"春晖行动"的频率越高。

表 2.4　月收入 * 倘若有机会，您是否愿意参与"春晖行动"或类似的社会公益活动

		倘若有机会，您是否愿意参与"春晖行动"或类似的社会公益活动					合计（%）
		十分愿意（%）	比较愿意（%）	一般（%）	不是很愿意（%）	完全不感兴趣（%）	
月收入	1000 元以下	27.7	38.1	23.4	7.2	3.6	100.0
	1000～2000 元	29.1	30.0	20.0	12.5	8.4	100.0
	2000～3000 元	41.1	28.1	18.6	8.4	3.9	100.0
	3000 元以上	46.8	29.8	15.8	4.1	3.5	100.0
合计		32.3	33.6	21.0	8.4	4.8	100.0

注：P < 0.001。

表 2.4 的调查显示，占 65.9% 的调查对象表示，在有机会的情况下，"十

分愿意"（32.3%）或"比较愿意"（33.6%）参加"春晖行动"，而不同经济收入水平的调查对象对于参加"春晖行动"的意愿也存在十分显著的差异，大体呈现出经济月收入水平越高，"春晖行动"的参加意愿越强烈的趋势。

2. 文化教育与行动主体

表 2.5　受教育程度 * 您对"春晖行动"的理解是

		您对"春晖行动"的理解是				合计（%）
		政府性质的扶贫计划（%）	民间性质的慈善行为（%）	政府与大众共同参与的社会公益活动（%）	其他（%）	
受教育程度	文盲	28.6	28.6	28.6	14.3	100.0
	小学	35.3	23.1	30.8	10.9	100.0
	初中	28.8	22.7	38.8	9.8	100.0
	高中或中专	16.5	28.1	46.9	8.5	100.0
	大学本科	9.7	25.5	57.1	7.7	100.0
	研究生以上	22.6	17.0	54.7	5.7	100.0
合计		18.4	25.1	47.8	8.6	100.0

注：P < 0.001。

如表 2.5 的分析结果所示，不同受教育程度的调查对象对"春晖行动"的理解存在显著的差异。受教育水平较高的调查对象将"春晖行动"理解为"政府与大众共同参与的社会公益活动"的比例相对较大。不过，从调查对象的总数来看，无论是受教育程度较高还是偏低的群体，相当一部分人都把"春晖行动"定位为"政府与大众共同参与的社会公益活动"。

表 2.6　受教育程度 * 倘若有机会，您是否愿意参与"春晖行动"或类似的社会公益活动

		倘若有机会，您是否愿意参与"春晖行动"或类似的社会公益活动					合计（%）
		十分愿意（%）	比较愿意（%）	一般（%）	不是很愿意（%）	完全不感兴趣（%）	
受教育程度	文盲	22.2	33.3	29.6	11.1	3.7	100.0
	小学	22.9	32.5	27.4	10.8	6.4	100.0
	初中	18.0	41.1	25.2	10.1	5.6	100.0
	高中或中专	30.5	33.3	18.6	11.4	6.3	100.0
	大学本科	42.5	30.5	19.8	4.1	3.2	100.0

续表

		倘若有机会，您是否愿意参与"春晖行动"或类似的社会公益活动					合计（%）
		十分愿意（%）	比较愿意（%）	一般（%）	不是很愿意（%）	完全不感兴趣（%）	
受教育程度	研究生以上	37.7	26.4	15.1	15.1	5.7	100.0
	合计	32.2	33.5	21.3	8.2	4.8	100.0

注：$P < 0.001$。

表2.6的分析结果显示，不同受教育水平的调查对象参加"春晖行动"的意愿存在显著的差异。基本上呈现出受教育水平越高，"春晖行动"的参加意愿越强烈的趋势。而从调查对象的总体来看，"十分愿意"（32.2%）和"比较愿意"（33.5%）参与"春晖行动"的人数是较多的，这在一定程度上说明，只要有合适的机会，无论受教育程度如何，大多数人都是愿意参与"春晖行动"或类似社会公益活动的。

3. 社会地位与行动主体

就调查对象对于"春晖行动"在起到社会资源聚合效应的作用的评价问题，我们采取赋分值方式，将"很好"、"比较好"、"一般"、"有些差"和"没有效果"这五个选项依次赋予1-5的分值。经均值分析，调查对象对"春晖行动"的了解程度的均值为2.23，说明总体而言，调查对象对于"春晖行动"在起到社会资源聚合效应的作用方面给予了一定程度的肯定。

表 2.7　受教育程度 * 您认为"春晖行动"的参与主体应该是

		您认为"春晖行动"的参与主体应该是					合计（%）
		政府部门（%）	企业单位（%）	成功人士（%）	普通大众（%）	以上都可以（%）	
受教育程度	文盲	25.0	17.9	10.7	25.0	21.4	100.0
	小学	24.7	11.3	14.7	8.7	40.7	100.0
	初中	17.6	12.8	19.5	9.1	41.1	100.0
	高中或中专	9.7	9.0	16.3	15.8	49.2	100.0
	大学本科	5.2	5.3	11.0	13.7	64.8	100.0
	研究生以上	16.0	4.0	26.0	8.0	46.0	100.0
	合计	11.3	8.5	14.9	12.8	52.6	100.0

注：$P < 0.001$。

表 2.7 的分析结果显示,从调查总体而言,认为"政府部门"、"企业单位"、"成功人士"和"普通大众"都可以成为"春晖行动"参与主体的调查对象占到了 52.6%,反映出社会大众对整合社会各方资源开展公益活动的方式方法较为认同,并且在一定程度上呈现出调查对象的受教育水平越高,对"春晖行动"参与主体的认识越趋向综合性、大众性的趋势。从单项选择上看,人们对于成功人士在参与"春晖行动"中的主体地位普遍较为认同。

根据对"春晖行动"的主体支持的调查分析,总体来看,"春晖行动"之所以能够成为一个"伟大但人人可为"的活动,其背后的主体支持主要包括经济层面,如经济收入、经济能力等;文化层面,如受教育水平、道德水平等;社会层面,如各种社会资源的有机整合性等。从调查总体的角度来分析,无论调查对象从事着怎样的职业,收入水平如何,受教育程度如何,人们对"春晖行动"的了解程度、参与意愿都普遍较高,而其中又呈现出随着收入水平与受教育程度等因素的增加,对"春晖行动"的理解程度和参与意愿也呈总体增强的趋势。

(三)"春晖行动"的成效评价调查结果分析

"春晖行动"开展的成效如何关乎着它最终实现大众行为化的可能性。为了了解"春晖行动"的成效在社会大众层面的反响,我们通过问卷的方式调查了人们对"春晖行动"所开展的系列活动的评价及其意义认知。

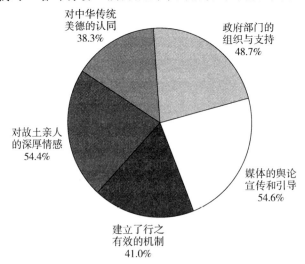

图 2-4 "春晖行动"成功的主要原因

1. "春晖行动"成功的原因

图2-4的统计结果显示，调查对象普遍把"春晖行动"之所以能够调动大众"反哺故土"的热情归结为多方面原因，如"政府部门的组织与支持"、"媒体的舆论宣传和引导"、"建立了行之有效的机制"、"对故乡亲人的深厚情感"和"对中华传统美德的认同"等，尤其是"春晖行动"激发了人们对家乡的感情，加上媒体的宣传与推动，在较大程度上调动了人们参与其中的积极性。这充分显示了"春晖行动"在组织力量创新推动下有效地将外在需求和内聚力结合起来，对社会资源进行高度整合，推动"春晖行动"等社会公益活动的大众化普及。

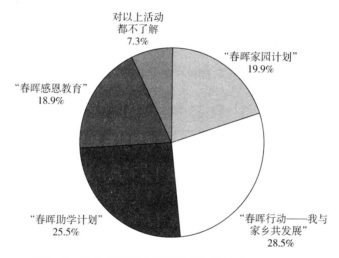

图2-5　你认为哪项"春晖行动"的活动开展得最好

2. 对"春晖行动"的评价

"春晖行动"系列活动中，哪项活动开展得最好，在很大程度上有效地说明了"春晖行动"开展过程中各个具体活动计划开展的情况和社会大众的认可度。通过图2-5可以发现，调查对象认为"春晖行动"系列活动开展得最好的是"春晖行动——我与家乡共发展"，占到了28.5%，其次是"春晖助学计划"，占25.5%，随后是"春晖家园计划"（19.9%）和"春晖感恩教育"（18.9%），而"对以上活动都不了解"的只占到了极少比例（7.3%）。

根据图2-6的分布情况可以看出，总体上调查对象对"春晖行动"的评价依次为"比较好"（40.6%）、"很好"（25.4%）、"一般"（23.0%）、

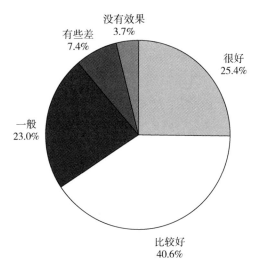

图 2 - 6 你对"春晖行动"的评价

"有些差"（7.4%），只有占 3.7% 的调查对象认为"没有效果"。由此可以说明被调查者对"春晖行动"的总体评价大多数是十分认可的。

3. 对"春晖行动"的意义认知

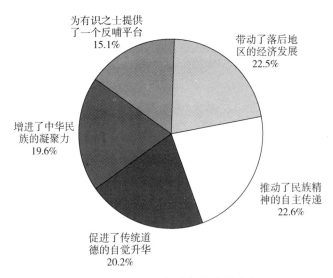

图 2 - 7 "春晖行动"的主要意义

图 2 - 7 是对"春晖行动"的主要意义的调查结果，从中可以看到，有 22.5% 的被调查者认为"春晖行动"的主要意义是"带动了落后地区的经

济发展"，22.6%认为其"推动了民族精神的自主传递"，20.2%认为其"促进了传统道德的自觉升华"，19.6%认为其"增进了中华民族的凝聚力"，15.1%的被调查者则认为其"为有识之士提供了一个反哺平台"。调查结果既从侧面反映出社会大众对"春晖行动"的意义的理解十分多元化，也反映出"春晖行动"本身就具有十分广泛的价值意义。

（四）"春晖行动"的时代回应调查结果分析

社会主义核心价值体系只有转化为大众精神、引导大众行为，才能更好地引领多样化的社会思潮。"春晖行动"就是实实在在地践行社会主义核心价值观的典型体现。本课题拟通过调查社会大众对于"春晖行动"具体解决的问题、调动大众参与的原因和开展活动的主要意义等认知情况，来分析"春晖行动"对时代的客观发展需求特别是农村的发展需求的积极回应。

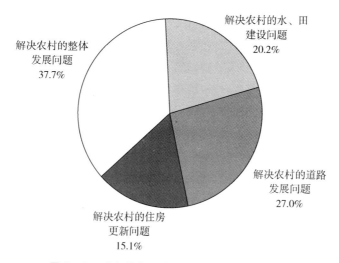

图 2 - 8　"春晖家园计划"主要应解决的问题

图 2 - 8 是对调查对象对于"春晖家园计划"主要应解决的问题的调查结果分布图。通过图表可以了解到，认为"春晖家园计划"主要应解决的问题是"农村的整体发展问题"的占到了 37.7%，其次才是一些具体发展问题，依次为"解决农村的道路发展问题"（27.0%），"解决农村的水、田建设问题"（20.2%），"解决农村的住房更新问题"（15.1%）。

此外，图 2 - 4 和图 2 - 7 关于社会大众对于"春晖行动"成功的主要原因和"春晖行动"的主要意义的看法，也在一定程度上说明了"春晖行动"对身处现实社会中的大众的需求，如对故土亲人的反哺、提升道德修养以及支援落后地区的发展等愿望的积极回应，同时更是对我们国家在现代化建设过程中的重要使命，如弘扬和传递民族精神、不断增强民族凝聚力以及实现经济、政治、社会、文化等全面发展的积极回应。

（五）"春晖行动"的定位认知调查结果分析

具有不同特质、身份或其他因素的社会大众，他们对"春晖行动"如何定位，他们认为"春晖行动"的参与主体应该是哪一个或哪一些群体，这在一定程度上既反映出不同的社会群体对"春晖行动"的认知态度，又从另一个侧面折射出当前"春晖行动"在社会大众层面的形象塑造和实际开展的情况。基于此，我们对不同职业和受教育程度的调查对象对于"春晖行动"的定位认知进行了调查分析。

表 2.8　职业（身份）＊您认为"春晖行动"的参与主体应该是

| | | 您认为"春晖行动"的参与主体应该是 | | | | | 合计 |
		政府部门（％）	企业单位（％）	成功人士（％）	普通大众（％）	以上都可以（％）	（％）
职业（身份）	公务员	6.6	6.3	16.3	11.5	59.3	100.0
	教师	8.7	6.5	19.6	17.4	47.8	100.0
	大学生	5.1	3.7	6.6	16.4	68.2	100.0
	农民	20.4	15.5	19.9	9.2	35.0	100.0
	企事业单位人员	11.1		3.7	14.8	70.4	100.0
	个体户	2.8		16.7	8.3	72.2	100.0
	工人	14.9	8.5	12.8	4.3	59.6	100.0
	其他	12.0	8.0	22.0	19.3	38.7	100.0
合计		11.2	8.4	15.1	12.9	52.5	100.0

注：$P < 0.001$。

表 2.8 的数据分析结果显示，总体来讲，各个行业的被调查者大多数都认为，无论是"政府部门"和"企业单位"，还是"成功人士"和"普通大众"，都可以成为"春晖行动"的参与主体，这从某种意义上可以说明社会的多元开放，社会大众的价值观念也多元开放，更说明"春晖行动"的参与空间的多元开放。此外，相对而言，有较多的调查对象更倾向于"成

功人士"与"普通大众"成为"春晖行动"的参与主体,这说明社会大众
对于由"成功人士"引领"春晖行动"的社会公益风尚以及"普通大众"
可以广泛参与"春晖行动"的普遍认同。

表 2.9 受教育程度 * 您认为"春晖行动"的定位应该是

| | | 您认为"春晖行动"的定位应该是 | | | | 合计 |
		政府牵头的官方活动(%)	爱心人士的民间活动(%)	专属社会精英的平台(%)	"伟大但人人可为"的大众平台(%)	(%)
受教育程度	文盲	28.6	32.1	7.1	32.1	100.0
	小学	37.7	28.5	5.3	28.5	100.0
	初中	30.9	29.8	7.7	31.5	100.0
	高中或中专	19.4	29.3	4.8	46.4	100.0
	大学本科	10.5	23.7	4.3	61.5	100.0
	研究生以上	10.2	28.6	10.2	51.0	100.0
合计		19.9	27.1	5.5	47.5	100.0

注:$P < 0.001$。

表 2.10 职业(身份) * 您认为"春晖行动"的定位应该是

| | | 您认为"春晖行动"的定位应该是 | | | | 合计 |
		政府牵头的官方活动(%)	爱心人士的民间活动(%)	专属社会精英的平台(%)	"伟大但人人可为"的大众平台(%)	(%)
职业(身份)	公务员	11.7	22.7	7.5	58.1	100.0
	教师	17.0	25.0	6.8	51.1	100.0
	大学生	8.8	27.2	2.1	61.9	100.0
	农民	31.2	30.0	7.6	31.2	100.0
	企事业单位人员	12.0	20.0	4.0	64.0	100.0
	个体户	15.2	18.2	6.1	60.6	100.0
	工人	35.6	20.0	2.2	42.2	100.0
	其他	33.1	36.2	2.4	28.3	100.0
合计		19.9	27.2	5.5	47.4	100.0

注:$P < 0.001$。

如表 2.9 和表 2.10 所示,我们依据受教育程度的不同以及职业的不同,

对调查对象对于"春晖行动"的定位选择进行了分析。从总体上来看，无论受教育程度和职业情况如何，有相当一部分调查对象都比较倾向于把"春晖行动"定位为"'伟大但人人可为'的大众平台"，这说明不少社会大众都十分认同"春晖行动"既是一个具有伟大意义的平台，同时又是一个面向所有社会大众的公共参与平台。从纵向来看，这一倾向总体上呈现出随着受教育程度的上升，这种倾向也随之增多的趋势。此外，调查对象对于将"春晖行动"定位为"爱心人士的民间活动"的比例总体而言也较多，这样的定位既与我国社会生活中历来安心帮扶的行为较多有关，同时也与"春晖行动"在舆论宣传和具体实践的方式有关。

（六）社会主义核心价值体系建设的"春晖模式"启示调查结果分析

经由"春晖行动"的经验总结，我们可以找到"春晖行动"与社会主义核心价值体系的重要关联，并从社会主义核心价值体系建设的角度提炼出具有广泛实践意义的"春晖模式"，从而推动社会主义核心价值体系建设实现大众行为化的发展。为此，我们通过调查社会大众对"春晖行动"在开展过程中存在的问题的看法以及"春晖行动"与社会主义核心价值体系的关联性问题的认知态度等，试图为上述目标的实现做好铺垫性研究。

1. "春晖行动"存在的问题及其完善措施

表 2.11 "春晖行动"在开展过程中存在的主要问题

		频数	百分比（%）	个案百分比（%）
"春晖行动"在开展过程中存在的主要问题	政府不够重视	583	15.1	32.3
	宣传报道太少	1127	29.3	62.2
	群众知晓度低	1014	26.3	56.0
	缺乏长效机制	643	16.7	35.5
	人们缺乏爱心	484	12.6	26.7
	总计	3851	100	212.7

如表 2.11 所示，通过频数分析的结果可以看出，我们对"春晖行动"在开展过程中存在的主要问题的调查，认为"宣传报道太少"和"群众知晓度低"的调查对象均超过了半数，认为是"政府不够重视"或"人们缺乏爱心"的只占了很小的比例，这就在很大程度上说明了，主要问题并非

在于政府和社会大众，而恰恰由于舆论倡导的重要缺席。

表 2.12　推广与完善"春晖行动"的措施

		频数	百分比（%）	个案百分比（%）
推广与完善"春晖行动"的措施	强化相关政府部门的领导	899	20.2	49.6
	加大媒体的舆论宣传	1262	28.3	69.6
	建立长久有效的平台机制	1000	22.4	55.2
	对典型人物进行精神奖励	892	20.1	49.2
	对活动进行学术研讨	403	9.0	22.2
	总计	4456	100	245.8

　　表 2.12 的频数分析结果显示，对于如何进一步推广与完善"春晖行动"，并使其与社会主义核心价值体系建设紧密相连的问题，大多数被调查者都认为应该"加大媒体的舆论宣传"和"建立长久有效的平台机制"，认为应该"强化相关政府部门的领导"以及"对典型人物进行精神奖励"也占到了相当一部分比例。因此，首先，如何有效加大"春晖行动"的宣传力度，广泛提高其在社会大众层面的知晓度，为社会大众参与其中建立宽广而稳定的渠道，是实现"春晖行动"广泛深入开展的重要环节。而相关政府部门加强管理、引导以及对典型人物事迹的弘扬倡导，从"春晖行动"中提炼出与社会主义核心价值体系建设有关的精髓，也是推动二者双向发展的不可或缺的重要举措。

2. 对"春晖行动"与社会主义核心价值体系的关联认知

表 2.13　"春晖行动"中体现的社会主义核心价值观

		频数	百分比（%）	个案百分比（%）
"春晖行动"中体现的社会主义核心价值观	和谐	1058	20.7	58.4
	公正	791	15.4	47.3
	仁爱	1297	25.3	71.7
	共享	757	14.8	41.8
	自强	673	13.1	37.1
	开放	551	10.7	40.4
	总计	5127	100	296.7

从表2.13的分析结果可以看到，超过半数的被调查者都认为"春晖行动"能够体现出社会主义核心价值观中的"仁爱"与"和谐"，另外有相当一部分调查对象认为"公正"与"共享"的价值观也能够在"春晖行动"中体现出来。这在一定程度上说明了社会大众对"春晖行动"与社会主义核心价值观的双向认识。

表2.14　"春晖行动"对实践社会主义核心价值观的启示

		频数	百分比（%）	个案百分比（%）
"春晖行动"对实践社会主义核心价值观的启示	要与经济社会建设相结合	819	20.6	45.2
	要与本地具体实际相结合	1209	30.4	67.0
	要努力调动大众参与	962	24.2	53.3
	要有坚强有力的行动组织	988	24.8	55.2
	总计	3978	100	220.7

表2.14的频数分析结果显示，在被调查者中，认为"春晖行动"对社会主义核心价值观的启示在于"要与本地具体实际相结合"、"要有坚强有力的行动组织"、"要努力调动大众参与"这三项的比例都分别超过了半数。这在一定程度上代表了社会大众的普遍认知，对于未来"春晖行动"和社会主义核心价值体系的建设无疑都具有重要的参考价值。

通过对贵州省各个地州市不同职业的部分社会群体的问卷调查，我们从总体上对社会大众对于贵州"春晖行动"各个方面的认知态度有了一定的了解。这为我们探讨在新的时代背景下如何拓展其价值、提升其理念，进而探讨其在社会主义核心价值体系建设中的载体价值和发展空间，从而提炼出社会主义核心价值体系建设的大众行为化模式提供了部分重要的现实依据。

经过调查问卷的统计分析，我们发现，在"春晖行动"开展的过程中，存在着一些问题或者说是障碍，这些问题或障碍既是阻碍"春晖行动"进一步广泛深入开展的绊脚石，同时也是阻碍社会主义核心价值观转化为大众行为实践的绊脚石。下面逐一对这些问题或障碍进行简要分析，并提出相应的对策性建议。一是舆论宣传力度有待加大，社会大众知晓度有待提高；二是社会大众参与"春晖行动"的渠道有待拓宽；三是"春晖行动"在社会大众层面的长效运行机制有待健全；四是"春晖行动"与社会主义核心价值体系建设的大众行为化发展都需要立足于地区实际。

三　重要文章辑录

美德的传承

吴树青

随着高科技和信息网络化的迅猛发展，各种思想文化的相互激荡更加剧烈。随着改革开放和经济的快速增长，社会经济成分、组织形式、物质利益、就业方式和分配方式日益多样化，市场经济活动存在的弱点及其带来的消极影响，深刻影响着不同社会群体的价值取向、道德观念、文化选择。造成精神生活领域出现不少问题，社会价值观念混乱，社会道德迷失；极端个人主义、拜金主义、享乐主义沉渣泛起。这种"发展经济增长"模式已引起人们的反思，进而理论界有这样的观点："发展最重要的不是经济，而是道德"。当然，这样的观点不一定全面，但至少它向人们道出了物质文明和精神文明二者不可偏废的道理。

当今中国正处于社会结构、社会变迁急剧加速的时代。市场经济对社会机制的深刻触动，利益的分化和重组，造成各种社会矛盾相互交替。这些都需要我们在继承中华民族优秀传统美德的同时，结合市场经济发展的实际情况，建立符合我国社会主义现代化建设所需要的新的道德秩序。

中国是一个农业大国，农村的发展稳定对中国现代化的建设起着决定性的作用。党的十六大为此指出，要用城乡统筹的眼光解决"三农"问题。"春晖行动"的启动，无疑是"三农"问题解决的一次非常有益的探索和尝试，起点高、立意新。

在任何社会中，人的一切行为都离不开价值的思考、价值的判断和选择；现代社会，在市场经济中尤其如此。许多优秀的春晖使者，虽然他们的社会角色不一，但都有一个共同点，就是把对家乡的热爱化作一件件生动的事迹。古语道："有善于群者为善，不善于群者为恶，无善亦无益也是小恶"。在他们身上，我看到这种美德正以创新的精神得到升华。

任何特定时代，都有一个特定的社会环境，这个环境同时也是精神环境。它的发展所面对的问题，是时代精神必须解决的。人们所持有的思想或信仰很大成分是在先前的历史中产生和形成的。"反哺故土"、"回报桑梓"、"饮水思源"、"邻里互助"这些"以人为本"的理念；"亲情、乡情、友情"，"血缘、亲缘、地缘、业缘",这些中国社会网络的基础,通过"春晖行动"得到了延续。虽然经济、政治、文化变迁,今天人与人的关系已不局限于"五伦"关系的范畴,但这些元素仍深深地根植于这个社会。随着时代的变迁,"春晖行动"把这些关系赋予了新的含义。20世纪40年代,社会学家费孝通就深刻地论述了中国农村社会的这种非正式社会网络。即以"己"为中心的"差序格局"社会结构。费孝通先生把社会中最重要的亲戚关系形象地比喻为"就是这种丢石头形成同心圆波纹的性质"。今天"春晖行动"让这种性质由外散波状型向内聚集中型发展,并将产生巨大的"回波效应"。

现阶段我国社会的贫富差距有进一步扩大的趋势。对此,改革开放的总设计师邓小平曾指出:"一部分地区发展快一点,带动大部分地区,这是加速发展,达到共同富裕的捷径。"无数春晖使者和他们的所作所为在不损害效率的前提下,追求社会公平,维护社会稳定,默默地贡献着,是一种人性的张扬。团的组织进而把它及时总结、提炼、推广,是难能可贵的。"春晖行动"无疑是寻找到一条促进城乡互动的"捷径",是对政府主导型扶贫的一种有益补充。

家庭是社会的细胞,是利己、利他思想最和谐的体系,血缘关系使成员之间爱己而爱对方。所以,有人将家庭喻为"道德教育的天然源泉"。优秀春晖使者郑传楼说过这样的话:"一个人倘若连家乡都不爱,还谈何热爱祖国?"他15年来帮扶家乡发生的巨大变化,证明了这样一个道理:家庭是社会最持久的因素,是社会道德建设的最好工具。

"春晖行动"是一项社会化的公益事业,它所追求的是人类共同生存、普遍发展、共同幸福的大同,在全面满足人性需要原则的基础上,以个体行为动机、手段、目的、结果的统一全面促进个人、社会、人类共同发展。通过精神性扶持和物质性援助,实现城乡互助。其意义是显而易见的,它必有助于在这个社会呼唤起人们对伦理规范、道德要求、行为准则的重新认识。

马克思曾说过:"我们面临的任务,重要的不是解释世界,而是改造世界。"我也希望会有更多的人加入到"春晖行动"中来,关注"三农",从小事做起,把对亲人、家乡、祖国的爱化作全社会的生动实践。

作者系北京大学原校长,著名经济学家。本文于2004年4月30日写于北京大学。

从"春晖行动"看"公益中国"建设

徐　静

在我国经济社会发展取得举世瞩目成就的今天，如何解决地区之间发展不平衡的矛盾、缩小人与人之间的贫富差距，已成为一个历史性课题。贫困地区的发展、贫困人口的脱贫，需要自身努力，需要政府扶持，也需要全社会的帮助。弘扬社会公益精神，推进"公益中国"建设，营造一个人人自觉履行社会公益责任的氛围，使愿意提供帮助的人能够了却心愿，使越来越多的人加入扶困助贫的队伍，使需要帮助的人得到帮助，在推动共同富裕方面具有不可忽视的重要作用。由共青团贵州省委创意发起的大型社会公益活动"春晖行动"，以其特有的文化内涵、系统的运作特征和持续的效应特点，成为我国社会公益建设的一道亮丽风景。

（一）"春晖行动"："公益中国"一亮举

在贵州，有一个名人叫郑传楼，是贵州农委的一名高级农艺师。离开偏远山区成为省城的"城里人"后，他没有忘记离开家乡时奶奶的一句嘱咐："孩子啊，出息了要为父老乡亲多办点事。"20多年来，他不停歇地利用节假日回到家乡履行"名誉村长"之责，带领乡亲搞建设，使自己原来那个交通闭塞、土地贫瘠、水源奇缺、经济落后的贫穷家乡，成了远近闻名的小康村。

受此个案的启发，2004年初，团省委针对"名誉村长"现象在全省进行调研，发现此类现象并非个别，一些游子虽漂泊在外，仍心系故土，以不同方式和渠道关注、支持家乡经济社会发展，于是借唐代诗人孟郊《游子吟》诗中"谁言寸草心，报得三春晖"的意境，创造性地发起了一项行动，通过"亲情、乡情、友情"的纽带作用和"血缘、地缘、业缘"的社会网络功能，以"志愿、公益、互动"为原则，凝聚离乡在外的成功人士和社会贤达之力，投入到其故乡或第二故乡的经济社会发展中。这个行动叫"春晖行动"。

"春晖行动"一经启动，立即体现出强大的社会动员力和公益资源整合力。2004年10月18日启动的当天，"春晖行动"网站便正式作为一个大型的功能型公益网站开通，全省1400多个乡镇所需帮扶内容在网上一目了然。6年多来，随着一系列大型公益活动的推出，如"温暖万名贫困母亲"、"感恩父母、关爱老人、共建和谐贵州"、"春晖感恩教育"、"春晖助学"、

"春晖家园计划"、"春晖扶贫互助社"等，聚集了成千上万郑传楼式的"春晖使者"，使许多贫困落后的乡村得到快速发展。2007年团省委成立"贵州省春晖行动发展中心"，作为春晖行动的专门指导服务机构；2009年成立"贵州省春晖行动发展基金会"，资助服务项目，组织乡友参与家乡经济文化建设。"春晖行动"的组织不断完善，促使其带着泥土芬芳渐入时代殿堂，从而完成其从个体行为到群体行为、从分散行为到集中行为、从无序行为到有序行为、从隐性行为到显性行为、从感性行为到理性行为、从自发行为到组织行为，进而从精英行为到大众行为的转变。"春晖行动"的系列活动已遍及全省9个市（州）、88个县（市、区、特区）、1500多个乡镇，志愿者已达3万余人，而且延伸到省外，甚至海外，体现出强大的社会资源聚合效能，极大地推动了贵州农村经济社会的发展。

　　贵阳市开阳县禾丰乡马头村的曹以杰，作为第一批"春晖使者"，回乡创业的最初动机就是"想让我们村的人有个地方干活"。当他创建茶叶公司遭遇巨大资金困难时，是反哺故土乡亲的责任让他坚持了下来，现公司年销售收入800多万元，带动周边1600多户农民致富，并捐款修路、修水利、办学。中国作协副主席、《蹉跎岁月》的作者叶辛，1969年曾到贵州山区插队。如今作为"春晖使者"，他在自己插队过的第二故乡组织援建了一所"叶辛春晖小学"。美籍华人李乐东，除了组织助学项目，还在美国成立"春晖行动"美国联络处，支持贵州发展。

（二）文化源泉："公益中国"建设的"春晖"回应

　　"春晖行动"之所以能带着泥土芬芳走向全国乃至世界，之所以能从精英行为发展成大众行为，其动力基于两个文化上的认知：一是对"心忧天下"、"扶贫济困"等中华民族传统美德的深刻认识。基于这种认识，"春晖使者"对于贫困地区的发展从心底产生了一种使命感和责任感。二是对"回报桑梓"、"反哺故土"这种中华民族知恩图报道德要求的深刻认识。基于这种认识，他们将自己参与的扶贫行动，要么落脚在故乡，要么落脚在曾经工作和生活过的地方。

　　上述两个层面的文化认知，在中华民族"家国一体"文化中得到统一。这种文化倡导对家庭的爱应拓展到对故乡的爱，进而拓展到对国家的爱，提倡对父母的孝心应扩展到对国家的忠心。从这个意义上来讲，"回报桑梓"、"反哺故土"是"心忧天下"、"扶贫济困"的动力源泉和逻辑起点，而"心忧天下"、"扶贫济困"则是对"回报桑梓"、"反哺故土"的逻辑演绎和精神提升。正是由于有无数的"春晖使者"基于这样的文化认同,"春晖行动"一经启动便表现出强大的生命力。3万多名贵州游子、爱心人士从全国各地乃至海外投入到发展家乡的建设中。"春晖发展基金"支持的"春晖家园计划"发展项目104个,以不到500万元的启动投入,撬动了2000多万元的社会资金,直接受益者10万余人,带动32万多群众受益。全省各级团组织和3万多名"春晖使者"通过"春晖行动"平台开展的一系列活动整合资金3.3亿元,大大地加快了贫困山区的脱贫步伐。

不仅如此,"春晖行动"还带着贵州特色走向全国、走向世界。贵阳中医学院学生王博,从贵州把"春晖行动"的理念带回老家甘肃,在老家卫生所里为乡亲们开展医疗服务。在他的影响下,许多邻村的年轻人也加入这个行列。香港何耀棣慈善及公益事业有限公司董事长何耀棣先生,受"春晖行动"理念的感召,决定每年向"春晖行动发展基金会"捐款200万元,5年共捐助1000万元。他说:"我是中国人,我要到祖国内地去做慈善和公益事业。我这一代做不完,下一代还要做。"在贵阳长大的博鳌亚洲论坛原秘书长龙永图说,对家乡、对亲人的挚爱,不仅是中华民族,同样也是全人类的共同情感,可以撬动不可限量的资源,可以唤起人们的社会良知和责任感。而这社会良知和责任感,正是当下"公益中国"建设内在的动力。

(三)"公益中国"建设的"春晖"启示

"春晖行动"之所以成功,在于它是一个"伟大但人人可为"的活动。与世界发达国家相比,我国的社会公益事业还处于起步阶段,缺乏相对成熟的筹款模式和相对固定的捐赠群体,缺乏社会普遍认同的公益意识和责任担当,难以满足巨大的社会现实需求。要使"人人可为"的活动转化为"人人皆为"的现实,中国特色的社会公益事业还有很长的路要走。在这方面,"春晖行动"为我们提供了可贵的启示。

启示之一:把项目运作与培育良好的社会公益文化氛围结合起来。在"春晖行动"中,宣传工作一直被摆在十分重要的位置。团省委通过多层次、多形式的公益理念宣传,提高大众对公益理念、行为的认可度和参与度。同时通过不断论证、研讨,加强"春晖行动"的品牌建设,不断增强其影响力。2004年以来,他们先后举办了"春晖行动"理论研讨会、形象大使暨主题曲新闻发布会,建立了公益网站,发放"春晖行动"宣传资料10万余份,其中画册34000余本、专题片光碟等宣传资料30000余份。2009

年，在团中央统战部的大力支持下，制作了专题片《报得三春晖》、MV《忘不了你呀妈妈》和《游子吟》，并创办了《春晖》杂志。2010年，与中国网络电视台合作，联合打造网络公益捐赠平台。在这些活动中，社会公益理念不断得到深化和传播，"春晖"品牌越来越响亮，聚集的社会公益资源越来越多。

启示之二：把组织化保障与社会化运作结合起来。在我国，社会公益事业主要由政府担当，企事业单位、社会团体和个人的参与还处于刚刚起步阶段。"春晖行动"为探索适合我国社会公益事业的组织结构走出了一条成功之路。团组织不具备行政手段、经济手段，"春晖行动"如何组织实施？团省委实行"两块牌子一套人马"的"中心＋基金会"的运作机制，走出了一条组织化保障与社会化运作相结合的公益新路。他们充分利用团组织系统健全、联系青年广泛和社会动员力强的优势，成立"贵州省春晖行动发展中心"和"贵州省春晖行动发展基金会"，专门负责"春晖"行动的组织工作。中心作为直属事业单位，由团省委直接管理，职工工资由省人事厅核定；基金会作为社团民间机构，由民政厅管理并定期核查善款动向，确保资金用于公益事业。"中心＋基金会"运作模式，既通过中心这一组织化的代表获得了共青团的组织保障，又通过基金会这条社会化的手臂整合运作了社会民间资源。尤其重要的是，基金会运作资源工作与中心协调组织工作的有机结合产生了"1＋1＞2"的效应，共青团组织化的保障使得基金会社会化运作的蛋糕越做越大。这对于"公益中国"建设的路径选择，无疑有着重要的启示作用。

启示之三：以品牌建设提升公益组织的公信力。目前我国社会公益事业建设中最现实的困扰是：一方面，许多公益机构因为基金来源困难而举步维艰；另一方面，一些想要捐钱捐物的企业财团或个人因担心所捐钱物被挪作他用而心存疑虑。这就要求作为连接资源提供者与需求者桥梁的公益组织必须具有极高的公信力。从2004年开始，"春晖行动"几乎每年都有新项目推出。2009年3月创意实施的"春晖家园计划"项目，实行"春晖行动发展基金会"、"春晖使者"、社会各界人士、地方党政相关部门、受益群众"五位一体"的联动机制，把资源的供给方和需求方进行透明连接，成立项目监事会，监督项目运作，并通过张榜和召开会议的方式，向项目覆盖的基层群众公布帮扶捐赠情况和群众投工投劳情况。高度透明的项目运作，使"春晖行动"的社会公信力和资源整合力不断得到提升。

作者系中共贵州省委党史研究室主任、研究员，全国文化名家暨中宣部四个一批人才。本文发表于《求是》2011年第11期。

从"名誉村长"到"春晖行动"

陈昌旭　蒙忠

农业、农村、农民问题，一直都是贯穿中国历史发展过程的大问题，过去如此，现在如此，在将来很长一段时间也是如此。中国共产党建党83年的历史，围绕解决"三农"问题的探索就一直没有停止过。毛泽东同志曾告诫"全党一定要重视农业，农业关系国计民生极大"。今年年初，《中共中央国务院关于促进农民增加收入若干政策的意见》的出台，再次对新时期"三农"问题的解决指明了方向。

如何贯彻落实中央文件精神，成为全社会关注的焦点。今年2月底，我们见到贵州省农业厅高级农艺师郑传楼，他15年来反哺故土，义务帮扶家乡，被村民授予"名誉村长"的感人事迹深深触动和感染了我们。

羊有跪乳之恩，鸦有反哺之义。从1988年至今，郑传楼凭借着对家乡、对亲人、对故土的眷恋之情，以亲情、乡情、友情为纽带，发挥在外游子的自身优势，通过多种形式，长期志愿参与家乡扶贫开发。为家乡发展提供了强有力的智力、物力、财力支持，以创新精神开辟扶贫新途径，使家乡发生了巨变。

星星之火，可以燎原。郑传楼作为"一个敢于吃螃蟹的人"，他的生动实践为如何实现城乡良性互动提供了有益借鉴。我们感到，"名誉村长"郑传楼的扶贫模式，对于解决中国农业、农村和农民问题，促进农村经济发展、民族团结、社会稳定，无疑是一种极有价值的探索，对于贵州、西部乃至全国都具有普遍意义。

带着一种美好的愿望，就是要动员更多的人参与到这个行列中来，为家乡的富裕、文明、祥和，贡献自己的力量，哪怕只做一件小事。鉴于这样的思考，我们迈上了将它变为现实的道路。

（一）

当前，农业和农村发展中面临的突出问题仍然是农民增收困难，农民人均收入增长缓慢，城乡居民收入差距扩大。大力促进农民增收，成为新阶段扶贫开发的迫切需要。而这些问题的解决，不可能封闭在农村的内部，需要和城市结合起来，形成一个城乡统筹的格局。因此，因地制宜地制定农村开发扶贫策略，有效实施城乡互动，成为当前解决"三农"问题的关键。郑传楼15年来的扶贫历程，为民间如何参与解决"三农"问题探索了有效途径，积累了宝贵经验。

每一个时代都应有与自己的经济基础相适应的伦理道德体系。目前，我国正处于社会转型时期，加强人们的思想道德建设，通过灌输科学的、健康的、向上的思想道德观念，激发广大群众投身于促进生产力发展和推动社会进步的实践中来，为社会生产力的发展提供精神动力，是社会主义市场经济发展必须坚持的原则和要求。为此，党的十六大提出，要加强思想道德建设，并强调要建设与中华民族传统美德承接的社会主义思想道德体系。

在郑传楼身上，充分展示了中华民族传统美德中的许多内容，比如"回报桑梓"、"扶贫济困"、"反哺故土"、"邻里扶助"、"饮水思源"等道德思想。这些中华民族的传统美德，是中国古代道德文明的精华，是中华民族大家庭共存共荣的内聚力，是建设中国特色社会主义道德文明的民族性根基，更是中华民族和平崛起的强大精神支柱。

一个国家、一个民族的优秀传统需要代代相传，只有在继承的基础上，顺应时代的步伐，才能更好地弘扬。通过对"名誉村长"典型事例的剖析，我们寻求到一种促进物质文明、政治文明、精神文明协调发展的有效结合点，于是就有了春晖行动这个创意。

"慈母手中线，游子身上衣。临行密密缝，意恐迟迟归。谁言寸草心，报得三春晖。"孟郊这首《游子吟》，为我们的活动创意，提供了生动注解。其目的显而易见，旨在充分发挥"亲情、乡情、友情"的情感纽带，以"血缘、地缘、业缘"为社会网络，积极创造条件，组织广大离乡在外的游子关注家乡的扶贫开发建设，以整合资源、志愿参与、力所能及、形式多样的原则，围绕农村精神文明建设做文章，为农村经济社会发展作出贡献，为农村民主法制建设做服务，最终为"三农"问题的解决，为小康社会的早日实现，为中华民族的和平崛起贡献力量。

（二）

党的十六大指出，要用城乡统筹的眼光解决中国的农业、农村和农民问题。目前，政府持续强大的直接干预成为农村扶贫起步阶段的关键因素。但国际社会的实践经验表明，民间组织在农村扶贫领域的许多作用是无法替代的，政府与民间组织之间的密切合作是缓解贫困的有效途径。

中国政府在 2001 年颁布的《中国农村扶贫开发纲要（2001—2010）》中明确提出："要积极创造条件，引导非政府组织参与执行政府的扶贫开发项目。企业可以通过捐赠资金与非政府组织合作，共同参与扶贫开发。"2004 年 2 月 14 日，《中共贵州省委贵州省人民政府关于促进农民增收若干政策措施的意见》中明确提出："全社会都要对农村经济社会发展给予更多的关注，对农业给予更多的关心，对农民给予更多的关爱"。这些，都预示着长期以来以政府为主导的扶贫模式，向更加广泛的"以人为本"的参与式扶贫转变。越来越多的力量将投入到这场"反贫困战争"的第一线。

"春晖行动"的出现是有其主客观需要的，是中国乡土社会的基层结构的人际关系在现实需求中表现出的生动体现和创新。从社会互动理念之一的拟剧论观点，足以说明。人们的行为包括"前台"行为和"后台"行为。"前台"行为针对他们并不熟悉的一般观众，"后台"行为则针对亲密的朋友。从这个意义上讲，"春晖行动"是社会互动原则的具体体现，表现为"后台"行为。

研究社会互动的另一种方法是侧重研究人们所属的社会网络。因为社会互动体现的社会支持是由其他个体或团体所提供的帮助，主要包括：物质支持，行为支持，感情支持，以及指导有益的社会交往等。在社会学上，提供这种社会支持的体系被称为社会网络。它是由一些个体间的社会关系所构成的相对稳定的体系，特点是其成员之间偶尔有互动，并通常共享某种认同感和团结感。它有正式和非正式之分。非正式社会网络包括血缘关系、亲缘关系（邻里、老乡）、业缘关系和私人关系（朋友）。"春晖行动"所依托的亲情、乡情、友情，实质上是非正式社会网络。社会学家费孝通曾深刻地论述了中国农村社会的这种非正式的社会网络，他指出："最有可能给一个村民提供社会支持的人是与他关系最亲密的人，然后才是一般亲戚朋友。"时至今日，中国社会结构的这种特征还没有发生根本的改变，中国农村的社会网络仍是以亲缘和地缘关系为基础。这个观点，从今天中国农村社会的生产、生活活动和各种文化现象中都可以得到最本质的解释。

（三）

消除贫困的斗争是我们这个时代面临的艰巨挑战。由于经济文化的制约，贫困地域人们的思维呈现出封闭的特点。因此，在中国农村与城市，先进与落后并存的二元社会结构中，解决中国的农业、农村和农民问题，也是一个可持续发展战略问题。在可持续发展中，民众力量的增强、能力的提高以及有效地参与需要通过网络来实现。"春晖行动"在形式和内容上，实现了这一功能。

"春晖行动"是弘扬中华民族传统精神，切实贯彻《公民道德建设实施纲要》的新思路。通过倡导中华民族传统美德，对于弘扬中华文明、营造互爱的社会意识，扩大认知视野和树立新的道德风尚，创建广泛的价值导向和道德依据，推进中国特色社会主义文化建设，加强青少年公民道德教育，必将发挥重要的作用。

"春晖行动"是以科学发展观的理念，统筹城乡一体化发展的新举措，通过组织优势，加强社会资源的整合力度，把分散的变为集中的，被动的变为主动的，无序的变为有序的，将单一的物质性援助转向多层次、多渠道、多领域的协作与合作，形成全社会的政府共同扶贫开发的良好局面。

"春晖行动"是实施开放带动战略，以志愿精神整合民间资源和社会力量，共同解决"三农"问题的有效渠道。通过传播知识、文明、科学技术，有效缩小智力差距、能力差距、劳动创造力差距、地位差距、精神差距等，最终实现和谐生存、普遍发展、共同富裕的目标。

"春晖行动"是对当前政府主导扶贫工作的有益补充。倡导、推动自下而上的扶贫模式，与自上而下的政府主导扶贫模式相得益彰，是"外源式"和"内源式"的统一。既充分体现了宏观调控体系对扶贫全局的总体作用，又调动了民间扶贫主体的积极性，使以经济为中心的增长模式转变为以人为中心的经济社会全面增长模式。

"春晖行动"是引导公民有序地进行公众参与的新途径。通过引导公民逐渐参与社会问题的解决过程，对于培养公民民主意识，提高公民参与能力，增强和人民群众的血肉联系，进一步改善政府和公民的关系，增大公民对国家的认同，从而最终实现国家整体的社会现代化是有益的推动。

（四）

随着经济全球化的迅速推进和"文化全球化"问题的出现，使发展中国家不仅在经济上面临严峻挑战，在文化上也面临严峻挑战。并由此引发了当今世界全球化与本土化、同质化与异质化、普世主义与反普世主义的激烈文化冲突。中国也不可避免地把自己置身各种文化冲突之中。面对这个严峻的时代挑战，我们一方面要面向现代化，面向世界，另一方面又要保持和发展本民族文化的优良传统，大力弘扬中华文明，成为关系国家前途和命运的重大问题。

对于当代人来说，每个个体成员必须具备创益于团体、造福于他人的社会道德和品质。唯有发扬合理的利他精神，才可能产生合理精神。民主是社会主义政治文明的核心，合作是人群化生活的基本要求，是任何国家、民族、组织、团体以及个人谋生存的基础，也是民族繁荣、社会进步、人类发展、个人解放的基本动力。这种社会伦理精神，要求国家、组织、团体必须具备一种融入公共事业的品质和精神，并把公共社会事业和社会公共福利建设作为基本任务。"春晖行动"在创意上，把弘扬和培养中华民族的传统美德和建设当代社会主义道德体系作为重要出发点，就是期望这个创意能对社会有用，能对人类有益。

"春晖行动"从思考到方案的出台，进而把它作为一项大型公益活动推出，始终得到了社会各方面的关注。随着我们工作的深入，我们发现在我们的生活周围有许多像郑传楼那样，长期为家乡贫困面貌的改变而默默奉献的人，还有许多处于观望状态的"边缘人群"。为配合活动开展，我们从公务员、回乡创业青年、企业家、海外赤子、老干部、农业专家、知青、文化名人中，选择了17个情系家乡的典型，归纳为三个部分，编写了这本《春晖行动》。试图通过它以及一系列相关活动的开展，在当今社会倡导一种新的理论规范、道德要求和行为规范，进一步唤起人们的"公共意识"，发扬"公共精神"。

"故土穷不失义，达不离道。穷不失义，故土得已焉；达不离道，故土不生望焉。古之人，得志，泽加于民；不得志，修身见于世。穷则独善其身，达则兼善天下。""春晖行动"作为新生事物，我们希望大家都来关注它、丰富它，更重要的是参与到其中来，为家乡、为亲人、为社会、为国家做一些力所能及的事情。

第一作者系毕节市人民政府市长，共青团贵州省委原书记。第二作者系贵州理工学院纪委书记，贵州省春晖行动发展中心原主任。本文于2004年5月写于贵阳。

四　社会各界评价

（一）对"春晖行动"的评价

习近平（中共中央总书记、国家主席、中央军委主席）

团省委发起倡导开展以"亲情、乡情、友情"为纽带、动员组织广大在外游子参加家乡扶贫开发的"春晖行动"，这些有特色有实效的做法要继续坚持和推广。

> ——2011年5月10日，时任中共中央政治局常委、中央书记处书记、国家副主席，在贵州考察指导工作时的讲话

曾庆红（时任中共中央政治局常委、国家副主席）

《人民日报》上曾刊登过这样一个典型事例，说的是这三年多来，共青团贵州省委积极开展以引导在外亲友为家乡发展提供力所能及帮助为基本内容的"春晖行动"，共为家乡募集到价值5000多万元的财物，还聘请了1万多名"春晖使者"，他们中有的是原来在贵州插队的知青，有的是在外工作的贵州籍老乡，有的是外出务工经商的农民。这个事例，对我们拓宽思路，进一步搞好扶贫开发工作很有启迪意义。

> ——2007年1月30日在贵州省党政领导干部座谈会上的讲话

栗战书（中共中央政治局委员、中央书记处书记、中央办公厅主任）

成效显著，社会反映很好。望不断总结，继续扎扎实实地搞好。

> ——2012年2月9日，时任中共贵州省委书记、省人大常委会主任，在《国内动态清样》（第431期）编发的《重建"精神家园"助推新农村建设——贵州"春晖行动"感召上万游子反哺故土》一文上的批示

胡春华（中共中央政治局委员、广东省委书记）

近年来，各级团组织在推动工作资源向农村倾斜上作出了积极努力，开展了希望工程、青年志愿者扶贫接力计划、大学生志愿服务西部计划、大学生"三下乡"社会实践活动、城乡少年手拉手、西部流动图书车、春晖行动等许多活动，在农村建设中发挥了积极作用。

> ——2008年1月，时任共青团中央书记处第一书记，在全国农村共青团工作会议上的讲话

钱运录（十一届全国政协副主席、秘书长）

"春晖行动"活动形式好，关键要抓实。共青团组织要积极组织发挥好回乡创业青年、农村青年星火带头人的作用，引导他们成为农村青年脱贫致富带头人。要通过活动有效地组织好农村外出务工青年的培训工作。

——2004 年 11 月，时任中共贵州省委书记、省人大常委会主任，
在听取"春晖行动"工作汇报后的讲话

周强（最高人民法院院长）

"春晖行动"这个题目选得非常好，切入点抓得非常准，启动仪式非常成功，活动效果非常明显。要有效地组织回乡创业青年、在外游子回家乡，为农村多做实事。一定要长期不懈地抓下去。

——2004 年 12 月，时任共青团中央书记处第一书记，
在听取"春晖行动"工作汇报后的讲话

陈锡文（中央农村工作领导小组副组长）

我觉得"春晖行动"一个最重要的方面，就是把统筹城乡这个工业社会的现代理念和报效家乡、报效父母这个传统文化有效地紧密地结合在了一起。它通过共青团体系的力量，通过广大青年自身的行动，去带动在各个方面，在海内外，在国内外，在各个领域的有识之士，最终实现人民的共同富裕。我想这是"春晖行动"的精神实质所在。

——2009 年 12 月接受电视专题片《报得三春晖》
采访时的讲话

赵克志（中共贵州省委书记、省人大常委会主任）

广大青年要积极参与新一轮扶贫开发攻坚战，主动推动春晖家园计划、"山区希望工程基金——幸福校园计划"，帮助贫困山区群众脱贫致富，让青春在基层平凡岗位上闪亮发光。

——2012 年 5 月 6 日，时任中共贵州省委副书记、省长，
在贵州省纪念中国共青团成立 90 周年大会上的讲话

陈敏尔（中共贵州省委副书记、省人民政府省长）

共青团组织开展的"千支突击队·立功献青春"活动，创建的"春晖

行动"品牌，实施的"山区希望工程基金——幸福校园计划"，推进的"百万青年创业就业行动"，等等，都值得充分肯定和发扬。深化拓展"春晖行动"，扎实做好智力帮扶和科技帮扶等工作。

——2012 年 8 月 30 日，时任中共贵州省委副书记，
在共青团贵州省第十三次代表大会上的讲话

陆昊（中共黑龙江省委副书记、省人民政府省长）

贵州团组织开展的"春晖行动"是新时期共青团组织用新的社会动员方式服务党政工作大局、参与新农村建设、促进扶贫开发的积极有益的探索和尝试，应充分肯定。请团中央有关部门高度关注并给予支持。希望贵州团省委在省委领导下，认真总结，巩固成果。并以此为基础，努力把社会化动员方式和组织化动员方式更加紧密地结合起来，在服务党在农村工作大局和加强团在农村基层组织建设上取得更大成效，做出更大贡献。

——2008 年 10 月 24 日，时任共青团中央书记处第一书记，
对"春晖行动"所作的批示

石宗源（时任中共贵州省委书记、省人大常委会主任）

团贵州省委开展的"春晖行动"，是在新形势下积极利用团组织的优势发挥共青团作用的有益尝试，应予以充分肯定，并应大力支持。如何扎实有效地开展好这一活动，对贵州省的扶贫开发建设、建设社会主义新农村和实现贵州省经济社会发展的历史性跨越，都具有重要意义。

——2005 年 11 月 25 日，在《全团要讯》（第 79 期）编发的《团贵州省委开展"春晖行动"探索扶贫新路径》一文上的批示

王富玉（贵州省政协主席）

"春晖行动"意义深远，体现了中华民族的文化精髓，是用于教育青年、鼓舞青年、提高青年的一件非常好的载体，要坚持不懈、持之以恒地抓下去。

——2010 年 1 月 15 日，时任中共贵州省委副书记，
在春晖行动工作推进会上的讲话

龙超云（贵州省人大常委会党组书记、副主任）

"春晖行动"的实施，为各级团组织和广大青年在我省新阶段扶贫开发

中，动员和组织各界各方面力量支持我省农村经济社会发展开辟了新渠道，也为广大游子和成功人士报效家乡、反哺故土架起了一座新桥梁。

——2004 年 10 月 18 日，时任中共贵州省委常委、贵州大学党委书记，在"春晖行动"启动仪式上的讲话

龙永图（时任博鳌亚洲论坛秘书长）

一个人不管多么伟大，他可以是总统、总理或者部长；一个人不管多么富有，他可以是千万富翁、百万富翁；一个人不管有多大成就，他可以是知名的作家、诗人、作曲家，但是，他在母亲的面前，永远是个孩子，他在家乡人的面前，永远是个普通的人。所以我觉得，"春晖行动"用亲情、乡情、友情作为情感纽带来做社会公益事业，是一个很好的切入点。"春晖行动"不仅仅是贵州的活动，中国的活动，而是全球的一个活动，这个事情我觉得意义非常重大。

——2004 年 12 月 23 日在"春晖行动"形象大使暨主题歌《忘不了你呀妈妈》新闻发布会上的发言

杜维明（哈佛大学讲座教授、北京大学教授）

"春晖行动"是扎根在儒家的核心价值。孝，当然是对父母，但又推己及人，从父母到至亲好友，乃至到社会，到国家，到天下，孝是一种非常核心的内在价值。所以我认为，"春晖行动"能够使得，不仅是国内，乃至海外的游子都能对自己的乡土，对自己的国家、社会，乃至对自己的父母亲有一种深厚的报恩之心，她所体现的人文精神非常宽广。

——2009 年 12 月在接受电视专题片《报得三春晖》采访时的讲话

余光中（著名诗人）

在全球化的今天，"春晖行动"对传承与复兴中华优秀传统文化的核心价值理念、促进东西方文明的对话与交融、向世界推广中华优秀的传统价值观，并以"文化中国"的共同价值取向激发海内外中国人的爱国主义情怀，将有着不可估量的巨大作用。

——2009 年 12 月在接受电视专题片《报得三春晖》采访时的讲话

范敬宜（清华大学新闻与传播学院院长、《人民日报》原总编辑）

情系三农动四方，熙熙春晖照黔乡。

感召万众赖新政，胜似当年务本堂。

——2005 年为"春晖行动"赋诗

欧阳自远（中国科学院院士）

真情反哺感天动地

滋润心田激励奋进

——2010 年 7 月 8 日为"春晖行动"题词

叶　辛（著名作家）

"春晖行动"特别地对我的心思。我觉得它的意义是明确的，基本原则是正确的，服务内容是实干的，工作措施和实施步骤是切合贵州山乡实际的。可能是时常往山乡跑，我还觉得，"春晖行动"在一步一步往前推进的时候，一定要注意脱贫致富过程中的示范作用。农民是讲究实际、讲究眼见为实的，只有亲眼所见、亲身经历的事，他们才会真正全身心地扑下去做。我相信，"春晖行动"一定会结出丰硕成果。

——2004 年 5 月为"春晖行动"所写

何耀棣（香港太平绅士）

根据我的了解，"春晖行动"的理念跟我个人的理念非常相同，香港大学刚刚筹备了一个（何耀棣）服务学习的计划，就是要培养中华民族的"仁义礼智信"、"忠孝"等，跟"春晖行动"以孝道为先的理念非常接近。我和太太决定要参与"春晖行动"，我是中国人，我要到祖国去做慈善和公益事业，我这一代做不完，我的下一代还要做，这就是我的梦想。

——2009 年 12 月在接受电视专题片《报得三春晖》采访时的讲话

钱文忠（复旦大学教授）

我个人非常认同"春晖行动"的整个理念，因为我觉得她一方面跟当代人类社会博爱的精神相连接，另一方面是拥有浓郁的中国特色，跟我们传统文化中的这种爱的观念有一个非常好的契合。

——2009 年 12 月在接受电视专题片《报得三春晖》采访时的讲话

《新闻阅评》

"春晖行动"之所以成功，就在于它是一个"伟大但人人可为"的活动。

——2010 年 1 月 28 日《新闻阅评》（中宣部新闻局）

（二）对课题成果的评价

李　军（中共贵州省委副书记）

很有价值。

——2013 年 5 月 23 日对本课题的批示

谌贻琴（中共贵州省委常委、常务副省长）

该成果对于推动我省"春晖行动"的进一步发展和深化，对于引导大众践行社会主义核心价值观，促进贵州"中国梦"的实现有重要意义。

——2013 年 5 月 27 日对本课题的批示

周溯源（《中国社会科学报》副总编辑、编审）

"春晖行动"，伟大，但人人可为。我认为课题对"春晖行动"的概括及其具体表述很贴切。课题已经凸显了其学术理论价值，有生命力，也表明互联网时代没有边缘，贵州社科队伍在互联网时代能做大事，能写出好文章。

——2013 年 5 月 1 日在本课题预评审会上的发言

刘建军（中国人民大学教授）

今天拿到这个成果感到很振奋，成果意义深、难度大、内容实、分量重、价值大。研究春晖可以有两个角度，一是扶贫的角度，也可以提炼总结模式和意义；二是从社会主义核心价值体系的意义研究，但难度就比刚才那个大得挺多，要解决基层很实的东西与理论上很高的东西如何结合的问题。这个课题把一个从下往上的过程与从上往下的过程在中间汇合，不是简单的理论推演，成果很实，很有价值。社会主义核心价值体系要大众化，"春晖行动"也要向前发展，两个过程在课题涉及的范围内交汇了，实现了从西部地区研究以公益活动为载体推动社会主义核心价值体系大众化的理论升华。

——2013 年 5 月 1 日在本课题预评审会上的发言

封孝伦（贵州大学常务副校长、教授）

"春晖行动"贵在有一个道德基础——春晖报恩。因为有道德基础，所以做得这么长，而且越来越好。这个道德基础，是"春晖行动"的闪光点。这个闪光点被课题组发现和捕捉到，并进行深入研究。道德不只是一个知识，还是行为习惯。现在一些孩子不知道报恩，不懂得反哺。课题立足于人性最基本的道德基础深挖"春晖行动"中最有价值的东西，以敏锐的眼光把理论的东西行为化，又把行为的东西理论化。课题对"春晖行动"行为模式进行揭示，并让人们认同之后，这个模式就会产生巨大的社会力量。同时，课题的研究，对其他案例的研究提供了一个很好的文本形式和理论模型。

——2013 年 5 月 1 日在本课题预评审会上的发言

龚晓宽（中共贵州省委讲师团原团长、研究员）

社会主义核心价值体系的大众行为化模式研究，感觉这个题目不太好做，但成果给我印象深刻。贵州在扶贫攻坚方面，有许多模式，春晖本身也是模式，这种模式的来源不是头脑中想出来的，是从群众中来的。本课题的好处在于把团贵州省委实践中的创新从理论角度深化、总结，然后再返回到实践中去推动实践的深化。课题把实践的创新进一步深化到理论的创新，从社会主义核心价值体系大众行为化的高度，把"春晖行动"与社会主义核心价值体系搭上桥梁，资料翔实，思路清晰，结论清晰。

——2013 年 5 月 1 日在本课题预评审会上的发言

蔡中孚（贵州省社科规划办主任）

研究社会主义核心价值体系大众行为化模式是一个很有意义的课题。该课题立项以来，得到了有关领导的高度重视，国家社科规划办、省社科规划办密切关注课题进度，多次就相关问题进行指导和协调。课题组在研究中贴近时代脉搏，无论是理论视角切入、实践案例选择，还是研究方法的运用都很得当，同时在《求是》、《中国社会科学报》等刊物上推出了一系列阶段性成果，引起了理论界和有关部门及社会的关注。最终成果逻辑线索清晰、结构合理、行文流畅、可读性强，对贵州中国梦的建设有积极的启示价值。

——2013 年 5 月 1 日在本课题预评审会上的发言

图书在版编目（CIP）数据

核心价值与大众行为：春晖行动答卷/徐静等著．
— 北京：社会科学文献出版社，2014.3
ISBN 978 - 7 - 5097 - 5644 - 7

Ⅰ.①核⋯　Ⅱ.①徐⋯　Ⅲ.①社会主义建设 - 价值论 -
研究 - 中国　Ⅳ.①D616

中国版本图书馆 CIP 数据核字（2014）第 021844 号

核心价值与大众行为
——春晖行动答卷

著　　者／徐　静　等

出 版 人／谢寿光
出 版 者／社会科学文献出版社
地　　址／北京市西城区北三环中路甲 29 号院 3 号楼华龙大厦
邮政编码／100029

责任部门／社会政法分社　（010）59367156　　责任编辑／赵子光　岳　璘　尹传红
电子信箱／shekebu@ ssap. cn　　　　　　　　责任校对／黄　利
项目统筹／王　绯　　　　　　　　　　　　　责任印制／岳　阳
经　　销／社会科学文献出版社市场营销中心　（010）59367081　59367089
读者服务／读者服务中心　（010）59367028

印　　装／三河市尚艺印装有限公司
开　　本／787mm×1092mm　1/16　　　　　印　　张／16.75
版　　次／2014 年 3 月第 1 版　　　　　　　字　　数／283 千字
印　　次／2014 年 3 月第 1 次印刷
书　　号／ISBN 978 - 7 - 5097 - 5644 - 7
定　　价／58.00 元